新疆民族研究丛书

主编 杨圣敏

本丛书由中央民族大学“985工程”
中国当代民族问题战略研究基地资助出版

基地学术委员会

传统、仪式与精神守望

CHUANTONG YISHI YU
JINGSHEN SHOUWANG

——一个维吾尔村庄的人类学个案

YIGE WEIWUER CUNZHUANG
DE RENLEIXUE GEAN

张国云◎著

中央民族大学出版社
China Minzu University Press

图书在版编目（CIP）数据

传统、仪式与精神守望：一个维吾尔村庄的人类学个案/张国云著. —北京：中央民族大学出版社，2016.7

ISBN 978-7-5660-1180-0

Ⅰ. ①传…　Ⅱ. ①张…　Ⅲ. ①维吾尔族—民族人类学—研究—中国　Ⅳ. ①K281.5

中国版本图书馆 CIP 数据核字（2016）第 085510 号

传统、仪式与精神守望

——一个维吾尔村庄的人类学个案

作　　者　张国云
责任编辑　李苏幸
封面设计　汤建军
出 版 者　中央民族大学出版社
　　　　　北京市海淀区中关村南大街 27 号　邮编：100081
　　　　　电话：68472815（发行部）　传真：68932751（发行部）
　　　　　　　　68932218（总编室）　　　　68932447（办公室）
发 行 者　全国各地新华书店
印 刷 厂　北京宏伟双华印刷有限公司
开　　本　787 毫米×1092 毫米　1/16　印张：17.5
字　　数　330 千字
版　　次　2016 年 7 月第 1 版　2016 年 7 月第 1 次印刷
书　　号　ISBN 978-7-5660-1180-0
定　　价　56.00 元

总 序

新疆是中国最大的一个省区，有166万平方公里，面积相当于三个法国或四个半日本。这片辽阔的土地，自古就是来自各地的多民族辗转迁徙和交错聚居之地。

如今新疆世居的民族有13个，据2010年第六次全国人口普查，新疆的2264万人口中，少数民族占62%。今天，当我们从人类学视角探讨新疆这些民族的特点时，有如下几个基本的认识是我们开展研究的起点。

人类不同人群的本性是相同的，即按照不同性别、地域、时代、年龄、国家、民族、种族等划分的人群，其本性都是相同的。我们既反对体质上的种族主义，也反对文化上的所谓不同民族天生既有高低贵贱之别的说法。

也就是说，不管是男人还是女人，山西人还是云南人，古代人还是现代人，老人还是年轻人，中国人还是美国人，维吾尔人还是蒙古人，黑人还是白种人，他们的本性都是一样的。儒家说“人之初，性本善”，法家说“人之初，性本恶”。不管怎么说，人之初本性都是一样的，这是古人都清楚的道理。反过来说，如果我们不承认人类本性的一致性，我们就没有人类学，就没有社会学，我们就没有国际上大家通用的人类学理论，也就没有普世的社会科学理论。但人为什么有千差万别，不同的表现？不同的民族为什么又有千差万别，不同的特点？

古人说是因为“性相近，习相远”。也就是说，人类不同群体、民族之间特点上的差别，都是由于其所处环境（自然环境和社会环境）不同所导致的。不同特点被我们称为不同文化，不同文化都是为了适应所处的自然或社会环境而形成的。不同的文化、风俗，不同的社会制度，就是适应不同环境里生存的方式或生存的工具和手段。

各民族传统文化的风貌，是由其数千年的社会环境以及当地独特的自然环境塑造出来的。在传统文化的基础上，各民族又在当代的社会生活中不断创新发展着他们的文化。我们称之为“文化变迁”。

从以上的认识出发，我们对新疆各民族特点的研究，就要以他们的历史，所处的自然环境为背景，集中于他们与当代社会环境之关系的描述和探讨。

从人类学的角度看，人类文明的进步有两种途径，即创新与传播。我们常说的世界文明四大体系即中国文明、印度文明、西方文明和伊斯兰文明，都是人类文明最重要的四个创新之源。从地理位置上看，新疆距这四个文明中心都比较遥远，自古是一个偏僻之地。从文化的创新上来讲，新疆确实无法与任何一种文明的核心地带相比拟。但新疆的独特之处在于，她自古是四大文明汇聚之地。季羡林先生甚至说，新疆是世界上唯一的四大文化体系汇流之所。[①] 这应该是新疆各民族传统文化都有博采四方、斑斓多彩的原因吧，而四大文明的文化是由来自各处的众多民族携带而来并在这里碰撞融合的。

早在公元前二千年，这里就相继有吐火罗人、塞种人、羌人、汉人、月氏人、乌孙人、匈奴人、鲜卑人、突厥人、回纥人、契丹人、蒙古人等数不清的氏族、部落和民族来往或定居于新疆。新疆的自然环境辽阔多样，自古就分为天山南北两个世界。

南疆的塔克拉玛干沙漠是世界第二大流动沙漠，惊沙大漠之中和大漠边缘星星点点分布的绿洲上掩埋着无数农业城邦国的遗址。在公元 840 年回纥人自蒙古草原西迁到新疆以前，南疆的居民主要使用吐火罗语（分为古代和田语和焉耆－龟兹语两种）、汉语、古代藏语等 7 种语言、24 种文字。公元 10 世纪以前，新疆的居民主要信仰萨满教、祆教、景教、摩尼教、道教等，最流行的是佛教。至今我们还能见到遍布于南疆各绿洲上和沙漠中的佛教遗址。鸠摩罗什、玄奘等高僧大德的事迹以及他们留下的经典至今还在向我们证明着当年各城邦中佛教的盛况与经济的繁荣。但曾在南疆古代居民中流行的于阗文、焉耆－龟兹文等多种古文字却大多已成死文字，今天只能靠少数专家解读考古发掘出的残破文书开展研究，给中外的历史学、考古学和古文字学学者们留下了无数需要探索的秘密。

北疆的自然风貌则是草原戈壁，自古是游牧民族南来北往、盘马弯弓之地。曾相继在这里称霸的马上民族有乌孙、匈奴、突厥、契丹、准噶尔蒙古部和满族人。匈奴铁骑经这里西迁至欧洲以后，曾在公元 4—7 世纪造成了震动全欧洲的民族大迁徙，彻底改变了欧洲各民族的分布。公元 8 世纪以后

---

① 刘逊、刘迪著：《新疆两千年》，季羡林序，新疆青少年出版社 1998 年版。

开始从这里逐渐西迁的西突厥则在今中亚至小亚细亚一线改变了沿途数十个民族的面貌，使他们逐渐突厥语化，原来的马上民族突厥人则分别与沿途的土著人融合，变成了今天这些大多以农耕为主业的数十个突厥语族民族。

要解读新疆各民族文化的特点和形成的原因，除了追溯历史之外，还要从当地的自然环境特点这个角度探讨。他们的文化面貌，也是世世代代适应当地的自然环境的结果。

新疆气候严酷。按照联合国的相关标准，新疆 1/3 属于半干旱地区，2/3属于干旱地区。北部冬季严寒达摄氏零下 30 多度；风沙盐碱，酷热干旱则是南部的常态；东南部的吐鲁番等地夏季达摄氏零上 40 度，是全国最炎热的地方。新疆地域辽阔，平均每平方公里不到 12 人，远低于全国平均 119 人的水平。从这个数字看，可谓人烟稀少。但是新疆境内 90% 以上是沙漠、戈壁、雪山等人类难以生存之地，95% 的人口集中居住在占国土面积 8. 22% 的绿洲上（其中天然绿洲 4. 47%，人工绿洲 3. 73%）。在绿洲上，人口密度高出全国平均人口密度近一倍。因此，从这些数字看，新疆又是贫瘠的、拥挤的。与其他地方相比，当地的民族并没有因为人口稀少而较少争夺资源的竞争。但从可开发的远景来看，新疆是一个资源丰富的地方。新疆目前已发现的矿产有 138 种，保有储量居全国首位的有 10 种，居前 10 位的有 58 种。例如，全国耕地储备的总量上限为 2 亿亩，其中新疆就占了 1/4。新疆石油和天然气储量达 300 亿 - 500 亿吨，约占全国的 1/4（天然气年产 240 亿立方，占 1/3），煤炭储量 21900 亿吨，约占全国储量的 40%；棉花产量居全国第一位，约占全国产量的 30% 多。因此，新疆被称为我国西部开发的支柱；整个国家持续发展最重要的资源基地。[①] 干旱的环境，严酷的气候，丰富的资源，多样的地理面貌给新疆各民族文化特点以重要影响。

对于新疆各民族来说，社会变迁所造成的冲击，比自然环境有更大的影响。

新疆虽然地处亚洲内陆，中国西北角的偏远之地，近一百多年来，却多次发生震动中亚和全中国的事变。特别是近几十年来，新疆的发展和变化又多次引起全球的关注。

新疆在从公元前几个世纪起至明清之际的近两千年中曾一直是世界性的商贸之路的必经之地。东来西往的商旅和中介贸易曾给这里带来了千年的繁荣。自明清以来，虽然由于海上交通和其他陆路交通的日益发达，新疆在东

---

① 《腾飞三十年：1978—2008》，新疆维吾尔自治区统计局编印，2009 年。

西经济政治交往中逐渐失去了往日的要冲地位，而成为偏处一隅的穷乡僻壤，但这里自古是我国西部国防的屏障。近代以来，沙俄政府、英印当局、中亚一些野心勃勃的军阀，甚至远在西亚的奥斯曼土耳其政府都曾试图染指新疆，在这里扶植傀儡，煽动分裂，直至直接的武力入寇。新疆的大片土地曾多次被外敌侵占，各民族人民也多次遭受外来侵略者的蹂躏。因此，保卫新疆与维护新疆的安定自然也一直是百年来学界关心的话题之一。

到了21世纪，新疆在战略上的重要地位再次凸显。一方面，加快新疆的发展“是深入实施西部大开发战略、培育新的经济增长点、拓展我国经济发展空间的战略选择。她与中亚五国、阿富汗、巴基斯坦、蒙古等多国接壤，目前又成为“一带一路”战略的重要通道和枢纽所在。

同时，近年来境内外敌对势力对新疆的觊觎和在新疆民族中煽动的恶性事件也不断拨动着中国与世界的神经。

新疆民族多彩的文化，当地重要的战略地位与丰富的自然资源一直激发着研究者的热情。特别是近二十多年来，新疆吸引了国内外越来越多研究者的目光，于是有关新疆民族的各类著作如雨后春笋般大量涌现，把新疆研究推向了一个新的高潮。但以往有关新疆民族的研究主要集中于历史、文学、语言、艺术等角度，从民族学、社会学角度的研究较少，也就是关于新疆各民族当代社会状况的研究较少。从研究的方法和资料来说，以往多属于文献研究，而以第一手社会调查资料为基础的实证研究较少。特别是反映当前社会，各民族基层的生产生活、民族关系、发展道路等状况的著作很少。

本丛书收录的著作主要针对当代新疆维吾尔等民族的社会，是以作者亲身调查的第一手资料为基础，从民族学、社会学角度开展的研究。

笔者从事新疆民族的教学与研究30年来，曾先后指导过数十位研究生以新疆民族社会为调查研究的重点。在指导论文时，要求学生主要的研究资料必须是个人实地调查所得。这些研究生深入当地少数民族社区同吃同住几个月至一年以上，以这种方式开展实地调查。调查对象涉及农民、牧民、干部、城市市民、宗教职业者、工人、学生、知识分子等各行各业人士。主要研究的问题有妇女、婚姻家庭、财产继承、地域与民族认同、体质特点与族源、民族关系、儿童教育、宗教信仰等方方面面。

其中首批入选本套丛书出版的有王海霞、张国云和阿布都哈德等人的著作，他们几位都精通维吾尔语，在实地调查了一年甚至一年以上。博士论文通过答辩以后，他们又在原论文的基础上，经过几年的沉淀思考，针对不足之处，再次或多次赴实地补充调查，并经多次修改和充实而定稿。笔者本人组织几位年轻教师和多位研究生深入一个维吾尔村庄两年的实地调查所写的民族志，也收入第一批出版的著作。

民族学研究的宗旨之一，就是促进不同文化的人群、民族之间能够互相沟通和理解。我们出版这套丛书的目的之一就是要通过这些第一手的详细描述，将新疆少数民族真实面貌的各种细节，特别是将他们的文化特点与所处环境之间的关系展现给读者，使读者不再把这些特点看成不可理喻的奇风异俗，而是一种合情合理的生产生活方式。

民族学的研究不仅要促进不同人群之间的相互理解，还要推动社会的进步。我们将研究的成果呈献给社会各界和政府，希望能够为他们更清楚地认识这些民族和社会的真实面貌提供参考，并在此基础上选择制定更进步的政策和前进的方向。

我们的实地调查与研究还有学术上的目标，即通过这些案例的积累，希望最终能够归纳出有关这些民族、族群的规律性理论，为民族学的理论创新添砖加瓦。

人类的本性是相同的。不同人群，如果他们所处的社会和自然环境基本相同，其文化、观念、行为规范等也往往是相似的。因此，这套丛书，虽然仅仅是在新疆的少数民族中开展的研究，相信在此调查中总结出来的道理，对于认识世界其他处于类似环境中的民族也有解释和借鉴的意义。为了以上目标，我们将不懈地努力。

杨圣敏

2015年6月

内容摘要

本书是关于新疆且末县克乡克村（某乡某村的代称）维吾尔族宗教生活的研究，主要包括对当代维吾尔人神圣宗教生活中宗教观念、宗教行为、宗教组织及宗教场所的描写与分析，以及世俗生活中维吾尔人的人生通过仪式和克村几户典型家庭的宗教生活的描述与分析等。

本书首次从人类学的角度将当代维吾尔族的宗教生活作为一个有机的整体进行研究。以人类学的参与观察和深度访谈为搜集资料的方法，以在克村的第一手实地调查资料为基础，运用文化相对主义和文化解释的理论，较为翔实地描写了当代维吾尔族的宗教生活，分析了宗教作为社会文化形式所具有的价值和功能，为人类学的宗教研究提供了一个中国西部少数民族宗教研究的个案。

内容主要包括三个方面。首先是对维吾尔族和田野调查点的概况介绍，包括维吾尔族族源、族称、人口分布、语言文字、宗教的历史演变、且末县概况和克村概况，目的在于交代清楚自己田野点的社会历史背景和现状，为本书的写作提供一个场景介绍。正文包括两部分内容：上编《神圣的召唤》，通过对维吾尔族的宗教意识、宗教行为、宗教组织和宗教场所进行的实地观察和深度访谈所得资料，对维吾尔族的宗教四要素进行描述和分析，展示维吾尔人神圣宗教生活的全貌，分析和说明维吾尔人的宗教意识、宗教行为、宗教组织和宗教场所的意义、价值和功能。下编《世俗的实践》，描写和分析了维吾尔人的生命通过仪式，展示了伊斯兰教与世俗生活的完美结合及对传延文化的巨大功能。通过对五个典型家户的描述，再次展现了维吾尔人宗教生活的概貌和伊斯兰教在维吾尔文化和当地人生活中的功能。最后一章对克村一、二组村民宗教行为进行了定量分析，说明维吾尔人宗教信仰因年龄、性别、国民教育背景、社会及家庭环境的不同而有结构性差异，分析了克村村民的宗教信仰与宗教行为的现状与成因。

本书的主要结论是：第一，当代维吾尔人的宗教生活以伊斯兰教为信仰核心，以伊斯兰教五功为主要宗教行为，他们一系列的宗教功课表达和强化着他们对安拉独一的信仰。但是作为外来宗教的伊斯兰教在传播和发展的过程中吸收和融合了所到地区和民族的传统文化，形成了当代维吾尔人所信仰的带有地方化和民族化特点的伊斯兰教。第二，伊斯兰教的信仰和实践成为维吾尔族人的生活方式。伊斯兰教传入新疆，经过1000多年的发展，已经渗透到维吾尔族人心理和文化的各个层面，伊斯兰文化成为维吾尔族传统文化的重要组成部分。第三，伊斯兰教在维吾尔族人中发挥着重要的心理功能和社会功能。它既为信徒提供人类存在的意义和目的，也为信徒提供精神上的支持和慰藉，对人们克服未知的恐惧和对未来的焦虑提供了帮助；它还帮助人们发展出一种认同感，帮助人们团结起来并强化对自己群体的认同。同时，伊斯兰教还在促进社会稳定方面发挥着重要的作用，它通过神圣的仪式，把社会成员团结在一起，强化了社会的基本规范和价值观念；仪式性的庆典增进了对传统知识的学习，确保了传统文化的延续。第四，伊斯兰教在当代维吾尔族农村的生存和发展面临着两种境遇：一是神圣性的宗教生活在部分村民中日趋淡化，而体现于村民日常生活中的宗教元素得以留存。二是神圣性的宗教生活依然保存和发展，这主要集中于对伊斯兰教有着理性探究、对宗教传承有着强烈责任感的普通村民家庭和宗教职业人士家庭。而神圣宗教生活在村民中淡化的原因在于：第一，现代世俗生活和流行文化对宗教生活的冲击。第二，社会性宗教教育的缺失。第三，社会分工的不同。第四，国家政策调控的影响。

关键词 宗教生活，维吾尔族，克村，伊斯兰教，文化融合

ABSTRACT

The dissertation is concerning the Uigur's religious life in Kecun village, Kexiang of Qiemo County, Xinjiang Autonomous Region, involving the modern Uigur's religioious views, behaviors and organizations, as well as some religion sites. At the same time, the author researches into the mundane Uigur's life ritual and the religious life of some typical families there.

The author studies the modern Uigur's religious life and approaches it as a whole in anthropology perspective firstly. By resorting to some anthropology methods, such as joining, observing, in – depth interviewing, and by refering to culture relativism and culture explanation theory as well, the author describes modern Uigur's religious life wholly and analyzes the value and functions of the religion as a social culture form, based on the first – hand materials. The research offers a case for anthropological research on minority religions in western China.

Three parts are included in the dissertation.

The first is the introduction about the Uigur and investigation spots, including the Uigur' s source, name, population, lang. , religion history, and the area's general situation. The purpose is to give a clear account of the investigation spot history and actuality and the dissertation background. The main body of the dissertation can be divided into two parts. The former is Divine Summon, which revolves around the materials about Uigur's religious consciousness, behaviors, organizations and spots. The author describes the four elements of religion in order to demonstrate Uigur's divine religious life and analyzes their religious meanings, values and functions. The latter is Mundane Practice, touching on the Uigur's life through rituals, Islam's perfect combination with mundane life, and its great functions in terms of carrying forward culture. Through five typical families, Uigur's religious life and the functions of Islam in Uigur culture are displayed fully. In the last chapter of the article, through quantitative analysis about Uigur's religious behaviors, the author concludes that the Uigur's religious beliefs vary with their ages, sexes, education experiences, social situations and families. In addition, the author analyzes the actuality and causes of Uigur's religious beliefs and behaviors.

The main conclusion of the dissertation are as follows:

First, in modern Uigur's religious life, Islam is their core belief, and five assignments are their main religious behaviors, which express and strengthen their only one belief in Allah. But as a foreign religion, Islam absorbed and amalgamated some conventional culture in the local area, and therefore, formed present Islam with indigenous and ethnic characteristics that modern Uigur believe in.

Second, Islam belief and practice have become Uigur's life style. With over 1000 years' development, Islam has infiltrated Uigur cultural behaviors, customs, mentalities, and so on, Islam culture has become a vital part of Islam conventional culture.

Third, Islam has played key roles in Uigur's life psychologically and sociologically, and has been deeply immersed into every layer of culture, and thus has become an important part of culture since its entry into Xinjiang more than one thousand years ago.

Fouth, in modern Uigur's rural areas, Islam takes on two tendencies. One is that the divine religious life is becoming less important in some villagers while religious features are chiefly embodied in villagers' everyday life; the other is that the divine religious life is still well preserved and developed, mainly among some common villagers and religious professionals with rational exploration and strong religious duties.

The reasons for the first tendency lie in the impact of modern mundane life and popular culture on religious life, the lack of social religion education, the division of social work, the effect of government's policy control.

KEY WORDS religious life, Uigur, Kecun village, Islam, cultural amalgamation

目　录

上编　神圣的召唤

下编　世俗的实践

导　言

一、研究的缘起

宗教属于意识形态领域，是一种普遍存在的、复杂而又古老的社会文化现象，“全球人口总量中的84%拥有宗教信仰”[①]，宗教在社会和人生等诸方面均产生着重大的影响。

冷战结束后，以意识形态分野的相对平衡的世界格局被打破，世界政治、经济、社会和文化大格局都发生着急剧的变化。“9·11”袭击，将刚刚迈入新世纪的人类社会迅速推入了一个急剧动荡的时期。美国哈佛大学奥林战略研究所资深政治学者塞缪尔·亨廷顿于1996年出版了《文明的冲突与世界秩序的重建》一书，认为冷战结束后，威胁世界未来稳定的将不是来自意识形态的差异或其他因素，而是在不同文明“断裂带”上发生的不同文明之间的冲突，特别是“西方文明”与伊斯兰文明和中国儒家文明的冲突。在亨廷顿“文明冲突论”的影响下，“以美国为首的西方开始利用‘9·11’恐怖事件肆无忌惮地丑化、攻击、污蔑、亵渎作为世界文明重要构成部分的伊斯兰教及其文明。”[②] 虽然伊斯兰教“是被现代西方曲解最深的宗教”，但它也是“世界上发展最快的宗教”[③]。而当今世界各种热点冲突，大多有其宗教背景或宗教因素，其中，伊斯兰教尤其引人注目。在这种严峻的国际大背景下，伊斯兰教的社会功能、伊斯兰教在当代民族和社会中的影响，已成为当前政治学、人类学与民族学研究的焦点问题。

新疆信仰伊斯兰教的非汉语民族有维吾尔族、哈萨克族、柯尔克孜族、

---

① 引自环球网（http：//world. huanqiu. com）2012年12月19日《研究称不信教人数居全球总量第三，中国占六成》。

② 丁士仁主编：《伊斯兰文化》（第3辑），兰州：甘肃人民出版社2010年版，第3页。

③ 张志湘主编：《广东伊斯兰学术论坛论文选集》，广州：广东经济出版社2012年版，第38页。

乌孜别克族、塔塔尔族和塔吉克族，其中以维吾尔族最具代表性。

伊斯兰教作为一种社会文化形式，是维吾尔族文化的重要组成部分。在当代中国，相比于佛教与基督教，“国人对于伊斯兰教则最为陌生，即使主流学界之学者，对伊斯兰教也知之甚少”。[①] 20世纪80年代以后，随着我国改革开放和宗教政策的贯彻执行，新疆伊斯兰教发展迅速[②]，同时国内外“三股恶势力”[③] 在国际敌对势力的唆使和支持下，蛊惑部分信众从事分裂国家、破坏社会稳定的活动。他们利用宗教大肆进行非法活动，甚至采取抢劫、纵火、爆炸、暗杀等恐怖主义手段大搞“圣战”，严重威胁着新疆的社会稳定，造成了恶劣的影响，致使一些人对伊斯兰教在维吾尔族社会中的功能和影响产生了全面否定的判断和看法。人们在解读这种宗教的时候，更多地关注它的“政治色彩”，而对其文化的多样性和社会功能等方面却探讨不足，特别是“9·11”和“7·5”事件的发生使许多人将伊斯兰教与暴力恐怖主义、极端宗教势力以及民族分裂势力画上等号。因之而产生的结果是：维吾尔族人的伊斯兰教信仰始终戴着神秘的面纱，并被人们误解为与现代生活格格不入的“他者”。新疆的社会现实呼唤有使命感、责任感和学术造诣的学者们广泛参与，在深入调研的基础上，从不同的学科角度提供具有战略性和科学性的对策。因此，如何正确地认识维吾尔族的宗教信仰，如何历史、全面、发展地看待宗教这一社会文化现象在人类文明发展中的社会作用，如何客观、平等地看待各个民族的文化，伊斯兰教在现代化和无神论为主导的社会大环境下如何生存和发展，穆斯林如何与其他非穆斯林群体和谐相处，如何赢得非穆斯林群体的尊重，如何更理性地分析伊斯兰教与中国社会的关系，从而最大限度地发挥伊斯兰教的社会文化功能等诸多问题成为笔者经常思考的问题。

基于以上原因写作本书的目的和意义为：

（1）任何民族的文化都是整合而成的，伊斯兰教已全面渗入维吾尔族社会和文化的各个方面，维吾尔族宗教文化是其传统文化的重要组成部分。维吾尔族社会中存在的宗教信仰，作为日常生活的一部分，对于普通民众的思维方式、社会关系及政治行为都产生极大的影响。对维吾尔族宗教的研究

---

① 马雪峰：《重建中国穆斯林智识共同体：中国内地穆斯林社群社会问题省思》，载人大《复印报刊资料（宗教）》2012年第6期，第75页。

② 新疆的清真寺从20世纪80年代初的9000余所扩大到2005年的2万多所。

③ “三股恶势力”，是指民族分裂势力、宗教极端势力和暴力恐怖势力。

成为考察维吾尔族社会的一个很好的突破口。本书力图通过对一个社区的维吾尔族人宗教生活的客观、全面的描述，解释宗教是如何与整个文化相契合，说明宗教实为维吾尔族人文化传统和精神生活的重要组成部分，以期正确认识维吾尔族文化的整体风貌。

（2）在当今中国社会，文化中心主义的意识在一部分人中仍有较大影响。一些人往往自觉或不自觉地认为少数民族比较原始、落后。本书试图通过对维吾尔族人宗教生活的阐释，尤其是把对宗教解释的话语权交给他们，让他们自己表述自己的宗教和文化，印证“任何一种文化只能从该文化内部去研究和理解”[①] 这样一种思想和研究方法。

（3）通过全面细致地描述和分析维吾尔族普通信众的宗教信仰、宗教行为、宗教组织、宗教场所对于个人和社会的价值和功能，以期客观地阐释伊斯兰教在维吾尔族社会中的作用和影响。

（4）研究伊斯兰教对于构建和谐社会的作用。伊斯兰教的和谐理念具有丰富的内涵，包括：人与造物主之间的和谐，强调人的自知之明；人与人之间的和谐，强调人类同根同源，应爱人如己；人与自然之间的和谐，强调人与自然相依为命、共生共荣。多民族国家的建设发展一定要在少数民族自己传统文化和社会中寻找少数民族发展和少数民族地区发展的支撑力，也就是说充分利用伊斯兰教的和谐理念，使得少数民族的发展过程成为一种主动适应社会发展的过程，而非主流社会对少数民族的强迫。“伊斯兰教不仅是一种宗教，还是生活的准则，法律的依据。与佛教相比，它对社会各个层面的渗透和影响更为深入，至今它的影响力仍不容置疑。”[②] 这在新疆尤其如此。在我们努力构建和谐社会的今天，了解当代新疆宗教问题，特别是全面、公正地了解作为维吾尔族文化核心的宗教，通过科学的探讨获得正确的认识，加强不同文化之间的对话，有利于消除偏见、无知和冲突，使共存于同一社会中的人们更好地相互理解，尤其是穆斯林与非穆斯林民族之间的相互理解，跨越那些把人们分割开来的文化差异，把注意力集中到影响所有文化和族群的那些共同问题上面，对于新疆的发展和新疆各民族人民的和谐相处有着积极的作用。

---

① ［美］弗朗兹·博厄斯：《人类学与现代生活》，刘莎等译，北京：华夏出版社 1999 年版，第 5 页。

② 引自杨圣敏为高永久：《西域古代伊斯兰教综论》所作序二，北京：民族出版社 2001 年版，第 7 页。

（5）用人类学的方法研究宗教现象，使我们能够运用更具体的表达形式，说明宗教在人类社会生活中的长期性、重要性和复杂性，说明宗教在民族文化中的重要地位。本书以笔者在且末县克乡克村的田野调查材料为基础，通过描述、分析各种现象，展示维吾尔人的宗教意识与宗教实践，并讨论维吾尔族社会中宗教信仰的逻辑根源与现实表现，为人类学的宗教研究提供一个个案。

二、文献综述

（一）文化人类学对宗教的研究

（1）最早力图把人类学运用于宗教研究的是英国人类学家约翰·卢鲍克（1834—1913 年），著有《文明的起源和人类的原始条件》一书，该书勾画出一个进化的图案，由无神论开始，继之是神物崇拜、自然崇拜、图腾崇拜、黄教（信仰有神的巫师制度）、神人同性论、一神教，最终达到道德一神教。许多西方学者指出了他的许多知识是不真实的，但认为他的进化的形式有其合理性，于是这种观点就流行起来了。英国人类学家泰勒（1832—1917 年）被公认为是现代人类学之父。他在《原始文化》一书中，详细说明了万物有灵论是最早、最基本的宗教形式，并从这一形式中引申出神物崇拜、信仰魔鬼、多神教和最后达到一神教。另一位英国学者海勃脱·斯宾塞（1820—1903 年）在他的《社会学原则》一书中不同意泰勒的观点，认为与其说万物有灵论是最早的和最基本的宗教形式，不如说祖先崇拜更为确当。英国人类学家马莱特（1866—1934 年）比泰勒更进一步，他用超自然力来解释原始宗教，认为原始宗教情感态度是由原始人对于超自然力的敬畏而引起的。

在原始宗教理论发展中有较大影响的是英国人类学家弗雷泽（1854—1941 年），他在巨著《金枝》中指出，宗教最先是由法术开始的，进而发展为宗教，再由宗教发展到科学。另一位民俗学家安德鲁·朗格（1844—1912 年）在一份关于原始部落信仰一个高级神的人类学调查报告中发现了一个创造者和道德规则的法律制定者，就断定有一种原始的一神教。马莱特和其他人类学家对这种看法采取否定的态度，认为这违反了进化论思想，是与野蛮人的动物状况不相符的。一百多年来，人类学家们对于原始宗教的探讨和争论，推动了宗教人类学的建立和发展。

对宗教起源的研究是早期人类学研讨的重点，但起源研究在方法上有难以摆脱的困境，如各种观点都拿不出充足的史实作为证据，不同解释就不可避免；进化论模式在概括宗教史甚至思想史时也有缺陷等。方法论的困境使宗教人类学研究逐渐转向一个更切实的研究角度，即宗教的社会和文化功能。

（2）马林诺夫斯基（1884—1942 年）对宗教功能的研究。作为功能学派的创始人，马林诺夫斯基力图深究一个基本的问题：宗教传统在原始文化中占什么地位，有什么功能。他靠亲手获得的田野资料著书立说，使原始宗教研究从形而上学的思辨走向经验主义的分析，使其具有可靠的实证性和强烈的现实感。马氏沿着人类生命的自然历程，逐一考察了原始文化中的出生、成年、婚姻和死亡等现象，特别是对“成年礼”和“丧礼”的剖析精到，比以往学者更令人信服地说明了原始宗教的社会和文化地位，特别是它的文化功能。

（3）涂尔干（1858—1917 年）与韦伯（1864—1920 年）是将现代社会学的问题意识，特别是方法论理念引入宗教研究领域的两位大师。涂尔干认为已知的一切宗教现象都有一个共同的特征：把世界分成两个领域，“一个领域包括所有神圣的事物，另一个包括所有世俗的东西[①]”，这是宗教思想独具的特色。宗教与巫术之不同在于宗教具有群体性或社会性，而巫术则没有。正是靠宗教的社会性，这位大师打通了“神圣”与“世俗”的“天壤之别”，把神圣的东西回归到世俗的生活。涂尔干在探讨宗教问题时，始终贯彻宗教与社会的互动性原则，注重社会对宗教的决定性作用。他所做的大量分析和判断都在力求证实社会是本原、起因或原形，而宗教是外在于它所寄居的那些事物的。

韦伯通过反省世界文化现象而致力于研究宗教伦理传统与资本主义精神的关系，陆续发表了世界宗教系列比较的研究成果，阐明“那些神秘的宗教力量”在现代文化兴起过程中的决定性作用。他从新教禁欲主义权威巴克斯特入手，考察了新教禁欲主义与资本主义精神的亲和关系，得出“近代资本主义精神的一个基本要素，或者说，不仅是指近代资本主义精神而且包括整个近代文化精神的一个基本要素——以职业观为基础的理性行为，就是从基督教的禁欲主义精神产生出来的。”[②]

（4）格尔兹（1926—2006 年）的宗教研究。格尔兹通过对爪哇和巴厘

---

① ［法］爱弥尔·涂尔干：《宗教生活的基本形式》，渠东、汲喆译，上海：上海人民出版社 1999 年版，第 43 页。

② ［德］马克斯·韦伯：《新教伦理与资本主义精神》，彭强、黄晓京译，西安：陕西师范大学出版社 2002 年版，第 180 页。

岛的田野调查，对这些非西方社会做了详细而系统的描述，尤其注意生活的各个方面是怎样融入一个文化整体之中的。他与这些印度尼西亚群体的深入接触，使他形成了许多最具原创性的观点，认为如果宗教总是被它所在的那个社会塑造，那么，另一个事实是社会也被它的宗教塑造着。格尔兹主张人类学的描述不能停留于制度性素材的堆砌，而应该构成一种“深描”，他追求对被研究者的观念世界、观察者自身的观念世界及观察者告知的对象——读者的观念世界的沟通。他在《文化的解释》中，将文化界定为一个表达价值观的符号体系；同时也将文化当成一个象征的宗教体系。因为这个原因，格尔兹集中于宗教现象展开他的探索。格尔兹认为，作为文化的符号，宗教展示了社会中的人们对他们的生活和命运的看法，它是与人生观互为沟通的解释体系，作为研究对象的宗教是文化通过神圣符号展示出来的民族精神与世界观。

从人类学对宗教研究的发展脉络的分析我们可以看出，人类学对宗教的研究经历了从进化论研究向功能论的转变，而后又过渡到象征论的理论。这种研究理论的发展，加深了人类学对宗教信仰的文化诠释，发展了学科自身的研究系统，体现出人类学独特的研究方法：不仅研究宗教，而且将宗教与信仰主体的“人”和社会联系起来，对信仰发生的场景、过程和意义进行综合研究和阐释，以加深对人的理解。

（二）维吾尔族宗教文化研究概况

有关维吾尔族宗教文化的研究主要集中于以下几个方面：

1. 有关新疆宗教史的研究

20 世纪 50 年代前，学者们对新疆宗教史的研究虽然成果不多，却多为资料翔实分析深入的著作。如松本荣一的《和阗地方佛教的特殊性及其流传》[①]，羽溪了谛的《西域之佛教》[②]，白寿彝的《中国伊斯兰教史纲要》[③]等，这些研究奠定了新疆宗教史研究的基础。近 20 年出现了较多全面而系统的研究成果，主要代表作有《中国新疆地区伊斯兰教史》编写组编著的

① ［日］松本荣一：《和阗地方佛教的特殊性及其流传》，载《东方学报》1931 年 12 月第 2 期。
② ［日］羽溪了谛：《西域之佛教》，贺昌群译，上海：上海商务印书馆 1933 年版。
③ 白寿彝：《中国伊斯兰教史纲要》，上海：上海交通书局 1946 年版。

《中国新疆地区伊斯兰教史》[①]、李进新著《新疆宗教演变史》[②]、高永久著《西域古代民族宗教综论》和《西域古代伊斯兰教综论》[③]、马品彦著《新疆宗教》[④]、马品彦、赵荣织著《新疆宗教史略》[⑤] 等，这些著作从不同时期、不同侧重点对新疆宗教的演变，特别是对伊斯兰教的传播与发展做了系统而细致的介绍，对于以往新疆宗教史的研究成果有综合总结的意义。

2. 对伊斯兰教之前其他宗教的研究

维吾尔族信仰伊斯兰教之前信仰过原始宗教、摩尼教、景教、佛教等。这方面的研究成果较多。杨圣敏、何星亮、田卫疆、热依拉·达吾提等[⑥]学者先后对维吾尔族的树木崇拜、狼图腾崇拜以及鹰崇拜等进行了研究。王叔凯、居乃德·拜克里、杨富学、朗樱、迪木拉提·奥玛尔、王建新等学者[⑦]对萨满教的演变与遗俗等进行了研究。这些研究集中于民族史和文化史等相关领域，对理论和方法多有探讨，相比之下，有关现代维吾尔族宗教文化中

① 《中国新疆地区伊斯兰教史》编写组编著：《中国新疆地区伊斯兰教史》，乌鲁木齐：新疆人民出版社 2000 年版。

② 李进新：《新疆宗教演变史》，乌鲁木齐：新疆人民出版社 2003 年版。

③ 高永久：《西域古代民族宗教综论》，北京：高等教育出版社 1997 年版；《西域古代伊斯兰教综论》，北京：民族出版社 2001 年版。

④ 马品彦：《新疆宗教》，北京：五洲传播出版社 2001 年版。

⑤ 马品彦、赵荣织：《新疆宗教史略》，乌鲁木齐：新疆大学出版社 2001 年版。

⑥ 杨圣敏：《试论回纥宗教思想的演变与改宗摩尼教》，载《西北史地》，1985 年第 3 期；何星亮：《维吾尔族的早期信仰》，载《民族研究》，1995 年第 6 期；田卫疆：《试论古代回鹘人的"树木"崇拜》，载《新疆大学学报》，1994 年第 2 期；热伊拉·达吾提：《维吾尔族对图腾狼的崇拜》，载《新疆大学学报》，1991 年第 1 期；热伊拉·达吾提：《浅谈维吾尔古代先民的树木崇拜》，载《新疆大学学报》（维文版），1990 年第 10 期；吴景山：《突厥人的图腾崇拜》，载《西北民族学院学报》，1994 年第 3 期；艾来提江·吾斯曼：《论维吾尔族的鹰崇拜》，载《新疆大学学报》（维文版），1994 年第 4 期；海来提江·吾斯曼：《维吾尔族动物崇拜初探》，载《新疆大学学报》（维文版），1995 年增刊。

⑦ 王叔凯：《古代北方草原诸游牧民族与萨满教》，载《世界宗教研究》，1984 年第 2 期；居乃德·拜克里：《历史上维吾尔族信仰过的萨满教》，载《新疆青年》（维文版），1983 年第 9 期；居乃德·拜克里：《古代维吾尔人信奉的萨满教》，载《新疆社会科学研究》，1984 年第 3 期；杨富学：《维吾尔族的萨满教及其演变》，载《伊犁师范学院学报》，1988 年第 1 期；朗樱：《西北突厥民族的萨满教遗俗》，载《北方民族》，1988 年第 1 期；迪木拉提·奥玛尔：《阿尔泰语系诸民族萨满教研究》，乌鲁木齐：新疆人民出版社 1995 版；王建新：《试论维吾尔族萨满教与日本民族萨满教的异同及国外萨满教研究的几个问题》，载《新疆师范大学学报》，1994 年第 3 期；王建新：《现代语境中的新疆维吾尔萨满研究——基于人类学的视角》，载《北方民族大学学报》，2010 年第 2 期；阿布都热合曼：《维吾尔萨满教文化研究》（维吾尔文），北京：民族出版社 2006 版。

的萨满及其信仰体系，也是理论评述多，事例研究少①。王国维《摩尼教流行中国考》② 为国内对摩尼教的研究奠定了基础，其后国内学术界对摩尼教的研究集中于古代维吾尔人信仰摩尼教的原因，摩尼教传入古代维吾尔族的时间、途径、影响、发展及其消亡等问题③。杨富学、刘仲康、高永久、阿里木·朱玛什、李经纬等对景教传入新疆的时间、影响、历史作用以及景教文献残卷进行了研究④。历史上佛教对维吾尔族的影响很大，我国著名学者王国维、罗振玉、黄文弼、向达、冯家升等先生对此均有著述，近年来，不少中青年学者对古代维吾尔佛教信仰亦多有研究⑤。这方面的研究探讨了古代维吾尔人信仰佛教的时间、回鹘佛教与其他地区佛教的关系等问题。

3. 对伊斯兰教的研究

早在清代就有著述对新疆维吾尔族信仰的伊斯兰教进行研究，但人类学角度的研究以20世纪50年代进行的新疆社会调查为肇始。学者们对新疆伊斯兰教的研究多集中于以

① 王建新：《现代语境中的新疆维吾尔萨满研究——基于人类学的视角》，载《北方民族大学学报（哲学社会科学版）》，2010 年第 2 期，第 19 页。

② 王国维：《摩尼教流行中国考》，载《亚洲学术杂志》，1921 年第 2 期。

③ 陈垣：《摩尼教入中国考》，《陈垣学术论文集（第一集）》，北京：中华书局 1980 年版；陈俊谋：《试论摩尼教在回鹘中的传播及其影响》，载《中央民族学院学报》，1986 年第 1 期；林悟殊：《摩尼教在回鹘复兴的社会历史根源》，载《世界宗教研究》，1984 年第 1 期；艾尚连：《试论摩尼教与回鹘的关系及其在唐朝的发展》，载《西北史地》，1981 年第 1 期；耿世民：《回鹘文摩尼教寺院文书初释》，载《考古学报》，1978 年第 4 期；杨圣敏：《试论回纥宗教思想的演变与改宗摩尼教》，载《西北史地》，1985 年第 3 期；孙振玉：《从古文书看高昌回鹘摩尼教——对〈摩尼教寺院文书〉的再研究》，载《西北史地》，1988 年第 3 期。

④ 杨富学：《宋元时代维吾尔族景教略论》，载《新疆大学学报》，1989 年第 3 期；刘仲康：《景教在新疆的传播及其影响》，载《新疆社会科学研究》，1988 年第 1 期；高永久：《西域景教考述》，载《西北史地》，1994 年第 3 期；阿里木·朱玛什：《高昌回鹘王国时代景教残卷研究》，载《新疆社会科学研究》，1983 年第 18 期；李经纬：《回鹘文景教文献残卷〈巫师的崇拜〉译释》，载《世界宗教研究》，1983 年第 2 期。

⑤ 冯家升：《刻本回鹘文〈佛说天地八阳神咒经〉研究——兼论回鹘人对于〈大藏经〉的贡献》，载《考古学报》1955 年第 9 册；林幹：《讨论回鹘史中的若干问题》，载《社会科学》，1983 年第 1 期；［德］冯·家班：《高昌回鹘王国》，耿世民译，载《新疆大学学报》，1980 年第 2 期；阿合买提江·艾海提：《公元九世纪中叶以前的回鹘佛教》，载《新疆社会科学研究》，1987 年第 9 期；孟凡人：《略论高昌回鹘的佛教》，载《新疆社会科学》，1982 年第 1 期；刘迎胜：《西北地区佛教》，载《元史及北方民族史研究集刊》，1982 年第 6 期；李泰玉：《新疆宗教》，乌鲁木齐：新疆人民出版社 1988 年版；耿世民：《维吾尔族古代文化和文献概论》，乌鲁木齐：新疆人民出版社 1983 年版。

下几个方面：伊斯兰教在新疆的传入与发展[1]、新疆伊斯兰教的教派、教法问题[2]、

---

① 李晋年：《新疆回教考》，载《地学杂志》，1919年第2、3期；关震华：《新疆回部王公世系之研究》，载《西北问题》，1923年1卷第1期；王日蔚：《伊斯兰教传入新疆考（上、下）》，载《禹贡》，1935年4卷第2期、1937年7卷第4期；王日蔚：《新疆之伊斯兰民族》，载《禹贡》，1935年3卷第11期；纪颜：《回教与回纥》，载《西北论衡》，1938年第6期；海维谅：《新疆回教之发展》，载《月华》，1935年第8期；维·拉德洛夫：《新疆回部王公世系之研究》，贺启明译，载《天山月刊》，1935年1卷第4期；陈学明：《新疆宗教之起源》，载《新西北月刊》，1944年7卷第4期；柏南：《伊斯兰教在新疆发展之商榷》，载《西北论坛》，1948年1卷第4期；苏北海：《伊斯兰教传入新疆考》，载《新疆论丛》，1947年2期；苏北海：《一千年来伊斯兰教（回教）在新疆的发展》，载《历史教学》，1952年9月；宋大仁：《关于"西域""回回"和阿维森纳的问题》，载《历史研究》，1959年12月；曹启文：《新疆宗教势力演变述要（上、下）》，载《中国边政》，1963年第1、2期；李泰玉：《伊斯兰教在新疆的传播及其对社会历史的影响》，载《西北五省区伊斯兰教通讯》，1979年第1期；王治来：《论伊斯兰教在新疆的发展》，载《新疆历史论文集》，1977年版；陈国光：《伊斯兰教传入新疆的时间》，载《新疆社会科学情报》，1989年第5期；高永久：《论11世纪初伊斯兰教在于阗的传播问题》，载《兰州大学学报》，1998年第2期；李进新：《蒙古统治者与新疆的伊斯兰教》，载《新疆社会科学研究》，1984年第2期；田卫疆：《试探元末时代伊斯兰教在新疆的传播和发展》，载《新疆社会科学研究》，1987年第4期；陈国光：《正确阐明新疆伊斯兰教发展历史》，载《新疆社会经济》，1998年第5期；马品彦：《新疆多种宗教并存格局的形成与演变》，载《新疆师范大学学报》，2005年第4期。

② 阿吉努尔·阿吉：《论伊斯兰教神秘主义（苏菲主义）的形成、传播及其本质》，载《新疆社会科学研究》，1983年第7期；王守礼：《新疆伊斯兰教派初探》，载《新疆社会科学研究动态》，1981年第40期；杜绍源：《新疆维吾尔族伊斯兰教派简介》，载《新疆宗族研究资料》第10辑；杜绍源：《喀什、莎车、和田地区伊斯兰教派情况调查》，载《宗教》，1987年第1、2期；安尼瓦尔：《对新疆维吾尔族伊斯兰教依禅派和瓦哈比的调查》，载《民族研究动态》，1983年第2期；陈国光：《中亚纳合西班底教团与我国新疆和卓、西北门宦》，载《世界宗教研究》，1988年第1期；韩中义：《新疆伊斯兰教苏非尊号考释》，载《西域研究》，1998年第4期；马汝珩：《略论新疆和卓宗教势力的兴衰》，载《宁夏社会科学》，1984年第2、3期；陈慧生：《试谈清代的白山派和黑山派之间的斗争及其影响》，载《新疆社会科学研究动态》，1980年第37期；魏良弢：《西域史上的一个幻影"伊斯兰神圣国家"或"和卓时代"考实》，载《中国社会科学》，1992年第4期；陈国光：《"回回二十五世到中原"考——关于新疆伊斯兰教神秘主义在内地传布问题》，载《世界宗教研究》，1985年第3期；陈国光：《新疆历史上的伊斯哈克耶——兼论我国哲合林耶门宦的来源》，载《世界宗教研究》，1987年第1期；王叔凯：《维吾尔族伊斯兰教依禅派中的萨满教影响初探》，载《中央民族学院学报》，1987年第4期；陈国光：《新疆历史上伊斯兰教法制的兴衰》，载《西域研究》，1993年第3期；陈国光：《清代新疆维吾尔地区伊斯兰教法问题》，载《世界宗教研究》，1990年第2期；陈国光：《关于清代新疆伊斯兰教民法问题——契约文书探讨》，载《西域研究》，1992年第2期。

新疆伊斯兰教文化①、伊斯兰教与新疆社会和新疆民族的关系②、伊斯兰教政策③及有关麻扎与清真寺的研究④等。

以上著述中与本书直接有关的研究分述如下：

佐口透1963年出版的《十八—十九世纪新疆社会史研究》⑤ 是关于新疆历史问题的专著。作者在书中依据大量中外史料，叙述并评论了1760—

① 茅盾：《谈新疆各回教民族的文化工作》，载《回教文化》，1941年1卷第4期；戈定邦：《新疆宗教与文化》，载《边政公论》，1945年4卷第1期；潘路基：《回教徒翻译事业及其影响》，载《现代学报》，1947年1卷第2期；王延星：《略论伊斯兰化对维吾尔文明的影响》，载《宁夏社会科学》，1988年第3期；牛如辰、牛汝极：《试论伊斯兰教的传播对维吾尔书面语的影响》，载《新疆大学学报》，1984年第2期；丁文楼：《略论伊斯兰教对维吾尔文化的影响》，载《民族研究》，1991年第3期；陈国光：《对新疆伊斯兰教教育的历史回溯》，载《世界宗教研究》，1991年第2期；阿吉努尔·阿吉：《赛义德王朝文化述略》，载《新疆社会科学》，1990年第4期；桑荣：《新疆伊斯兰教的初期文化》，载《新疆艺术》，1992年第6期；马启成、丁宏著：《中国伊斯兰文化类型与民族特色》，北京：中央民族大学出版社，1999年版；安尼瓦尔·赛买提著：《禁忌与维吾尔传统文化》，乌鲁木齐：新疆人民出版社2004年版。

② 新疆社会科学院宗教所调查组：《新疆喀什、和田地区伊斯兰教情况调查》，载《新疆社会科学研究》，1983年第3期；安尼瓦尔：《对新疆维吾尔自治区伊斯兰教依禅派和瓦哈布派的调查》，载《民族研究》，1983年第2期；谷苞：《维吾尔族与伊斯兰教》，载《新疆社会科学研究动态》，1979年第4期；苏北海：《伊斯兰教在维吾尔族中发展的特点》，载《世界宗教研究》，1987年第3期；苏北海：《伊斯兰教在哈萨克族中的发展》，载《世界宗教研究》，1986年第1期；赵恩儒：《南疆农村宗教问题调查》，载《新疆民族研究通讯》（内部发行），1988年第2期；陈国光：《新疆东乡、撒拉、保安族中的伊斯兰教》，载《新疆社会科学》（维吾尔文），1991年第1期；陈国光：《纳赛尔·霍斯曼乌与伊斯兰教在新疆塔吉克族中的传播》，载《西北民族研究》，1992年第2期。

③ 陈国光：《清政府统一新疆前对伊斯兰宗教民族问题的态度与政策》，载《西部学坛》，1987年第4期；马明达，王继光：《试论杨增新督新的伊斯兰教政策》，载《西北史地》，1982年第2期。

④ 《哈密地区礼拜寺概况》，《新疆宗教研究资料》第2辑转载；董文弼：《论新疆麻扎》，载《新亚细亚》，1933年5卷第2期；邓力群、谷苞：《南疆的瓦哈甫地问题》，收入《中国少数民族社会历史调查资料丛刊》修订编辑委员会编：《南疆农村社会》（修订本），北京：民族出版社2009年版；《维吾尔居住区宗教田地介绍》，载《新疆》，1951年8月；买买提·赛来、马品彦：《新疆麻扎和麻扎朝拜》，载《世界宗教研究》，1986年第4期；李进新：《新疆南部维吾尔族地区的瓦合甫制度问题》，载《西域研究》，1994年第2期；热依木：《新疆少数民族宗教建筑——〈可爱的新疆〉之八》，载《西部学坛》，1994年第4期；刘致平著：《中国伊斯兰教建筑》，乌鲁木齐：新疆人民出版社1985年版；腾绍文等搜集，李安宁整理：《新疆维吾尔建筑装饰》，乌鲁木齐：新疆人民出版社1979年版；优素福·纳光舜：《中国古代清真寺艺术初探》，载《中国穆斯林》，1998年第1期；热依拉·达吾提著：《维吾尔族麻扎文化研究》，乌鲁木齐：新疆大学出版社2001年版；张国云：《不同文化语境下的伊斯兰教建筑——新疆清真寺与内地清真寺之比较》，载《新疆大学学报》，2006年第2期。

⑤ ［日］佐口透：《十八—十九世纪新疆社会史研究》，凌颂纯译，乌鲁木齐：新疆人民出版社1983年版。

1860 年新疆的政治、经济、文化等各方面的情况，其中包括喀什噶尔和卓家族的分裂及其活动、维吾尔族人信仰的伊斯兰教和它对内地伊斯兰教的影响等，这本书是以伊斯兰社会本身为主题的研究，作者从清朝官方记录的军事和行政方面的史料中，根据中亚史的主题和当地民族社会的实际状况，力图具体地描述当时新疆社会经济生活的内部情况。在本书的第九章探讨了新疆伊斯兰教的性质，认为当时维吾尔族人所信奉的伊斯兰教是属于逊尼派的哈尼夫学派，喀什噶尔、叶尔羌的伊斯兰教在受喀什噶尔和卓家族支配的同时，还受着中亚一些地区伊斯兰教，特别是苏菲主义的强烈影响①。作者于1984 年又出版了《十八—十九世纪新疆社会史研究》一书的续篇《新疆民族史研究》②，此研究主要是在中亚突厥语少数民族史、伊斯兰文化史的视点上进行，研究内容涉及新疆以及与新疆有关的一些少数民族的历史。同以上两本研究专著一起被著者视为新疆研究专著姐妹篇的《新疆穆斯林研究》③ 于1995 年出版，它以18 世纪至20 世纪近300 年间新疆维吾尔族人的宗教生活实况为研究对象，从历史的、民族志的角度对新疆的伊斯兰制度和穆斯林社会的实况进行整理，从中探究其伊斯兰性。本书涉及政治、社会背后的新疆穆斯林的伊斯兰信仰问题，同时也扩大了对研究对象的微观研究，更为值得提及的是为后人研究新疆民族、历史、宗教等提供了浩繁的中外文献史料。这三部著述不仅史料丰富，为分析和对比伊斯兰教在新疆及维吾尔族中的发展和变化提供了极有价值的历史资料，而且著者所运用的重视依据文献史料进行历史分析的历史学方法和重视实地调查的民族学方法的结合为民族文化的研究提供了方法论的意义。

《维吾尔社会历史调查》④ 是人类学研究维吾尔宗教的肇始，它是20 世纪五六十年代在新疆进行的社会历史调查的资料汇编。书中《疏附县托古扎克区第六乡调查材料》和《伊宁县上潘金乡调查报告》对当地的宗教情况和维吾尔族人家庭、婚姻及其他风俗习惯作了详细的调查和记录。本调查报告在宗教方面涉及下述内容：当地维吾尔族人信仰的伊斯兰教分属的两大教派“依玛木艾则木”和“依玛木萨菲尔”；教徒按照信教程度

---

① ［日］佐口透：《十八—十九世纪新疆社会史研究》（下册），凌颂纯译，乌鲁木齐：新疆人民出版社 1983 年版，第 643 – 644 页。

② ［日］佐口透：《新疆民族史研究》，章莹译，乌鲁木齐：新疆人民出版社 1993 年版。

③ 2012 年由新疆人民出版社翻译出版。

④《中国少数民族社会历史调查资料丛刊》修订编辑委员会：《维吾尔社会历史调查》（修订本），北京：民族出版社 2009 年版。

分为“些里耶提”[①]“开里把提”[②]、“哈里卡提”[③] 和“买里把提”[④] 四种；礼拜寺和宗教负担；宗教法庭；依禅派的活动形式及伊斯兰教对群众的影响等。在婚姻、家庭和风俗习惯方面涉及：家庭组织及亲属间的权利、义务；婚姻制度和仪式；离婚时的财产分配及复婚和再婚的条件；遗产分配制度；维吾尔族在居住、服饰、饮食、娱乐，以至出生到死亡等方面所举行的各种仪式等。这些调查资料表明伊斯兰教在当时的维吾尔社会起着重要的社会控制作用，维吾尔人的多数生活习惯都带有明显的宗教色彩。这些珍贵的民族调查记录，为我们今天研究民族宗教和文化提供了重要的参考资料。

马启成、丁宏在《中国伊斯兰文化类型与民族特色》[⑤] 一书中论述了中国伊斯兰文化的大文化属性，指出中国伊斯兰文化分为两大系统：一是与儒家文化相结合的内地伊斯兰文化，一是吸收了以萨满教为内容的突厥文化的新疆伊斯兰文化。本论著对新疆伊斯兰文化做了一个精辟的概括，对从宏观上认识新疆伊斯兰教有极大的裨益。

杨圣敏的博士论文《干旱地区的文化——吐鲁番维吾尔族社区调查与研究》[⑥] 及《干旱区文化的两个特点》[⑦] 从生态环境与文化的关系、文化的历史形成过程这两个角度进行阐述和分析，在对各绿洲维吾尔族人聚居区的宗教调查中，得出历史上维吾尔族人对宿命论的、神秘主义的宗教有更多的共鸣，并分析了这种文化特点形成的原因。认为“越是在穷困偏僻的地方，(伊禅派）信徒越多，影响越大。”[⑧] 该研究将文化与生态结合起来进行研

---

① “普通教徒，履行一般宗教仪式，遵守‘五大天命’。”(引自《中国少数民族社会历史调查资料丛刊》修订编辑委员会：《维吾尔社会历史调查》(修订本)，北京：民族出版社 2009 年版，第 4 页。)

② 指除遵守一般教规外，每年暗中封斋十天到三个月，经常手捻串珠，绝不做任何违反教规的事的人。(参阅《中国少数民族社会历史调查资料丛刊》修订编辑委员会：《维吾尔社会历史调查》(修订本)，北京：民族出版社 2009 年版，第 4 页。)

③ 指“终日念经祈祷，对人生及妻子财物都很淡薄”的人。(引自《中国少数民族社会历史调查资料丛刊》修订编辑委员会：《维吾尔社会历史调查》(修订本)，北京：民族出版社 2009 年版，第 4 页。)

④ “是‘圣人’以下的‘贤人’，群众迷信这种人能直接与胡达见面谈话。”(引自《中国少数民族社会历史调查资料丛刊》修订编辑委员会：《维吾尔社会历史调查》(修订本)，北京：民族出版社 2009 年版，第 4 页。)

⑤ 马启成、丁宏：《中国伊斯兰文化类型与民族特色》，北京：中央民族大学出版社 1999 年版。

⑥ 杨圣敏：《干旱地区的文化——吐鲁番维吾尔族社区调查与研究》(博士学位论文)，中央民族大学，1997 年，国家图书馆藏。

⑦ 杨圣敏：《干旱区文化的两个特点》，载《中国少数民族人口》，2001 年第 1 期。

⑧ 杨圣敏：《干旱地区的文化——吐鲁番维吾尔族社区调查与研究》(博士学位论文)，中央民族大学，1997 年，国家图书馆藏，第 6 页。

究，为维吾尔文化研究提供了一个范式。

蒋新慧的硕士论文《维吾尔传统婚俗与传统文化及社会》[①] 一文中所说的维吾尔传统婚俗主要指维吾尔族人伊斯兰化后一直延续至今的婚俗文化。作者认为在广大的维吾尔农村，宗教和习俗左右着他们的生活。从伊斯兰化的维吾尔婚俗中可以看出，伊斯兰文化强化着维吾尔族文化生活的价值体系，也维系着维吾尔族文化的伦理道德标准，伊斯兰教的信条和仪式是一种整合社群的手段和传统婚俗不可忽视的维系力。该论文虽然只是分析了维吾尔人的一个生命仪式，但是对伊斯兰教的世俗化做了一个很好的注解。伊斯兰教不仅通过婚礼融入了维吾尔人的生活，而且同样通过其他的生命仪式渗透进维吾尔人的日常生活。

热依汗·达吾提的《维吾尔族麻扎文化研究》[②] 对流行于维吾尔族当中的一种宗教文化现象——麻扎朝拜活动的产生、发展、流变及特质进行了专门研究。通过对麻扎文化的分析，论述了维吾尔族的麻扎朝拜是历史上新疆地区各种宗教文化的积淀与伊斯兰教观念相结合的产物，虽然伊斯兰教取代了原有宗教信仰而居于主导地位，但原有的萨满教的自然崇拜、英雄祖先崇拜以及祆教、佛教、景教等信仰文化依然与伊斯兰教文化一道并存于民众生活中。此研究是近年少有的对维吾尔族宗教生活直接进行研究的著作，对了解伊斯兰教的地域化特点以及维吾尔族宗教文化变迁发展的过程有积极的意义。

安尼瓦尔·赛买提的《禁忌与维吾尔传统文化》[③] 一书采用田野调查与文献研究相结合的方法，讨论了渗透于民俗生活各领域的禁忌事象的产生、发展、演变及其对社会生活的规范作用，论述了维吾尔族先民所信仰的宗教以及宗教对民间禁忌的形成产生的影响，制定了维吾尔族民间禁忌分类的标准和具体分类模式。作者没有将宗教禁忌立为专项来分析，认为这种分类研究不适合维吾尔族民间禁忌研究的原因在于现存绝大多数维吾尔民间禁忌都是伊斯兰教的戒律和禁戒，而且任何一个宗教禁忌，都不是独立存在的，而是渗透到生产和生活的各个领域之中。其研究对维吾尔社会的禁忌做了一个较为全面的描述，但因为没有专门分立宗教禁忌，而对维吾尔社会中各种禁忌产生的原因、意义和功能缺乏深刻的分析。

---

① 蒋新慧：《维吾尔传统婚俗与传统文化及社会》（硕士学位论文），兰州大学，2002 年，国家图书馆藏。

② 热依汗·达吾提：《维吾尔族麻扎文化研究》，乌鲁木齐：新疆大学出版社 2001 年版。

③ 安尼瓦尔·赛买提：《禁忌与维吾尔传统文化》，乌鲁木齐：新疆人民出版社 2004 年版。

孙岿的《中国突厥语族诸民族文化发展研究》[①] 以突厥语族诸民族的传统文化作为主要研究对象，探求使用同一语族语言的民族在文化上的异同以及因分布在不同区域、受周围民族的影响而产生的不同的文化变迁。书中论述了新疆突厥语族诸民族一方面受中亚伊斯兰大文化区的影响，与其有着某些文化特征上的相似；另一方面又在政治、经济、文化上与中央政府保持一致，在与中原民族的交往中吸收了语言、制度、道德等诸方面的因素。由于新疆处在伊斯兰文化和国家主流文化两种强势文化的交汇区，因而处于两套文化价值观的调适阶段。通过解读突厥语族民族的礼俗观、色彩观、数字观、方位观，来发现外来的伊斯兰文化是如何与原来的突厥文化相结合以及环境对这些民族文化的重大影响；通过分析维吾尔和哈萨克族的亲属制，认为亲属称呼泛化的现象与他们相互隔离的居住环境和封闭半封闭的自然经济社会有关，在一片片相对独立的绿洲小经济区域，人们的血缘关系与地缘关系重合，并通过宗教加以强化，人们不得不通过扮演家庭、社会角色来维持类似亲属间的社区团结和稳定关系。该书从宏观角度梳理了中国突厥语族诸民族的文化发展脉络，有助于从宏观上把握维吾尔族文化的特点。

蒋丽蕴在《当代新疆农村维吾尔族宗教行为分析》[②] 一文中将维吾尔族村民信仰伊斯兰教的教徒分为三种类型：附和型、外在型和内在型。作者通过对三种教徒的分析，得出以下结论：附和型宗教徒的行为带有很大的从众色彩，是一种遵从型行为；许多人对伊斯兰教教规的服从，只是为表明自己是社区一员而已；对大多数人而言宗教行为在很大程度上是一种功利行为。因伊斯兰教已与当地维吾尔族村民的风俗习惯融为一体，成为维吾尔族农村居民传统的一部分，该宗教也日渐成为制度化的象征，宗教本身在更大程度上沦为仪式、符号，其终极价值意义几乎不起主要作用。作者将宗教研究与社会结构和人的行为相联系，对当代维吾尔族的宗教行为进行定量分析，为当代维吾尔族宗教行为的研究开辟了一片天地，但作者所依据的反映宗教行为的变量是否能客观地反映社会现实，或者说这些变量在考察新疆维吾尔族宗教行为时是否具有普遍性是值得商榷的。

刘萍的博士论文《麻扎阿勒迪村维吾尔人的亲属制度》[③] 主要立足于维吾

---

① 孙岿：《中国突厥语族诸民族文化发展研究》，银川：宁夏人民出版社 2004 年版。

② 蒋丽蕴：《当代新疆农村维吾尔族宗教行为分析》，载《西北民族研究》，1999 年第 1 期。

③ 刘萍：《麻扎阿勒迪村维吾尔人的亲属制度》（博士学位论文），北京：北京大学，2004 年，国家图书馆藏。

尔亲属制度的研究，也涉及与此有关的宗教方面的内容。作者认为维吾尔族人对胡达的尊奉排斥了对祖先的崇拜，宗教“崇拜不仅反映在孩子构成方面，而且贯彻一个人的一生。因此深刻影响着他们的亲属关系。”① 刘萍的研究展示并证明了伊斯兰教已深入维吾尔人的世界观中，并成为他们的生活方式。

曹红在《维吾尔族生活方式——由传统到现代的转型》② 一书中探讨了维吾尔族传统生活方式的转型模式以及对现代化文化适应等问题，强调了伊斯兰教对维吾尔族人传统生活方式的整合作用，认为任何宗教都没有像伊斯兰教那样以其系统化和规范化对维吾尔族人的生活产生了强大的影响力。

从以上文献回顾我们可以看出：

（1）维吾尔族宗教的研究成果多集中于“史学”研究，关注对社会现象实地研究的“实学”研究较为缺乏。对维吾尔族宗教的研究多出自历史学、宗教学和民俗学角度，内容大都集中于古代宗教、宗教史、宗教经典、教派、建筑、宗教与社会的关系等方面，对伊斯兰教在民间的体现形式研究较少，特别是用人类学的方法深入调查阐释当代维吾尔族宗教生活的作品更少。

（2）对维吾尔族伊斯兰教的研究多为客位角度，深入维吾尔族民间社会从主位角度进行的研究很少。

（3）20 世纪 90 年代以后，国内高校纷纷开设了民族学、人类学、社会学、民族文化学等硕士、博士专业，相应地产生了一批用民族学、人类学、社会学、民俗学的理论和方法研究当代维吾尔族文化的学位论文和专著③，

---

① 刘萍：《麻扎阿勒迪村维吾尔人的亲属制度》（博士学位论文），第 121 页，北京：北京大学，2004 年，国家图书馆藏。

② 曹红：《维吾尔族生活方式——由传统到现代的转型》，北京：中央民族大学出版社 1999 年版。

③ 杨圣敏：《干旱地区的文化——吐鲁番维吾尔族社区调查与研究》（博士学位论文），中央民族大学，1997 年，国家图书馆藏；热依汗·达吾提：《维吾尔族麻扎文化研究》，乌鲁木齐：新疆大学出版社 2001 年版；蒋新慧：《维吾尔传统婚俗与传统文化及社会》（硕士学位论文），兰州大学，2002 年，国家图书馆藏；刘萍：《麻扎阿勒迪村维吾尔人的亲属制度》（博士学位论文），北京：北京大学，2004 年，国家图书馆藏；安尼瓦尔·赛买提：《禁忌与维吾尔传统文化》，乌鲁木齐：新疆人民出版社 2004 年版；孙岿：《中国突厥语族诸民族文化发展研究》，银川：宁夏人民出版社 2004 年版；王海霞：《农村维吾尔族女性的行为特征研究——以库车县牙哈镇克日希两村为例》（博士学位论文），中央民族大学，2006 年，国家图书馆藏；阿布都哈德：《地域认同与社会交往——乌鲁木齐的阿图什人》（博士学位论文），中央民族大学，2007 年，国家图书馆藏；沙吾提·阿布都哈力克：《新疆维吾尔村民的亲属关系与合作（1950—1980）——以克孜勒村为例》（博士学位论文），新疆大学，2007 年，国家图书馆藏；朱贺琴：《维吾尔民俗文化生态研究》（博士学位论文），新疆大学，2009 年，国家图书馆藏；马艳：《中国清真饮食文化的发展与繁荣》（博士学位论文），中央民族大学，2011 年，国家图书馆藏。

研究内容包括维吾尔文化的各个方面，如：认同、麻扎、婚姻、禁忌、干旱文化、亲属制度、行为特征及饮食文化等。维吾尔族宗教研究呈现出多学科并进、多领域开拓、多方面收获的特点，这些从人类学、民族学等角度研究维吾尔文化的成果为维吾尔文化研究提供了新的视角和方法，在国内外的影响也不断扩大，但水平良莠不齐，而且数量有限。

因此，本书在梳理维吾尔宗教文化变迁脉络的基础上，用人类学田野调查的方法对当代维吾尔族的宗教生活进行了描述分析，试图通过对宗教信仰发生的场景、宗教实践过程进行综合调查和阐释，客观地呈现宗教在维吾尔族人生活中的价值和意义，以加深对维吾尔族整体文化的理解。本书运用人类学参与观察和深度访谈的方法揭示维吾尔族宗教生活的真实现状以及他们的感悟，实地调查资料是本书立论的基本依据。

三、研究思路和依据的理论与方法

（一）研究思路

从历史发展和文化变迁规律来看，伊斯兰教为外源性宗教，维吾尔族所信仰的伊斯兰教是伊斯兰教本土化的产物。伊斯兰教在传入新疆成为维吾尔人的正统信仰的过程中部分吸收和融合了当地原有的宗教信仰和传统文化，逐渐发展成为突厥化的伊斯兰教文化。本书侧重展现当代维吾尔人宗教生活中伊斯兰教和传统文化如何融合为一体，并同现于当今的社会生活中，分析当地人如何根据经典和自己的观念解说这种同现。

熟悉和研究过维吾尔社会的人都能明显地感觉到这个社会正如涂尔干对人类社会所进行的分类一样同样具有两个领域：一种是“神圣的领域或宗教与巫术并存的领域”，一种是“世俗的领域”。本书对维吾尔族人宗教生活的描述与研究就从这两个领域入手，首先通过对“神圣领域”，即宗教信仰、宗教行为、宗教组织和宗教场所的描述来分析和解剖维吾尔族的宗教是伊斯兰教与其传统文化的融合体，是伊斯兰教本土化的结果。其次通过对世俗的生命仪式中伊斯兰教元素介入的剖析，论证伊斯兰教已成为维吾尔人的生活方式以及伊斯兰教传承文化的功能，即在历史发展过程中，伊斯兰教浸入的生命仪式传承至今，与伊斯兰教无关的生命仪式则逐渐式微。通过对几个典型家户的描述和分析，进一步把握维吾尔族人的宗教生活与世俗生活的相融，进一步阐释宗教维护和整合社会的功能。

人类学对宗教的研究关注的是宗教与社会事实之间的关系。本书通过对信仰与仪式的分析，确定伊斯兰教对维吾尔族人生活的意义以及对社会的重要性，以开放的研究态度将客观的描述和主观的体验相结合，贯穿自观的文化解释理论，力图对维吾尔族人的宗教生活做全面、细致的深度民族志研究。

（二）理论与方法

1. 研究借鉴的理论

在科学研究中，选择何种态度与立场、何种认识论与方法论非常重要。对一个民族的宗教进行研究，正确的态度和立场是在尊重信仰者的信仰基础上深入研究他们的信仰，对宗教事实做理性的分析，在政治上维护宗教信仰者信仰宗教的权利。基于这样的认识，本研究主要运用以下理论进行分析。

（1）**文化相对论**。文化相对论认为每个民族都有自己独特的历史，有自身的特点和发展规律，种族、民族并无优劣之分，文化也无高低之别。每一个民族的文化都具有其独特性和价值，都是在长期的历史过程中形成并与其经济条件相适应的，都能为本族群服务。文化相对论肯定多种而不是一种生活方式的价值，其最核心之处是认为社会的稳定与和睦来自对不同特点的尊重，不同文化群体应尊重对方的文化，以寻求了解和协调为目的，而不去毁坏与我们不相同的东西。文化相对论与其说是一种理论范式，不如说是一种方法论或态度，文化相对论是进行认真而负责的田野调查和文化分析的一个先决条件，它虽产生于20世纪40年代，但对分析今天中国的各民族文化仍具有积极的现实意义。

（2）**格尔茨的深描理论**。人类学家的工作实质就是倾听研究对象的解释，再用自己的作品（民族志）向读者解释这种解释。格尔兹提出人类的文化行为是十分不同寻常的东西，人类生活在复杂的意义体系中，即“文化”之中。理解这些文化行为，宗教当然是其中最重要的行为之一，最适合它们的研究方法就是“阐释”。文化分析不是“一种探索规律的实验科学，而是一种探索意义的阐释性科学。”[①] 我们叙述的不只是确实发生的事实，还有事实背后人们的意图。“这种描述的任务是区分不同的意义，发现隐藏在行为背后的意图，发现所有生命存在的意义以及人们对仪式、结构和

---

① ［美］克利福德·格尔茨：《文化的解释》，纳日碧力戈译，上海：上海人民出版社1999年版，第5页。

信仰的想法”[①]。深描理论的精髓在于，关注于揭示个人行动与整体的文化之间的关系，并由此解释行动的意义。格尔茨认为人类文化的基本特点是符号和解释性的，作为文化研究的人类学也应是解释性的。以地方性参与观察为基础撰写的“民族志”不应停留于“制度性素材的堆砌”，而应该构成一种“深描”，即从本地人的观点出发解释本地人的文化，而文化的意义则通过人与人的互动过程建构起来。行动与行动之间的接合、交流、互动形成一段段对话，我们对某一行动或者某一文化现象的了解，必须将其放在原来的“脉络”中去解读，努力跟踪观察当地人的行为，以行动为中心进行意义的解读，这也就是说对具有各种外在表现的宗教行为的了解，“只有透过主观的经验、理念与个体所关注的目的这个观点才有办法达到——换言之，从宗教行动本身的‘意义’这个视角来了解”。[②]

（3）**宗教对话模式**。人类社会的和谐，离不开不同民族及其多元文化的对话，其中最为重要的则是宗教之间的对话。当代著名神学家、宗教哲学家汉斯·昆（Hans Kung，1928— ）指出，近150多年来，诸多因素使整个世界变成一个小小的“地球村”。交往与信息、经济与政治等外在因素打破了人类孤立生存的局面，迫使人们进行交往、对话与合作。两次世界大战留给人类的教训是“缺乏交往和理解势必导致无知和偏见，无知和偏见则是敌视与暴力的诱因”[③]。对“地球村”的成员来说，交往、对话与合作不但是自我生存的需要，也是避免全球灾难的唯一选择。“没有宗教间的和平就没有世界的和平，没有宗教间的对话，就没有宗教间和平，宗教和平的出路在于相互的了解和对话。”[④] 宗教对话就是基于世界文明共处这样一个前提，尝试各宗教间的对话、本宗教内的对话、宗教与其他意识形态的对话。现有的宗教对话观点主要有三种：排他论、兼并论和多元论。排他论认为只有自己的观念才是唯一真实的，它不允许其他观念的同时存在，这必然导致观念之间的冲突，最终可能以暴力和毁灭告终。兼并论是一种强势理论倾向，它首先坚持只有一种宗教信仰是绝对真实的，神或上帝无所不在，无所

---

① ［美］包尔丹：《宗教的七种理论》，陶亚飞、刘义、钮圣妮译，上海：上海古籍出版社2005年版，第333页。

② ［德］韦伯：《宗教社会学》，康乐、简惠美译，桂林：广西师范大学出版社2005年版，第1页。

③ 张志刚：《宗教学是什么》，北京：北京大学出版社2002年版，第266页。

④ 张志湘主编：《广东伊斯兰学术论坛论文选集》，广州：广东经济出版社2012年版，第139页。

不能，它能使人得到真正的启示和根本的拯救。多元论是以世界上宗教信仰的多样性为出发点，坚持每一种观念具有它的独立性，主张持续对话。通过对话达到理解，有了理解才会和谐。

我们需要一个不同文明互相尊重的多元文化共存的和平世界，用宗教对话和多元论的观点来分析伊斯兰教与国家意识形态及社会世俗生活的互动与发展，在尊重不同族群传统文化的基础上，克服不同观念之间的矛盾，减少宗教的冲突，使各种文化和平相处，共同发展，只有这样才能实现一个以对话求理解，以共识求团结，以包容求和谐的美好梦想。

本书以文化相对论、解释人类学理论和宗教对话模式为基础，探求维吾尔族宗教的时间轨迹，凭借人类学的透镜参与观察，在认真分析和研究的基础上撰写出当代维吾尔族人宗教生活的民族志作品，以此展示维吾尔族人丰富而深邃的宗教文化。

2. 采用的研究方法

（1）**整体性的研究方法**。自然科学的研究方法擅长把研究对象与其他事物切割开来进行研究、讨论并做出分析，而人文科学的方法却与此大相径庭。人类学在研究宗教时，不是就宗教论宗教，而是把它置于整个文化系统背景的大场景中进行讨论，了解文化中的各种制度如何相互配合，在各种关系与互动中，真切地去观察、感受与了解整个文化系统，力求把宗教文化的真面貌呈现出来。因之，对维吾尔族宗教文化的研究，既将其置于本民族文化演变的历史途径中，梳理其发生、发展的脉络，又对其现实的生存环境和人文环境进行研究，客观地解释维吾尔族的宗教文化，突显文化人类学的整体性在具体研究中的作用。

（2）**历时与共时相结合的方法**。通过跨越时空的比较发现文化的变迁，将现实问题与历史发展结合起来分析，并将其置于国内和国际社会的大背景中，总结出发展的规律。通过文本和访谈完成历时性的比较，而共时性的比较则参阅其他学者的相关研究和采用民族志的方法进行。

（3）**田野调查及自观与他观的方法**。“研究一种文化最好的方法就是能在进行调查的社会里学得合乎该社会规范的行为方式。”[①] 田野工作是人类学获得研究资料最主要和最基本的方法，无论在研究方法、研究宗旨，还是学科依托上都多有突破。自观的方法是站在被调查者的角度，用他们自身的

---

① ［美］威廉·A. 哈维兰：《文化人类学（第十版）》，瞿铁鹏、张钰译，上海：上海社会科学院出版社 2006 年版，第 15 页。

观点去解释他们的文化。文化形式通过社会行为才能表达出来，这就意味着“人类学家最好就是通过记录下人们对自己的想法和行为的解释来重构他们真实的思想和行为体系。”① 民族研究的过程不仅是观察和访谈的过程，更主要的是获得“局内”观点的过程，用自观的方法描述维吾尔族的宗教信仰，即以宗教传播者和信仰者的看法作为观察的对象和研究的基础，这样可以不带偏见地解释他们的宗教生活的真相，而且运用自观的方法可以让人通过研究他者来反思自身，消除傲慢、偏见和文化中心主义，建立文化相对论的观念，尊重他者，与他者和平相处。同时在调查时运用他观的方法，以便归纳出他们宗教生活的特点。本书对维吾尔族宗教的研究建立在笔者在新疆且末县克乡克村八个月的实地调查的基础之上。

四、主要观点与主要内容

（一）主要观点

（1）维吾尔文化自古以来就是一个兼容并蓄的文化，它吸收和融合了多种民族和宗教的成分，具有丰富的内涵。现今的维吾尔文化并非是单质的伊斯兰文化，而是以伊斯兰文化为主导的多元文化的结合体。

（2）伊斯兰教不仅是维吾尔族的宗教信仰，而且是维吾尔族的生活方式。维吾尔族的宗教生活与世俗生活早已融为一体，一些基本的宗教信条已成为维吾尔族人生活的制度、准则和行为标准。

（3）伊斯兰教极大地丰富了维吾尔族人的精神生活，发挥着整合社会和传承文化的功能，在当今社会已成为他们精神生活的最重要的组成部分，在近几十年内“科学真理”不会完全取代“宗教真理”。

（二）主要内容

本书由导言和九章内容组成。

导言部分介绍本书的缘起、相关研究文献综述、研究的思路和依据的理论与方法，以及本书的主要观点和主要内容。

第一章是关于维吾尔族和田野调查点的概况介绍。维吾尔族概况包括族

① ［美］包尔丹：《宗教的七种理论》，陶亚飞、刘义、钮圣妮译，上海：上海古籍出版社2005年版，第334页。

源、族称、人口分布、语言文字及维吾尔族宗教的历史演变。田野点的概况分为两部分，一是且末县的概况，主要集中于且末县宗教概况的介绍，其目的在于交代清楚且末县的田野点的宏观历史社会背景；二是克村概况，包括克村的地理位置和行政区划、气候与农业生产、居住格局、村子的历史与克村一、二组的人口状况。

正文分为上、下两编。

上编《神圣的召唤》，共四章，主要是对维吾尔族宗教四要素的考察与分析，通过对维吾尔族的宗教意识、宗教行为、宗教组织和宗教场所进行的实地观察和深度访谈所得资料，分析说明了维吾尔族的神圣领域的宗教生活是以伊斯兰教的宗教生活为主，同时融入了原有信仰的成分，阐述了伊斯兰教在维吾尔人中的地方化和民族化特点。

下编《世俗的实践》，共三章，其中第六章描写和分析了维吾尔人的生命通过仪式，展示了伊斯兰教与世俗生活的结合，以及伊斯兰教对传延文化的巨大功能。第七章通过对五个典型维吾尔族家户的宗教行为的描述，再次展现了维吾尔族人的宗教生活概貌和伊斯兰教在维吾尔族人生活中的功能。第八章通过对克村一、二组村民宗教行为的定量统计，分析和说明了维吾尔族人的宗教信仰因年龄、性别、国民教育背景、宗教教育背景、社会及家庭环境的不同而有结构性差异，分析了克村村民的宗教信仰与宗教行为的现状与成因。《神圣的召唤》与《世俗的实践》致力搜寻的是当地人对自己文化意义系统的本土理解和阐释，展示维吾尔文化内部信仰与习俗的互动关系。

第九章概括总结了本书的研究结论。

需要说明的是：书中的田野资料主要来源于作者本人于 2005 年 5 月至 2006 年 1 月为写作博士学位论文而进行的田野工作；图片资料全部为本人在田野调查期间所摄。田野点克乡、克村是新疆巴音郭楞蒙古自治州且末县一个乡和村的代称，书中人物隐去真名而以假名代替。书后有附录五个，以供参阅。

第一章　概　况

第一节　维吾尔族概况

一、维吾尔族的族称与族源

“维吾尔”是维吾尔族的自称，意为“团结”“联合”或“协助”。这一族称在公元4世纪就见诸汉文史书，历代史书中的译写很不统一。北魏时期叫“袁纥”，隋朝叫“乌纥”“韦纥”，唐朝时称作“回纥”，后改称为“回鹘”，取“回旋轻捷如鹘”之意。元朝除称作“回纥”“回鹘”之外，还有“辉和”“辉和尔”“畏兀”“畏兀儿”等名称。清末、民国初年，维吾尔用“威武尔”自称，寓有“雄武”之意。1934年，新疆省政府正式统一使用“维吾尔”这一汉译族称①。

维吾尔族有着悠久的历史，现代意义上的维吾尔民族的形成经历了一千多年的漫长历程。维吾尔族是一个多源的民族，学界认为它的族源主要有两支。一支是来自蒙古高原的回纥人，另一支是新疆南部绿洲上的土著居民。这两部分人于公元840年大规模汇合，于16世纪初伊斯兰教统一整个塔里木盆地为标志完成了绿洲居民政治、经济、文化和宗教的完全统一②。

据历史记载，维吾尔族的族源主要是公元前3世纪末的丁零。丁零是北方的一些部落，游牧于贝加尔湖以南。西汉以后，匈奴衰微，逐渐西迁，鲜卑强盛，占据了蒙古高原东部和中部，丁零乘机南下，进入鲜卑故地，于大

① 杨圣敏主编：《中国民族志》，北京：中央民族大学出版社2003年版，第143页。

② 杨策主编：《新疆纵横》，北京：中央民族学院出版社1991年版，第13~14页。

兴安岭以南至辽河上游地区游牧，公元4—5世纪丁零被称作铁勒，也因其所乘之车高大，而被称为高车人。高车人中鲜卑颇多。当时活动于贝加尔湖以南的高车六部中有一个以药逻葛氏族为核心的回纥部。公元487年，柔然准备侵扰北魏，高车人不愿征战，西迁至车师前部（今吐鲁番盆地）西北，建立了高车王国。5世纪中叶以后，在准噶尔盆地东部出现了一个以阿史那氏为核心的铁勒部落，被称为突厥。6世纪中叶，突厥勃兴，阿史那氏建立了一个囊括整个蒙古草原和准噶尔盆地的突厥汗国。回纥和高车人成为突厥汗国属部，其游牧之地从蒙古高原中部到达中亚。唐朝初期，突厥衰落，以回纥为首的九姓铁勒日渐强盛。唐玄宗天宝年间（公元744年），回纥首领骨力裴罗联合唐朝灭亡了突厥汗国，创立漠北回纥汗国。在回纥汗国存在的近百年间，蒙古高原上的各游牧部落逐渐融合，相继放弃自己原来的名称而通称为回纥。公元755年，“安史之乱”后，唐朝势力逐渐退出西域，回纥的势力遂扩张至天山以北。公元840年，由于蒙古草原上自然灾害和外敌入侵，漠北回纥汗国崩溃。其中一支约十万人迁至阴山南的长城沿线游牧，后逐渐融于汉族人之中。另外三支西迁，一支迁至葱岭西的楚河流域，建立了喀喇汗王朝；一支迁往准噶尔盆地东部，建立了高昌回纥汗国；还有一支迁往河西走廊的张掖地区，建立了甘州回鹘国，这支回纥人后逐渐与当地的其他民族融合，形成了今天的裕固族①。元朝时，成吉思汗将天山南北的大部分面积分封给二儿子察合台，一些蒙古部落迁居天山南北。元末明初，成吉思汗在西域的部分后裔和部众逐渐融合于回纥中。

维吾尔族源的另一部分是居住于塔里木盆地的土著居民，他们“高鼻深目”，从事农业生产，操与回纥人完全不同的印欧语系的语言。回纥西迁时他们抵抗不住“善骑射”的回纥人，一个个绿洲被征服，只有延续了一千多年的于阗国抵抗的时间最长，但最终于公元1006年灭亡而融入回纥人中。塔里木盆地的原住民成分复杂，但大体上分为两类：一是欧罗巴人种中的胡人；二是蒙古人种中的羌人和汉人。国内外大部分学者认为是以欧洲人种的胡人为主。② 外貌为蒙古人种特征的回纥人与塔里木盆地深目高鼻的土著居民，经过五六百年的融合而形成的维吾尔族人在人种特征上与古代回纥人有了明显的差异；他们也与古代塔里木盆地高加索类型的居民有了很大的

① 杨策主编：《新疆纵横》，北京：中央民族学院出版社1991年版，第13～14页。

② 韩康信：《新疆古代居民种族人类学的初步研究》，载《新疆社会科学》，1985年第6期；林惠祥：《中国民族史（下）》，台湾商务印书馆1983年版，第293～296页。

差异。目前的研究表明“维吾尔族人种的底子仍以蒙古族人种为主，只是混合了高加索的人种因素。”①

于阗国被征服后，回纥人成为塔里木盆地的唯一统治民族，土著语言和文字逐渐消失，但回纥人建立的两个汗国东、西对峙。公元960年伊斯兰教被确立为喀喇汗国的国教，而东部的高昌回纥依然信仰佛教。13世纪喀喇汗国与高昌回纥汗国相继灭亡，蒙古人统治整个塔里木盆地，这些蒙古人在当地人的海洋中逐渐突厥语化，但他们实行宗教信仰自由政策，伊斯兰教徒与佛教徒依然无法在宗教上统一，直到1513年，南疆西部叶尔羌汗国的赛依德汗以伊斯兰教为旗帜统一了整个塔里木盆地，“各绿洲居民过去那种局限于一个个地面的或宗教的狭隘的意识，逐渐就转变成了包括整个塔里木盆地各绿洲的民族的意识了。也就是狭隘的地方、宗教的心理扩大成了民族的心理。反过来说，伊斯兰教从地区性的宗教变成了全民族的宗教，现代意义上的维吾尔族形成了”②。这时的维吾尔在政治、经济、文化和宗教上完全统一，有了共同的民族心理意识。

二、维吾尔族的人口分布

新疆是一个多民族聚居地区，总人口为2181.5815万人。维吾尔族为1000.1302万人，占总人口的45.84%，其中男性人口506.4182万，女性人口493.7120万。维吾尔族主要居住于天山以南的塔里木盆地和天山以北的准噶尔盆地周缘的绿洲地带上。据统计，居住于沿塔里木盆地边缘的和田、喀什、阿克苏和巴音郭楞蒙古自治州的维吾尔族人有775.1549万人，占全疆维吾尔族人总数的77.51%。伊犁有66.7202万人，吐鲁番有42.9527万人。维吾尔族6岁以上人口为884.5832万人，其中文盲占3.14%，小学程度人数占41.78%，初中程度人数占42.07%，高中程度人数占6.45%，大学专科以上人数占6.18%。与新疆整体人口平均受教育程度相比，维吾尔族文盲率高于全疆平均水平0.33个百分点，接受高等教育人数比例低于平均水平5.45个百分点③。

---

① 杨圣敏：《回纥人的种族特征试析》，载《甘肃民族研究》，1988年第1期。

② 引自国家精品课程资源网（http://www.jingpinke.com），杨圣敏主讲《中国民族志·西北篇》。

③ 参阅新疆维吾尔自治区人民政府人口普查领导小组办公室编：《新疆维吾尔自治区2010年人口普查资料（上、中、下册）》，北京：中国统计出版社2012年版。

三、维吾尔族的语言、文字

维吾尔族的先民回纥人使用突厥语，文字主要使用古突厥文。古突厥文也叫“鄂尔浑—叶尼塞文”和“鄂尔浑—卢尼文”。约有 40 个字母，书写从右向左，1919 年，在蒙古人民共和国发现的《回纥英武威远毗伽可汗碑》和《九姓回鹘可汗碑》即是以古突厥文铭刻的珍贵碑铭。回纥西迁后，利用粟特字母创制了回鹘文，这种文字在中亚和新疆一带曾广泛使用，“西迁的回鹘人除主要使用回鹘文外，还使用过吐火罗文、于阗文、突厥文、汉文、梵文、波斯文、阿拉伯文等”①。11 世纪喀喇汗朝著名文学家、学者玉素甫·哈斯·哈吉甫采用阿鲁孜②格律写成的《福乐智慧》③ 和 11 世纪著名突厥语言学家麻赫穆德·喀什噶里编写的突厥语、阿拉伯语详解辞典《突厥语大辞典》都是这一时期的代表性著作。察合台汗国时期随着佛教被伊斯兰教所排挤，阿拉伯文字逐渐取代了回鹘文的地位。与此同时以回鹘语为基础，夹杂有蒙古语、阿拉伯语、波斯语等词汇的察合台语出现。察合台文是以阿拉伯字母为基础的文字，随着伊斯兰教的传入，后又增加了几个取自波斯文的字母，共 28 个阿拉伯字母和 4 个波斯字母，书写从右至左横写。维吾尔族人信奉伊斯兰教之后，有相当数量的阿拉伯语和波斯语进入维吾尔语中，本民族原有的语言发生了很大的变化。据语言学方面的资料，维吾尔语词汇中，阿拉伯语和波斯语借词量约为 40% 左右④。现代维吾尔语是在晚期察合台语的基础上形成的，共 32 个字母，其中辅音 24 个，元音 8 个，自右至左横书。20 世纪 60 年代维吾尔文进行了拉丁化的文字改革，设计了以拉丁字母为基础的新文字方案，有 33 个字母，其中辅音 25 个，元音 8 个。1960 年开始试行，1965 年经国家批准开始推行，1976 年正式使用，其后新、老文字并用。经过 10 年的使用，新文字推行不理想，1982 年，自治区

---

① 杨圣敏主编：《中国民族志》，北京：中央民族大学出版社 2003 年版，第 145 页。

② 以长音节与短音节在一定形式下的变换和重复作为格律的基础。

③ 据学者们研究，作者先用阿拉伯语写成，后才有回鹘文抄本（耿世民：《维吾尔族古代文化和文献概论》，第 129 页）。现有三种抄本：第一种，回鹘文抄本，保存于维也纳国立图书馆；第二种，苏鲁斯体阿拉伯抄本，现存开罗凯地温图书馆；第三种，纳斯赫体阿拉伯字母抄本，现藏乌兹别克科学院东方研究所。

④ 马启成，丁宏：《中国伊斯兰文化类型与民族特色》，北京：中央民族大学出版社 1999 年版，第 159 页。

第五届人大常委会第十七次会议做出全面恢复使用老文字的决议，并在原来老文字30个字母的基础上，增加了2个字母，对字母表的字母排列顺序也进行了调整。这套以阿拉伯字母为书写符号的维吾尔族文字从1984年1月1日起开始使用，一直沿用至今。

现代维吾尔语属于阿尔泰语系突厥语族西匈语支，文字采用阿拉伯字母拼写，有三种方言：伊犁—乌鲁木齐中心方言、和田方言和罗布方言，其主要差别在语音和词汇方面。中心方言主要分布在东起哈密、西至伊犁、南括喀什的广大地区，使用人数占总人口的80%左右。和田方言主要分布在和田地区，使用人口约为总人口的19%。罗布方言主要分布在巴音郭楞蒙古自治州的尉犁县和若羌县，使用人口约为总人口的0.3%。维吾尔语的标准语以中心方言为基础，以伊犁—乌鲁木齐语音为标准音。

四、维吾尔族宗教文化的演变

维吾尔族在历史上曾信仰过萨满教、祆教、佛教、道教、摩尼教、景教等，公元10世纪以后改信伊斯兰教。这些宗教在历史上都对维吾尔族的经济生活、社会生活、文化生活产生过影响。

维吾尔族的先民回纥来源于丁零，丁零人的图腾是一种猎鹰，元和四年(788年)，回纥自改其名为回鹘，“义取迴旋轻捷如鹘也”，这透露了回纥人崇拜鹘（一种猎鹰）的信息。当时回纥人还崇拜大树，中外史书多有记载，神话传说也多有反映①。西迁后的高昌回鹘还于庙中祭祀大树②。狼是突厥语族诸民族共同崇拜的图腾，也是回鹘人最重要的图腾之一③。图腾崇拜可以理解为氏族祖先崇拜的特殊形式，是把某种动物、植物或其他自然物作为一个氏族的共同祖先的信仰体系，相信图腾物与人有着血缘关系，并对其顶礼膜拜。④

动植物崇拜及图腾崇拜都是人类早期的原始宗教形式，原始宗教进入晚期，逐渐出现了神职人员和以万物有灵论为核心的简单教义及一定的宗教仪式，发展到这一时期的原始宗教被称为“萨满教”。这是因其神职人员被称

---

① 见附录五之《二、神树母亲》和《三、乌古斯传》。

② 杨圣敏：《试论回纥宗教思想的演变与改宗摩尼教》，载《西北史地》，1985年第3期。

③ 何星亮：《维吾尔族的早期信仰》，载《民族研究》，1995年第6期。

④ 吕大吉主编：《宗教学纲要》，北京：高等教育出版社2003年版，第58页。

作“萨满”而得名。萨满教作为一种宗教信仰，它以万物有灵论为思想基础，在内容上包括自然崇拜、图腾崇拜和祖先崇拜，而且三者互相关联。萨满教作为原始宗教的高级形式，其特点是相信萨满具有超自然的异能，可与精灵直接沟通①。萨满能与鬼神相通，能操纵自然、施展魔法、驱鬼制邪，他们在治病疗伤时口念咒语，手舞足蹈。史料记载西突厥汗国在6世纪时期仍盛行萨满教，当时的主要活动是崇拜天神和占卜②。萨满教为回鹘人提供了一套关于自然与部族、与人间的关系，神灵与恶灵、死灵、生命的关系以及对各种各样不幸与灾难发生原因的说明。可以说，萨满教是当时部落社会全体的宗教，是作为支配性的意识形态而发挥其作用的③。后来萨满教的统治地位虽然被其他宗教所代替，但它的影响一直保留到今天。维吾尔族民间为人驱邪治病、占卜、解梦、相面的“巴克西”和“皮尔洪”，也就是古时候的萨满，他们为人祛病消灾时跳的“皮尔洪”舞，实际上就是古代的萨满跳神舞。

祆教产生于古代波斯，是最早传入新疆的外来宗教，大约在公元前4世纪传入今新疆地区④。祆教也叫拜火教，拜火教是我国古代对琐罗亚斯德教的称呼。祆教的基本教义是善恶二元论，认为宇宙间有善和恶、光明和黑暗两种神在斗争，阿胡拉·玛兹达是善神之首，安格拉·曼纽为恶神之首，在善与恶的争斗中，人可以自由选择。火是善与光明的化身，故以礼拜火为主要仪式⑤。从魏晋至唐宋时期，祆教频频出现于诸文献之中。回鹘自漠北西迁后，除萨满教原始崇拜以外，也同时崇拜祆教，《魏书》《新唐书》《旧唐书》等书中都有记载。祆教在新疆虽然十分盛行，但从来没有取得过官方宗教的地位，只是在民间流行。唐朝以后，祆教在新疆虽呈衰落之势，但一直到伊斯兰教传入新疆后才逐渐消失，它作为一种文化，在信仰过的维吾尔族中留下了深深的印记，其遗风仍然存在于维吾尔族民间。如维吾尔族的传统节日努鲁孜节就源自于祆教教历规定的年首之节——新年元旦。⑥

---

① ［苏］谢·亚·托列卡夫：《世界各民族历史上的宗教》，魏庆征译，北京：中国社会科学出版社1985年版，第178页。

② 项英杰等：《中亚：马背上的文化》，杭州：浙江人民出版社1993年版，第186页。

③ 王建新：《试论维吾尔族萨满教与日本民族萨满教的异同及国外萨满教研究的几个问题》，载《新疆师范大学学报》，1994年第3期。

④ 李泰玉：《新疆宗教》，乌鲁木齐：新疆人民出版社1988年版，第5页。

⑤ 项英杰等：《中亚：马背上的文化》，杭州：浙江人民出版社1993年版，第189页。

⑥ 马品彦、赵荣织：《新疆宗教史略》，乌鲁木齐：新疆大学出版社2001年版，第7页。

公元前6世纪佛教产生于印度奴隶社会，于公元前1世纪经迦湿弥逻（克什米尔）传入于阗国（今和田地区）。不久，又经中亚传入疏勒（今喀什地区）。此后，佛教沿着丝绸之路南北两道传播到莎车、叶城、且末、若羌、阿克苏、库车、焉耆、吐鲁番、哈密等地，在新疆流传了千百年。魏晋南北朝是佛教在西域发展的鼎盛时期。当时塔里木盆地南北道上出现了于阗和龟兹（今库车）两个佛教中心，寺庙兴盛，高僧辈出。唐宋时期，由于祆教、景教和伊斯兰教相继传入南疆喀什、和田、叶城等地，佛教逐渐衰落。9世纪中叶以后，回纥西迁进入吐鲁番和库车，在当地居民的强大影响下逐渐改信佛教。佛教再次兴盛，在新疆东部达到新的阶段，并持续几百年。近代考古发现的佛教古刹，如今拜城的克孜尔千佛洞，库车的库木吐拉、森木塞姆和克孜尔尕哈千佛洞，以及焉耆的七克星“明屋”等都是回纥西迁以后修建和扩建的。明清时期，由于伊斯兰教的广泛传播，佛教在新疆东部衰败，但随着信奉佛教的厄鲁特蒙古进入天山北路，在新疆北部流传，一直沿袭至今。①

回纥西迁之前佛教已盛行于西域，高昌回纥信仰佛教的时间为9世纪晚期至10世纪初，终结于15世纪中叶②。现新疆境内的龟兹、疏勒、于阗、高昌是当时佛教的中心，产生了辉煌的佛教石窟艺术文化，出现过鸠摩罗什、佛图澄、裴慧琳等著名佛学大师。作为维吾尔族先民的回鹘人在西迁之后受到佛教广泛、深刻的影响，皈依佛门的回鹘人用回鹘文书写了丰富的佛教典籍文献，并与内地佛教文化发生密切的联系。

道教是中国的传统宗教，根据出土文书和其他考古资料，道教大约是在5世纪随内地信仰道教的汉人进入西域而传播开来的。当时主要在汉人比较集中的哈密和吐鲁番等地区流传。因为哈密和吐鲁番是新疆进出中原的要道，从汉代起就是汉人活动的主要地区之一，同时也是中原文化最早传入、影响最大的地区之一。北魏以来，吐鲁番地区相继出现了汉族政权，后来，随着信仰道教的汉人的不断迁入，道教迅速传播和发展起来③。“当地少数民族当中也有信仰道教的。”④ 维吾尔族先民信仰道教的历史大约可以追溯到公元5世纪。从现在新疆吐鲁番、哈密等地区出土的道教文物看，公元5世纪，道教

① 杨策主编：《新疆纵横》，北京：中央民族学院出版社1991年版，第157～159页。
② 参阅孟凡人：《略论高昌回鹘的佛教》，载《新疆社会科学》，1982年第1期。
③ 王拴乾主编：《辉煌新疆》，乌鲁木齐：新疆人民出版社2003年版，第40～41页。
④ 杨策主编：《新疆纵横》，北京：中央民族学院出版社1991年版，第161页。

确已在高昌维吾尔先民中传播。经唐至宋元，西迁的回鹘中也有信仰道教的人。

回鹘人还信仰摩尼教。摩尼教是波斯人摩尼所创（约 216—276 年），此教认为世界上存在着光明与黑暗两种力量的斗争，光明力量最终必战胜黑暗力量。[①] 摩尼教在 6—7 世纪时传入新疆，进而传入当时尚居住在漠北的回鹘部落中[②]，并于公元 762 年之后成为回鹘的国教[③]。回鹘人信仰摩尼教的根本原因在于摩尼教天人合一的观点有利于漠北回鹘汗国的统一和主权的巩固[④]。摩尼教在整个回纥汗国内迅速推广，“标志着回纥人的阶级国家逐渐成熟，回纥人作为统一的民族趋向形成”[⑤]。回鹘西迁后仍一度保持摩尼教信仰，不仅大兴摩尼教寺院，而且以回鹘文大量译写摩尼教经典。直到 15 世纪伊斯兰教传播到吐鲁番地区以后，摩尼教才在维吾尔族中逐渐消亡。

景教，即基督教之聂斯脱利派，为叙利亚人聂斯脱利所创。公元 428 年，时任基督教君士坦丁堡大主教的聂斯脱利建立了自己的基督“二性二位说”，即否认基督的神性与人性结合为一个本体的“二性同体论”，认为是神性本体附着在人性本体上，因之，基督具有了神、人两个本性，这两个本性又分别形成了神、人两个本体，而不是合成一个统一的本体。因此，圣母玛利亚只能是作为人的基督的母亲，而不是上帝之母。这与基督教正统教义大相径庭[⑥]。公元 431 年聂斯脱利被逐，其信徒在受迫害而逃亡中将该教派传播到东方，并由新疆传到内地。研究景教的学者一致认为在 6 世纪中叶，古代维吾尔族先民中就有了景教徒[⑦]。宋末元初景教在维吾尔族中发展到十分兴盛的地步，景教教堂广布维吾尔人聚居区域，并同本地民族风俗相融合。景教在维吾尔族中的传播促进了维吾尔族同东西方文明的接触，沟通

---

① 项英杰等：《中亚：马背上的文化》，杭州：浙江人民出版社 1993 年版，第 190 页。

② 中国大百科全书总编委编：《中国大百科全书（宗教卷）》，北京：中国大百科全书出版社 1988 年版。

③ 参见陈俊谋：《试论摩尼教在回鹘中的传播及其影响》，载《中央民族学院学报》，1986 年第 1 期。

④ 参见杨圣敏：《试论回纥宗教思想的演变与改宗摩尼教》，载《西北史地》，1985 年第 3 期。

⑤ 杨圣敏：《回纥人的社会发展与宗教演变》，《民族研究》，1993 年第 4 期，第 64 页。

⑥ 马品彦、赵荣织：《新疆宗教史略》，乌鲁木齐：新疆大学出版社 2001 年版，第 26 页。

⑦ 参见杨富学：《宋元时代维吾尔族景教略论》，载《新疆大学学报》，1989 年第 3 期；刘仲康：《景教在新疆的传播及其影响》，载《新疆社会科学研究》，1988 年第 1 期；高永久：《西域景教考述》，载《西北史地》，1994 年第 3 期；阿里木·朱玛什：《高昌回鹘王国时代景教残卷研究》，载《新疆社会科学研究》，1983 年第 18 期。

了中西方经济贸易的往来，加强了伊尔汗国的蒙古族人与欧洲基督教国家的联系。

伊斯兰教在维吾尔族中的传播、发展已有一千多年的历史，它与喀喇汗王朝发展的历史联系在一起。伊斯兰教在新疆主要是通过传教、同佛教等进行宗教战争以及政治力量来推进伊斯兰教的传播。大约在10世纪左右由陆路经中亚传入新疆。据文献记载，西迁到葱岭西的回鹘人在公元10世纪上半叶建立了喀喇汗朝。汗朝在苏图克·布格拉汗（910—956年）统治时期，开始改信伊斯兰教。在公元960年，统治者穆萨·阿尔斯兰汗（狮子汗）宣布伊斯兰教为国教。约在1006年，统治者玉苏甫·卡迪尔汗（公骆驼）攻占了于阗，这是伊斯兰教的东向跃进，是伊斯兰教对佛教的历史性胜利。在天山南麓，其势力沿着塔里木盆地南缘，东抵且末、若羌一带。

当地的维吾尔族老人给我讲了这样一个故事：

我们很早以前的一个汗王，在小时遇到财神黑孜尔，财神给他详细讲解了其他宗教的缺点后，他就开始思索另创一个宗教来代替其他宗教。到了十五六岁的时候，一次外出打猎时，遇见一批商队，当商队将货物卸下，他前去看货时，商队中突然有一人高呼，其他人就开始礼拜。他感到很奇怪，通过询问得知是伊斯兰教，此后他就信奉了这种宗教。在他未登基之前，他曾劝母亲改信奉伊斯兰教，后来被叔父发觉，差点丧命。直到他叔父去世，自己成为汗王以后，才将自己暗自信奉的伊斯兰教公之于众，并令他的臣民信奉了伊斯兰教。

这虽然是个传说，但可以看出伊斯兰教传入之初伊斯兰教传教士是以阿拉伯商人身份传教的。

从12世纪早期开始，喀喇汗领地逐渐被西辽所攻占。在西辽，皇族信仰佛教；伊斯兰教的政治角色发生了变化，处于非统治地位。13世纪中期，蒙古族人灭掉了西辽王朝。

蒙古贵族灭亡西辽以后，中亚及新疆大部分地域在窝阔台汗和察合台汗的封地内。在这里，蒙古贵族实行宗教信仰自由政策，允许各种宗教存在和发展。东部地区以佛教为主，而南部地区则以喀什、和田为中心盛行伊斯兰教。元朝后期，统治新疆的察合台系蒙古贵族开始分裂。秃黑鲁帖木儿于元顺帝至正七年（1347年）在阿克苏被拥立为察合台汗，这个汗国就是“东察合台汗国”，首府在阿力麻里（霍城西北）。他极力推行伊斯兰教，使伊斯兰教在新疆地区得以迅速发展。明正德九年（1514 年），其后裔赛义德在南疆建立一个新政权——叶尔羌汗国。正德十一年（1516 年），东察合台汗国满苏儿汗臣服于其弟建立的叶尔羌汗国，东察合台汗国不复存在，汗国再度统一，这个汗国的统治阶层——蒙古族人早已成为穆斯林。他们与当地人通婚，逐渐完成了血缘与语言的维吾尔化。新疆地区的伊斯兰化，皆赖察合台后裔之力。赛义德是在南疆实力派蒙古杜格拉特部拥戴下登上汗位的，没过数十年，杜格拉特异迷家族势力开始左右汗国朝政。为了对抗异迷家族，叶尔羌汗国统治者从中亚把“和卓”① 势力引入新疆，和卓势力不断发展，逐步由宗教势力影响和控制世俗政权，直到清朝统一新疆。从 17 世纪 20 年代起，和卓家族的黑山派、白山派交替操纵南疆政权二百余年。和卓家族是清代新疆历史上不容忽视的社会力量。

伊斯兰教从传入新疆到新中国成立前，一直是统治阶级用来统治和奴役广大信众的精神工具。新中国成立后，新政权的建立使宗教信仰隐退到私领域中，宗教信仰得到尊重。“文革”时期宗教受到压制，现今人们更加认识到对宗教的尊重实际上是对人性、人权、自由的尊重。

从维吾尔族宗教演变脉络的梳理中，我们可以看出维吾尔文化自古以来就是一个包容性很强的文化，它吸收和容纳了多种宗教因子，具有丰富的内涵。维吾尔族的早期信仰产生于原始社会，但其残余形式长期存在于维吾尔人的生活中。佛教是世界三大宗教中最早传入新疆的宗教，也是在新疆流传时间最长、影响最大、信仰人数最多的宗教。随着伊斯兰教的传入，维吾尔族人改宗伊斯兰教并完全放弃了佛教信仰，而且在当下的宗教生活和世俗生活中也全然失去了佛教的影响。但是，谁也不能否认历史上佛教对新疆的政治、经济、文化、艺术等产生过广泛而深刻的影响，新疆佛教在音乐、舞蹈、绘画、造像、寺院和石窟建筑艺术等方面为我们留下了大量珍贵的文化遗产，同时丰富了我国和世界文化的艺术宝库。伊斯兰教对维吾尔民族的形成和发展起了至关重要的作用，“伊斯兰化，不但最后消除了回鹘与西突厥诸部的差异，而且使他们共同脱胎换骨，为其后来形成维吾尔族奠定了基础”②。现今的维吾尔文化并非是单质的伊斯兰文化，而是与其他宗教形式并存或交融在一起，形成以伊斯兰文化为主导的多元文化的结合体。

---

① 和卓是指在中亚地区具有“圣裔”身份的宗教贵族。

② 钱伯泉：《维吾尔的形成和发展初探》，载《新疆社会科学》，2009 年第 1 期，第 126 页。

第二节　田野工作点概况

本项研究的田野点选在新疆巴音郭楞蒙古自治州且末县克乡的一个村子，克乡与克村都是代称。笔者从 1990 年至 2002 年曾先后三次去且末学习与考察。第一次是 1990 年 3 月至 6 月，在且末县阿拉尔乡学习维吾尔语。当时的且末十分落后，整个县城只有一条不到两公里的柏油马路，路上积满了沙尘，车辆驶过尘土飞扬。除县政府办公楼和县劳动局是小二层楼外，其余全是破旧的平房。第二次是 1991 年 7 月，因为且末县恰瓦尔墩开发项目去且末进行调研。时隔 11 年，在朋友的盛情邀请下，于 2002 年“十一”大假重返故地，且末的巨大变化令人震惊：当年贫穷落后的沙漠小县城在短短的数年时间里发生了翻天覆地的变化，高楼鳞次栉比，街道宽阔笔直，文化广场恢宏大气，街道旁树木成荫，一派现代都市景象。然而去农村拜访当年结识的维吾尔族农民朋友时，他们依然那样淳朴，古老的生活习俗一如既往，与城市的现代化形成鲜明的对比。他们男戴花帽女戴巾，依然做着礼拜，依然是见面问一声“ɛssalam ɛlɛjkum”①，分别时道一句“χudajimʁa amanɛt”②。宗教生活和宗教元素时时处处呈现于农民的生活中。三次经历使我对且末有了一定的了解并因其民风古朴而产生喜爱之情，当做博士论文需要选择田野点时且末第一个出现在我的脑海中。

一、且末县概况

且末一名最早出现在《汉书》里，为“沮末国”，《三国志》写作“且末”，隋代为且末郡，唐代为播仙镇，元代称“阇里辉”，明代称“扯力昌”（车尔臣）。清光绪十年（1884 年），新疆建省后称卡墙（于阗县一巡检）。民国三年改为且末县。

且末县隶属新疆维吾尔自治区巴音郭楞蒙古自治州，地处昆仑山、阿尔金山北麓，塔里木盆地东南缘。东与若羌县交界，西与和田地区民丰县接壤，南屏西阿尔金山和东昆仑山与西藏自治区为邻，北部深入塔克拉玛干大沙漠与尉犁县相接，西北部接阿克苏地区沙雅县，土地面积为 13.8645 万平

---

① 平安词，意为“安拉赐你们平安并降吉祥于你们”。

② 直译为“把你交给胡达保管吧！”义译为“再见！”

方千米[①]。且末县城距巴音郭楞蒙古自治州首府库尔勒市 794 千米，距乌鲁木齐市 1247 千米。1995 年 9 月，北接 314 国道、南接 315 国道、全长为 522 千米的沙漠公路建成通车，这从根本上改变了且末人通往外部世界的条件，2002 年 10 月 4 日，塔中一井至且末的沙漠公路建成通车，更加方便了且末人民与外部世界的联系与沟通。

且末县西北部为戈壁沙漠，距县城百余千米的西南和东南是逶迤连绵的昆仑山支脉及阿尔金山山脉，且末绿洲位于车尔臣河冲积三角洲地带，整个绿洲呈狭长的沿水系分布的条带状，且末县总体地形南高北低由西南向东北倾斜。在且末县 14 万平方千米的总面积中，山地面积为 6. 235 万平方千米，占全县总面积的 44. 42%；山前倾斜平原为 2. 415 万平方千米，占全县总面积的 17. 21%；沙漠面积为 5. 38 万平方千米，占全县总面积的 38. 36%。

且末地处塔克拉玛干沙漠东南缘，属极端干旱大陆性气候，自然环境非常恶劣。年平均降水量为 18. 6 毫米，平均蒸发量为 2507 毫米，是降水量的 135 倍。由于降水少，降水对农业生产基本上没有实际意义。年 8 级以上大风要刮 15 天到 38 天，大风造成沙暴和浮沙天气，年平均沙暴日达 20 多天，浮尘日近 200 天。大风主要出现在 3—8 月，对农业生产造成严重危害。

由于降水量太少，且末人对河流的依恋就可想而知。且末人民的母亲河车尔臣河是且末县境内最大的河流，她发源于昆仑山北坡的木孜塔格峰，流程全长为 813 千米，历史上车尔臣河丰水期河水从台特玛湖循故道入罗布泊，近年来，除特大洪水外已无水进入台特玛湖。

且末县境内石油、矿产和旅游资源十分丰富，具有广阔的开发前景。主要资源有：储量超亿吨的石油资源，采油井达 281 口。有 7 条较大河流，地表水年径总流量为 18 亿立方米，地下水储量为 8 亿立方米；198 万亩优质荒地均待开发。车尔臣河流域绿洲灌溉面积有 34 万亩，耕地面积有 22. 42 万亩。县境内阿尔金山和昆仑山蕴藏着丰富的矿产资源，已发现铜、锌、铁、镍、玉石、黄金、云母、石棉等矿产四十余种。独具三路、两山、一大漠、一冰峰的特色旅游资源。境内自然景观奇异，野生动物资源丰富，有藏羚羊、藏野驴、野骆驼、牦牛、雪豹、雪鸡、塔里木马鹿等国家一、二级重点野生保护动物[②]。

---

① 新疆巴音郭楞蒙古自治州统计局编：《巴音郭楞统计年鉴——2011》，新疆维吾尔自治区内部资料准印（2011 年）第 51 号，2011 年版，第 6 页。

② 根据且末县统战部 2013 年 6 月 7 日提供的资料整理。

且末县历史悠久，约公元前21世纪，长江中游的三苗部落迁到甘肃河西走廊与敦煌三危山一带，与当地土著融合成为羌人的祖先，后来其中的一支向西迁徙，来到昆仑山下，成为且末先民的一部分。[①] 且末境内发现的细石器告诉人们，约7000年前且末先民生活在水草丰美的河流两岸、湖泊周围或雪山脚下的绿洲之上。他们逐水草而居，他们的家园许多被埋在沙碛之下[②]。距今5000年左右的莫勒切河岩画位于且末县城东南180千米处的阿尔金山北麓，主要集中在莫勒切河东岸海拔为2500米以上的半山腰的一大片岩石上，面积达3000多平方米。岩画内容广泛，包括多种符号标记、动物图像、手掌印记等，涉及狩猎、放牧、舞蹈、杂技、格斗、射箭等场景。距今3000年左右的扎衮鲁克古墓位于且末县西南6公里处，在墓葬区南1公里处有古代且末河河床遗迹。现在的且末河在墓葬区东部10公里处，这说明且末河由于狂风和沙漠推移造成了几次改道。扎衮鲁克古墓墓葬区有大小不一的数百座墓葬，其中许多墓葬遭到破坏，在已发掘的五座墓葬中的干尸、木制品、毛制品、骨器、陶器等均具有典型的地方民族特色。这些文物是生活在塔里木盆地的先民创造的人类文明，这些遗迹留下了人类在此生息、繁衍的明证。

历史上且末县境人口曾有过几次大的变动。虞舜时期，活跃在河西走廊的羌族受大月氏的侵迫，部分西迁至且末境内。汉末，因车尔臣河改道，一部分土著居民在灾害中死亡，一部分迁出且末。魏晋时期，部分匈奴和中原汉族人迁入且末。隋朝谪天下罪人，配为戍卒，在且末大开屯田。唐末，车尔臣河又泛滥改道，大量居民被淹死或外逃。元朝在且末屯田，从中原迁入1000余人耕植。清末民初，从于田、喀什等地迁入部分人口。新中国成立后，为了支援边疆建设，一部分内地的干部、工人、复转军人及学生被分配到且末县工作。

且末县现辖2个镇、10个乡、1个良种繁育场、2个国有牧场、2个农业综合开发区。县境内驻有新疆生产建设兵团农二师三十七团、三十八团，并设且末监狱。2010年全国人口普查统计数据显示，全县人口共有65572人，其中维吾尔族46742人，占总人口的71.28%；汉族18515人，占总人

---

① 江海波主编：《最美的还是我们新疆·且末县》，乌鲁木齐：新疆人民出版社1998年版，第4页。

② 中国人民政治协商会议新疆且末县委员会编：《且末文史资料》（第一辑）（内部资料），1999年版，第2页。

口的 28.24%；其他少数民族 315 人①。

二、且末县宗教概况

（一）宗教发展情况

在历史上，且末境内居民曾先后信奉过萨满教、佛教、基督教、伊斯兰教，其中萨满教、佛教和伊斯兰教影响最大。

萨满教大约在公元前 3500 年左右传入且末，境内萨满教遗迹的特征主要反映在古代岩画中。莫勒切岩画所凿刻的各种动物图像和人物场面，反映了萨满教的自然崇拜、图腾崇拜和祖先崇拜的观念。到民国初年，县境内仅有少量萨满教徒存在，1950 年后萨满教消失。②

在伊斯兰教传入前，且末境内居民信仰佛教。1977 年，在东汉古城遗址中发现的东汉时期的陶器上的佛教标志，证明了这一时期县境内已有佛教教徒，佛教已在县境内传播。西晋末年，佛教已相当盛行。隋朝时，宋云惠僧路过且末，在《洛阳伽蓝记》中记道："从末城西行二十二里至捍麼城，城南十五里有一大寺……从捍麼城西八百七十里，至于阗国。"这里所说"末城"，即且末境内。唐代时，县境内佛教最为盛行。元代，由于伊斯兰教的兴起，佛教逐渐衰落。民国三十年（1941），有人在县境内建佛寺，当时信教者有 50 人。此佛寺在 1958 年被拆除③。

10 世纪，伊斯兰教传入新疆西部。13 世纪，伊斯兰教以喀什为中心东渐莎车、于阗传入且末。据《马可波罗游记》记载，当时新疆境内信仰伊斯兰教的有可失合儿（喀什噶尔）、鸭儿看（叶尔羌）、忽炭（和田）、培因州、车尔城（车尔臣，即且末）、罗卜（罗布，即若羌）等地④。伊斯兰教传入且末后，逐渐发展，成为影响力最大的宗教。

目前且末县宗教主要是伊斯兰教，又以伊斯兰教逊尼派为主；其次是基

---

① 参阅新疆维吾尔自治区人民政府人口普查领导小组办公室编：《新疆维吾尔自治区 2010 年人口普查资料（上、中、下册）》，北京：中国统计出版社 2012 年版。

② 参阅且末县地方志编纂委员会编：《且末县志》，乌鲁木齐：新疆人民出版社 1996 年版，第 458～459 页。

③ 同上，第 461 页。

④ 参阅 A. J. H. Charignon 注释本，党宝海新注：《马可波罗行纪》，冯承钧译，石家庄：河北人民出版社 1999 年版，第 156～203 页。

督教。信仰伊斯兰教的有维吾尔族、回族、哈萨克族、塔吉克族、乌孜别克族等民众。极少数汉族人信仰基督教。

（二）宗教人士与宗教场所

1949 年，县境有宗教人士 67 名。1958 年“大跃进”期间，“左倾”思想干扰了党的宗教信仰自由政策，宗教人士减少到 51 名。“文革”期间正常的宗教活动受到冲击，宗教人士受到迫害。“文革”结束后，平反冤假错案，到 1991 年，配伊玛目①以上职业宗教人士为 91 人。1993 年，全县有职业宗教人士 188 名②。截至 2005 年 8 月，全县伊玛目以上的宗教教职人员共有 113 名，其中：87 名在职宗教人士，4 名助理伊玛目，4 名退职宗教人士，18 名塔里甫③。30 岁以下的有 26 人，31～40 岁的有 24 人，41～50 岁的有 7 人，51～60 岁的有 13 人，61～70 岁的有 25 人，71 岁以上的有 18 人，截至 2005 年全县有 4 个州级五好宗教人士。

1949 年，县境有清真寺 63 座。1958 年“大跃进”期间，受“左倾”思想的影响，全县 63 座清真寺被毁掉 17 座。“文化大革命”期间，全部清真寺被拆除或改作他用。“文革”结束后，党和政府落实宗教政策，恢复宗教活动，至 1982 年共开放 57 座清真寺，到 1991 年发展为 89 座④。现有 88 座⑤合法登记的清真寺，正常开展宗教活动的为 87 座⑥。88 座清真寺中有 15 座主玛清真寺，2005 年，巴扎⑦清真寺被评为州五好清真寺。全县现有清真寺建筑面积达 8920.13m^2（13.38 亩），占地面积为 52003.3m^2（78 亩）⑧。清真寺分布在城乡各地，已足以适应群众正常宗教活动的需要。

---

① 清真寺主教。

② 且末县地方志编纂委员会编：《且末县志》，乌鲁木齐：新疆人民出版社 1996 年版，第 459 页。

③ 清真寺学经人员。

④ 且末县地方志编纂委员会编：《且末县志》，乌鲁木齐：新疆人民出版社 1996 年版，第 459 页。

⑤ 原且末镇却格里梅亚清真寺因为城市改建经自治州统战工作领导小组同意于 2003 年撤销，原清真寺的加玛艾特合并到巴扎主玛清真寺。

⑥ 剩下的一座是托乎拉克乡加瓦艾日克村五组清真寺，因为从事非法活动，已于 2001 年 2 月经乡党委、乡政府研究决定关闭了该清真寺。

⑦ 集市，这里指县城。

⑧ 此数据由且末县宗教局提供。

（三）信仰宗教情况

2005 年，全县信仰伊斯兰教人数约 1.1 万人①，约 2150 人每天做五次乃玛孜，2005 年，肉孜节会礼人数为 11490 人，2006 年，古尔邦节会礼人数为 10220 人。2005 年，全县有基督教信教群众 77 名，无基督教活动点。

（四）宗教人士的培养

从 2003 年 4 月 16 日开始，第一轮带培“塔里甫”为 9 名，第一轮带培塔里甫工作于 2006 年 4 月结束。2005 年 4 名伊斯兰教爱国宗教人士带培为 9 名塔里甫。县第二轮带培塔里甫工作已于 2005 年 8 月 16 日开学，学期三年，至 2008 年 9 月结束。

为了解决伊斯兰教宗教教职人员新老接替的需要，1987 年，自治区伊斯兰教协会开办了新疆伊斯兰教经学院，各地州也相继开办了经文学校，为培养较高水平的年轻伊斯兰教教职人员创造了优越条件。自 1998 年以来，且末县已先后有 34 名宗教教职人员按期完成了学业，分配到一些重点清真寺任主持。2005 年，已选派两名塔里甫到自治区经文学院培训。

三、克村概况

（一）行政区划与地理位置

克村隶属于克乡，克乡乡政府离县城不远。全乡地势向东北倾斜，四周起伏，中间平坦，平均海拔为 1274 米。全乡有 6 个行政村，19 个村民小组，占地面积达 52 平方公里。2004 年，全乡有 1140 家农户，人口为 5828 人，总耕地面积有 1.44 万亩，农民人均收入达到 2678 元②。2012 年，全乡有 2218 家农户，人口为 8395 人，总耕地面积有 1.88 万亩，农民人均收入增加到 8912 元③。

清朝乾隆时期，于田人在此挖渠引水，进行农牧业生产，现在乡政府附近保留有大片胡杨林，村里田间地头的胡杨树依然见证着绿洲的变化和发展。

---

① 此数据是县民宗局根据各乡镇场上报人数的汇总数。

② 据且末县统计局于 2005 年末提供的资料。

③ 数据由克乡农经站于 2013 年 7 月 2 日提供。

（二）气候与农业生产

克乡气候干燥少雨，多年平均降水量为19毫米，年蒸发量为2506.9毫米，年平均气温为10°C，1月最低气温为-26.4°C，7月最高气温为41.5°C，无霜期为138~225天，一般风力达到3级，最大风力达到11级。

克村总面积有4255亩，农民主要以农业生产为主，种植小麦、玉米、棉花等作物。2005年，播种面积为2284亩，其中小麦（冬、春）播种面积为1361亩，单产为411千克；玉米复播面积为922亩，单产为353千克；棉花播种面积为1300亩，单产为123千克。也种植少量苜蓿、蔬菜。2004年，人均收入达到3341元；2005年，人均收入上涨到3808元[①]。收入上涨主要与2005年棉花收购价上涨有关。2012年，克村播种面积为5119亩，人均纯收入达到13110元[②]。

（三）居住格局

克村有四个村民小组，村民小组的划分是以街道为划分标准。通往县城的主道于2005年10月铺修完毕，它是一条乡村柏油路。村民习惯将它称为主街，主街的东边依次是一街、二街、三街。大队部南边有一条街道与主街垂直，村民们叫它四街，与四街平行位于其南边的街道叫作五街，四街、五街皆与主街相交[③]。

克村的主街

从县城来克村，一进入主街路西依次是一、二组清真寺、村委会，路东以及一街北半段、二街三街为一组居民区。四街的东头是克村小学校，在小学校门前一街与四街垂直相交，北边为一街北半段，南边是一街南半段。二组的村民就居住在四街、一街南段及五街东段。三组村民居住在五街以南的主街两边，

① 数据由克乡农经站于2005年12月5日提供。

② 数据由克乡农经站于2013年7月2日提供。

③ 参阅附录二、附录三。

四组村民居住在五街的最西头[①]。

克村有一所小学、一个卫生所、三座清真寺。克村小学总面积为13982平方米；2005年，学校有教师9人，其中有8位女教师，1位男教师，全是维吾尔族；89名学生全部来自本村，学校共有5个班，学前班1个，1、3、5、6年级各一个班。因为近年生源减少没有招收2、4年级的学生。

卫生所位于村委会院内，是乡卫生院的派出机构，唯一的一位医生是1987年来村卫生所工作至今的阿瓦汗医生，她身兼两职，既做医生又做护士。卫生所备有一些常用药，可以做一般的治疗。如果患者不是很多，有时也上门为村民做医疗服务。

克村有四个村民小组，但只有三座清真寺，一、二组共用一座清真寺，三组、四组各有一座清真寺。

村南有全县最大的麻扎[②]，它是县城和附近乡村共用的麻扎，由县民政局负责日常事务，包括麻扎的规划管理、人员安排、设备购置等。每到星期四，去麻扎游坟的人络绎不绝，基本上是男性，他们清晨做完晨礼，回家喝口热茶，就陆续去麻扎游坟，为自己的亲人祈祷念经。

村西是著名的扎衮鲁克古墓。古墓在县城西南约6公里处，墓地第24号墓被上海大世界吉尼斯总部认定为“世界最多人数的家族丛葬干尸陈列室”。墓地的年代上限距今约3000年，下限为公元6世纪，墓地延用时间长达1500余年。第24号墓丛葬14人，是目前考古发现中保存最好、人数最多的家族丛葬干尸群。专家认为，扎衮鲁克古墓葬是在昆仑山北麓发现的规模较大的墓葬之一，是古代且末国文化的典型代表，新疆维吾尔自治区已将其列为重点文物保护单位。古墓由县文化局管理，20世纪90年代中叶古墓被盗，现已做了防盗加固处理，由专人负责看管。

（四）村子的历史

克村境内在两千多年前就有人居住，扎衮鲁克古墓的发掘证明了这一点。

扎衮鲁克古墓于民国十九年（1930年）发现，属自治区级文物保护单位，对墓葬底层出土木器标本进行C14检测，测定年代为距今2960±115年左右。扎衮鲁克墓葬区的使用延续了很长时间，据现有情况看，中、晚期墓

---

① 参阅附录二、附录三。

② 维吾尔人的坟地。

葬应属当时生活在策伊勒里克遗址的古代居民，下限的截止可能与伊斯兰教在塔里木盆地的广泛传播有关①。

1989 年，邵兴周、王博对扎衮鲁克古墓出土的古尸进行了种族人类学特征方面的研究。初步认为扎衮鲁克墓葬出土男尸具欧罗巴人种特性，而女尸既具蒙古族人特征，又具欧罗巴人种特征，应为黄种人和白种人混血的结果②。

但不知什么原因，或许是车尔臣河改道的原因，曾经有几百年，现克村这块土地上荒无人烟，贝格曼对且末的探险考察也证明了这一点。他在《新疆考古记》中写道："斯坦因认为车尔臣截止到 18 世纪末已经消失了的农业耕作，可能在此之前延续了很长一段时期。"③ 在调查中，村民告诉我，很早以前，克村这个地方都是沙包，后来人们来此开荒种地。一般第一年先种油菜，地养熟后，再改种小麦、玉米等农作物。这也是克村地名的由来——"种油菜的地方"。在调查克村的历史时发现，村民们的祖先几乎都来自于田，能追溯到最早历史的人是 102 岁高龄的肉孜汗老人。她说当年他们来克村时，只有一两家人居住在这里，而且这些人来这里时间也不长。家住一组的买买提吐尔逊阿洪回忆说：听自己父亲讲，爷爷是在 19 世纪初到来的，当时只有 5 户人家，其中包括肉孜汗老人家；克村四周都是沙包，挖两三个小时就出柴火（红柳根），到处是骆驼刺、芦苇，人进去就看不见了。根据他们的讲述，我和村民们一起推算，克村再次出现人家大约在 19 世纪后期，这与县志记载"19 世纪中叶，有部分和田维吾尔族农民来且末境开发并定居"④ 的记述是一致的。

买买提吐尔逊阿洪家一直保留着爷爷自制的几件农具，这些已成为本村历史的见证物。一架拧绳机，他们说这是维吾尔族人自己发明创造的拧绳机，可以将三股线拧成一根粗绳。有一个木犁，也是爷爷自制的，犁头用铁包着，牛拉或马拉都行。爷爷来且末时，到处是荒滩，爷爷就是用这只犁犁地，通过辛勤劳动挣得了殷实的家底。还有一个播种机，也是木制的。他说，这些东西别人家都没有，现在很多人也没见过这些东西。

---

① 参阅克优木·霍加：《且末县扎衮鲁克古墓出土的珍贵文物》，安尼瓦尔·哈斯木译，载刘志霄：《中国维吾尔历史文化研究论丛》，乌鲁木齐：新疆人民出版社 1998 年版。

② 参阅邵兴周、王博：《关于扎衮鲁克 M2 出土男女古尸的初步研究》，载《新疆文物》，1989 年第 4 期。

③ 贝格曼：《新疆考古记》，王安洪译，乌鲁木齐：新疆人民出版社 1997 年版，第 294 页。

④ 且末县地方志编纂委员会编：《且末县志》，乌鲁木齐：新疆人民出版社 1996 年版，第 455 页。

拧绳机

播种机

木犁

（五）克村一、二组人口状况

克村有4个村民小组。一组有124户、405人；二组有72户、256人；三组有65户、242人；四组有38户、121人，其中汉族为16户、47人。该村共有人口1024人，占全乡总人口6993人的14.64%[①]。我的调查重点放在一、二组，这两组是清一色的维吾尔族人。

克村一、二组有196户人家、661人。笔者在克村调查期间，逐户进行调查，去除死亡未销户者和迁出者，加进迁入者，调查对象有670人，其中男性为321人，占人口总数的47.9%，女性为349人，占人口总数的52.1%；18岁以下人口有212人，18～29岁人口有192人，30～39岁人口有116人，40～49岁人口有70人，50～59岁人口有45人，60岁以上的人口有35人；18岁以上人口的文化结构如下：文盲、半文盲有76人，小学文化程度的有150人，初中文化程度的有219人，高中文化程度的有14人，高中以上文化程度的有6人。

① 据克乡派出所2005年10月提供的人口资料。

上　编

神圣的召唤

第二章　维吾尔族的宗教意识

维吾尔族的宗教信仰包括伊斯兰教的六大信条及一整套神话传说、轶闻故事所反映的对“独一真主”的信仰。这种信仰满足了人们真诚而又充满幻想的心理需求，激发了特殊的情感体验，使信众获得了内心的平静与安慰。真主独一的信仰实践以及先民们的原始信仰、萨满教信仰的留存融合，经过长期的积累，深深地融入了他们的感情、心理和日常生活中。

第一节　维吾尔族的伊斯兰教信仰

伊斯兰教信仰指教徒对安拉及其《古兰经》的基本信条的承认和确信。

维吾尔人在谈到信仰时常说的一个词是 iman，即信仰，这个信仰是专指伊斯兰教信仰，iman 在维吾尔族人的宗教生活中具有重要的意义。因为 iman 处于他们宗教生活的核心地位，iman 的拥有比实际的宗教行为更为重要，它是成为穆斯林的首要条件。拥有 iman 也很简单，只要当众诵两次清真言，人们就会说这个人 iman ejtti①，就拥有了 iman，也就等于这个人表明了自己的信仰。

《古兰经》云：信道的人啊！你们当确信真主和使者，以及他所降示给使者的经典，和他以前所降示的经典。谁不信真主、天神、经典、使者、末日，谁确已深入迷误了(4：136)。又云：他创造万物，并加以精密的注定(25：2)。伊斯兰教的六大信仰——信安拉、信使者、信经典、信天使、信末日、信前定是根据《古兰经》的启示而加以归纳的。

---

① 汉语的意思是“说信仰了”。

一、信安拉

信安拉是伊斯兰教六大信仰的核心和基础。我国使用汉语的穆斯林将“安拉”意译为“真主”。维吾尔语中的alla（安拉）是阿拉伯语Allāh的音译，原意为“神”。伊斯兰教兴起前，麦加居民敬奉多神，安拉是其中的创造神、主神。伊斯兰教兴起后，穆罕默德摒弃和捣毁了克尔白内360多个偶像，号召信奉独一真主，此后“安拉”一词专指创造宇宙万物、主宰一切、无所不在的唯一真神。χuda（胡达）是波斯语借词，系指真主。两词在使用时稍有区别。“安拉”一词一般用在援引教法教义时，后面不加后缀；“胡达”一词更多地用于日常生活中，并且加后缀“im”，表示“我的胡达”；在一些固定表达中，两词不可互换。比如“alla ɛkbɛr”中的alla和“χudajim saqlisun”中的χuda是不可相互替换的。

安拉具有以下特性：

1. 安拉的独一性

独一性是安拉最基本的特性。伊斯兰教对信徒规定了精神和生活中所要履行的具体义务，其中最重要的一条就是接受安拉的独一性。信徒怀着进乐园的希望履行安拉的旨意。

你们所当崇拜的，是唯一的主宰；除他外，绝无应受崇拜的；他是至仁的，是至慈的。（2：163）

在田野工作期间，经常见到戴色兰[①]的男子，就色兰访谈过很多村民，他们告诉我：“垂在头后的色兰的带子表明安拉唯一的信仰。”村民们还告诉我：“男性穆斯林死后穿克凡[②]时在额头中间放一小条白布，也表明安拉唯一。”

2. 安拉的权威性和全能性

安拉无比的权威性、无限的全能性，贯穿于《古兰经》始终。《古兰经》强调安拉的创造力是无穷的，他是万物的本源，万物由他派生。

《古兰经》中说：天地的国权归真主所有。真主对于万事是全能的。（3：189）

---

① 色兰是穆罕默德时期男人头上缠的白布。现在色兰通常只是男性穆斯林在清真寺或家里做乃玛孜时或者参加各种仪式时穿戴，做法是将白布拧着缠在小帽上，后面垂下半米左右。

② 裹尸的白洋布单。

安拉的权威性和全能性体现在村民的日常生活中。村民每次饭后做都阿[①]，问及饭后都阿的意思，他们解释说：“我们吃的饭是安拉给我们的。我们非常高兴，安拉给我们这些食物。我们在现世有吃的，在来世也给我们吃的。感谢安拉。如果安拉不给我们，我们再努力也没有用。”村民们还告诉我：“胡达是万能的，种田时我们播种了小麦，收成多少只有胡达知道。”

3. 安拉的宽容性和仁慈性

这是《古兰经》对安拉论述的重点。经中始终以“至仁至慈”作为安拉的最基本的定语。《古兰经》114 章中，除第 9 章外，其余各章的开头、卷首都是以被称为“台斯米”的“奉至仁至慈的真主之名”开头的。

《古兰经》中如此记述：

奉至仁至善的真主之名。

一切赞颂，全归真主，全世界的主，至仁至善的主，报应日的主。(1：1 ~4)

真主确是至赦的，确是至慈的。(3：23)

在当地人的信念中，胡达是唯一、万能、至慈的。这在他们的语言中有最为清楚的表达，他们经常使用以下语言：

χudajim ømir bɛrsɛ。胡达给我寿命的话。

rozi tutuʃ wɛ namaz øtyʃ χuda bujridikɛn。封斋、做乃玛孜是胡达命令的。

χudajim saqlisun。胡达保佑。

towa，χudajim。胡达啊！

χuda χalisa。胡达愿意的话。

χudajim bujrisa。胡达允许的话。

χudajim bujrumisa，hetʃ qandaq iʃ bolmajdu。胡达允许的话，什么事都没有。

χudajimdin øzgɛ qil tɛwrimɛjdu。没有胡达的允许，什么事都干不成。

χudajimniŋ bɛrmigimu oŋaj，tartip almiʁimu oŋaj。胡达给你也容易，拿走也容易。

adɛm χuda jaratqan。人是胡达造的。

χuda bilidikɛn。胡达知道（在不能解释或无法推测时说）。

---

① 都阿，阿拉伯语的音译，意为“祈祷”，是穆斯林为今世和来世得到某种慰藉而感念真主的一种祈求。一般做都阿时，将双手手掌捧起，两手分开迎面，口念祷词向真主祈祷，念毕，将双手从额头抹到下巴表示接受了胡达的赐予。

χudajimʁa amanɛt。再见！（把你交给胡达保管吧。）

认主独一在《古兰经》里有严格的规定，这与对其基本思想和内容进行阐释的《布哈里圣训实录全集》的宽松表述形成了鲜明的对照。《古兰经》中说："至于信道而且行善者，将来得以乐园为归宿，那是为了报酬他们的行为的。至于悖逆者，他们的归宿，只是火狱，每当他们要想逃出，都被拦回去。"（32：19～20）但在《布哈里圣训实录全集》中却这样写道："据艾卜·赞尔说，我去先知那里，先知正盖着一件白色衣单在睡觉。过了一会儿，我再去先知那里，先知已起床。先知问：'任何一个奴仆，只要临终前说了除了安拉，再没有神，他将入天园。'我说：'如果他有作奸犯科行为呢?'先知说：'即使他有作奸犯科行为。'我又说：'如果他有作奸犯科行为呢?'先知坚持说：'即使他有作奸犯科行为。'我又说：'如果他有作奸犯科行为呢?'先知强调：'即使他有作奸犯科行为，也不管你艾卜·赞尔愿意与否。'"[①] 从这段话我们可以看出伊斯兰教的信仰以认主独一为首要任务，并给那些犯过罪的人以希望，但并没有鼓励人们去做恶事。在现实生活中，有人就利用了这些善意的原谅，认主独一但不严格完成功课。伊斯兰教规定的每天的五拜是每一个成年穆斯林的宗教义务，在田野调查期间，发现很多不会做乃玛孜的人。他们在肉孜节和古尔邦节时都去清真寺做会礼。问他们不会念乃玛孜如何做会礼，很多人说："我不会做，但看着别人的样子做就行，信仰伊斯兰教并不一定要会做乃玛孜，只要心中有胡达就行。"

克村的村民说他们信仰安拉独一，不崇拜偶像。家里墙壁上、家具上都不刻画人或动物的图像，也不在家里存放各种动物图像。他们认为，如果家中有这些图像，天仙就不会进入家中。但现在随着异文化的传播，个别人家出现了挂自己和亲人画像的现象。

二、信使者

信使者，是伊斯兰教六大信仰之一。伊斯兰教认为，使者"泛指受神的启示且负有宗教使命的人，特指受安拉之命，向世人传播一神教义的人"[②]。《古兰经》中曾经提到名字的使者有25位（一说28位），其中最著

① ［埃及］穆·福·阿卜杜勒·巴基编：《圣训珠玑》，努尔曼·马贤译，北京：宗教文化出版社2002年版，第20页。

② 金久宜主编：《伊斯兰教小辞典》，上海：上海辞书出版社2001年版，第276页。

名的有六大使者，他们是：阿丹、努哈、易卜拉欣、穆萨、尔撒、穆罕默德。阿丹，被伊斯兰教尊为人类的始祖。努哈，据说他曾奉主命造船，从洪水中拯救人类。易卜拉欣，他曾修建麦加克尔白圣殿。穆萨，曾荣获真主颁降的《讨拉特》（旧约）一经。尔撒，曾荣获真主颁降的《引支勒》（新约）圣经，具有在末日审判时站于安拉阙前的特殊地位。穆罕默德，伊斯兰教认为是安拉向人间派遣的最后一位使者，是众圣中最伟大的。“穆罕默德”一词，意译为“被赞颂者”。信使者作为伊斯兰教的基本信仰之一，实际上是相信穆罕默德是真主的“封印使者”。

三、信经典

所谓经典，是指安拉在各个不同历史时期，依据不同情况降示给历代众使者的经典。据说，安拉前后共降示过114部经典，但《古兰经》中只提到4部：降给穆萨的《讨拉特》（旧约），降给达吾德的《宰布尔》，降给尔撒的《引支勒》（新约）和降给穆罕默德的《古兰经》。伊斯兰教认为《古兰经》以前的那些经典和启示，都是为某个时代某一民族降示的，原文都已遗失，仅存译文而已，且已遭篡改。唯有《古兰经》是安拉为每个时代每个民族降示的，是一部保存最完善的阿拉伯经典，每个穆斯林必须确信并且遵照执行，从这个意义上讲，伊斯兰教所主张的信仰经典，主要是指信仰《古兰经》。“我确已以此为阿拉伯的《古兰经》，以便你们了解，在我那里的天经原本中，它确是高尚的，确是睿智的。”（43：3～4）伊斯兰教以《古兰经》为最神圣的经典，认为它的每一个字、每句话、每个章节都是金科玉律，必遵不违。

伊玛目家的《古兰经》

村民们以质朴的语言告诉我：“《古兰经》是我们的法律。如果我看到你做坏事，我按照《古兰经》所说告诉你这样做不对、那样做对，我是有善功的。如果你不听，到了末日，胡达会问：‘你为什么不按《古兰经》

做？你下地狱吧！’那时你哭，流下的不是眼泪，而是血、脓。胡达还会问你：‘我派去了天使、使者，降示了《古兰经》，你为什么不按他们说的做？’我们害怕，所以我们按《古兰经》上说的做，胡达会宽恕我们。”

圣训（经、集）也被认为是一种经典，它是穆罕默德的言行录，是仅次于《古兰经》的基本经典。

四、信天使

天使，是安拉用光创造的一种妙体。他们不分性别、老幼，不具肉体，不饮不食，也不睡觉。伊斯兰教认为，除人的世界外还有个神的世界即妙世。天使属神的世界，他们执行安拉的各项命令，管理天国并与人类接触。天使数目繁多，各有职分并有等级差别，其中最著名的4位天使是：哲布勒依来大天使，他奉安拉的命令将《古兰经》默示给穆罕默德；米卡伊来，负责观察宇宙，掌管人间的衣食供给；阿兹拉伊来，“索命天使”，根据安拉的意志提取人们的性命；伊斯拉非来，专司风雨，奉命吹响末日审判号角，宣告世界末日的来临。天使不具有神圣性，人类绝不能崇拜他们。

除上述4位天使外，一般穆斯林还熟悉以下6位天使，他们是：门克尔和奈克尔，专门负责坟坑中考问亡者，然后对不信者和信道而有罪者痛加责罚，对信道而顺服者施恩；雷祖瓦尼和马立克，分别管理天园和火狱，并用截然不同的制度和方式对待进天园和火狱的人；伊斯兰教还认为，在人们活着的时候，每个人左右两肩各有一位使者，这两位天使伴随其一生。右边的记录人们的善功，左边的记录人们的恶行，人死后他们的记录作为档案材料封存起来，以备后世安拉审判。

五、信末日

谈到末日，在村民那里听到最多的词是 aχirεt、u dunja、ʤεnnεt、dozaq①。伊斯兰教宣称，后世与今世同样真实存在。在后世有天园和火狱。世间万物，终有一天要统统毁灭，毁灭的那一天就是世界的末日。今世短

① aχirεt，阿拉伯语借词，“末日”之意；dunja 是阿拉伯语借词，表“世界”之意，今世用 bu dunja（这个世界）表示，后世用 u dunja（那个世界）表示；ʤεnnεt，阿拉伯语借词，“天园”之意；dozaq，波斯语借词，“火狱”之意。

暂，后世永存。后世是人生的最终归宿，后世的极乐世界是天园，信仰者、行善者将永居其中。火狱是叛教者、作恶者的受难之地。《古兰经》中说：那是用人和石作燃料的，已为不信道的人们预备好了。（2：24）末日来临预示着整个世界的毁灭；一个人的死亡，只是现世生活的结束，来世生活的开始。但末日何时来临只有安拉知道，常人不可臆度。在末日，安拉将使整个人类复生，并进行总清算、总审判。信主独一且行善者可以安全通过架在火狱上的天桥；不信主者、作恶者会坠入火狱，永劫不复。

进天园还是下火狱与一个人是否有 iman 有直接关系。有 iman 的人进天园；没有 iman 的人下火狱。关于这点提力曼阿洪给我讲了这样一个故事：

以前有这样两个人，一个在石头上做乃玛孜，一个躺着晒太阳。圣人穆萨来了。在石头上做乃玛孜的人问："圣人穆萨，请你到安拉那里问一下，我进哪一个天园。"躺着晒太阳的人问："圣人穆萨，请你到安拉那里问一下，我没有实践信仰，每天躺着晒太阳，我进哪个火狱。"圣人穆萨来到安拉面前说："安拉，你的两个奴仆让我问你一个问题。在石头上做乃玛孜的问他能进哪个天园，躺着晒太阳的问他能下哪个火狱。"安拉对圣人穆萨说："你返回他们那里，他们会问安拉在做什么呢，你就说安拉正在把一头骆驼从针眼中穿过，然后把其他的东西也一件件穿过。他们听后，一定会说话的。"穆萨走了。在石头上做乃玛孜的人见到穆萨就问："穆萨圣人，安拉在做什么呢？"穆萨回答："正在从针眼中穿引骆驼呢，然后还要穿引世上剩下的其他东西呢。"此人说："别说谎话，针眼中怎么能穿过骆驼呢？"安拉说："你将下 wɛluŋ 火狱。"穆萨又来到躺着晒太阳的人跟前，那人问："穆萨圣人，你问安拉我下哪个火狱了吗？你去时安拉在做什么呢？"圣人穆萨说："我去时安拉正在从针眼中穿引骆驼，然后要穿引世上的其他东西。"那人说："安拉的力量就是如此之大，不要说骆驼了，安拉说穿引什么什么就能穿引过去。安拉的力量巨大无比。"又问圣人穆萨："安拉说我下哪个火狱？"圣人穆萨说："安拉让你进天园。"

故事讲完，提力曼阿洪说："由此看来，下火狱还是进天园不是看你是否做乃玛孜，而是要看是否真正信仰安拉。不做乃玛孜的人一定要下火狱，这不对；做乃玛孜的人一定进天园，这也不正确。"

村民们说死时没有念清真言的人也进火狱，但以下协伊提在末日会得到安拉的宽恕，不需要审判可以直接进天园。协伊提是以下五类突然死亡而没能念清真言的人：

（1）突然被杀死，没有来得及念清真言的人；

（2）死前失明的人；

（3）分娩时难产而死的产妇；

（4）溺水死亡的人；

（5）坐在墙下，被突然倒塌的墙压死的人。

犯了胡达不可饶恕的罪过的人，不能进天园。罪有大罪、小罪之分。大罪指以物配主、相信巫术、忤逆父母、活埋婴儿、无故杀人、男盗女娼、放高利贷、侵吞孤儿财产、临阵脱逃、诬陷贞女、制造伪证、赌博吸毒等。其他轻微的过失或错误则被视为小罪，如吸烟、喝酒、背后说坏话等，小罪也是罪，做多了，就成了大罪。穆斯林每个人的信仰等级不同，胡达根据个人的信仰等级决定每个人在来世的品级。

其余的人谁进天园，谁下火狱只有胡达知道。一组村民提力曼阿洪对我说："即使我们非常笃信安拉，但后世我们进天园还是下火狱，我们不知道，穆圣也不知道，只有安拉知道。如果一个人出生前安拉安排他进天园，但他喝酒、吸烟、不做乃玛孜，犯了很多罪，但他死前一两年意识到了自己的罪过，弃恶从善，按时做乃玛孜，也可能进天园。男孩从 9 岁开始，女孩从 11 岁开始没能做乃玛孜胡达宽恕的话就宽恕了，不宽恕也就不宽恕了。"

在克村多次听到村民讲这样的话：

"《古兰经》是我们的法律，上面写着什么事可以做，什么事不可以做。在今世你做了多少坏事，到末世你就要受多少罪。我们的生命会结束，我们会进坟墓，我们会接受最后的审判。进天园还是下火狱是胡达决定的。进天园要过架在火狱上的天桥，这座桥像羊毛一样细、刀剑一样锋利。到末日过桥时，有的人一上桥就掉进火狱、有的人走到中间就掉进火狱、有的人走到最后时掉进火狱、也有的人像骑自行车一样顺利到达终点进了天园。这就是胡达的力量，这和一个人在今世的功修有直接关系。"

伊斯兰教坚信后世，但也不忽视今世。就这一点《古兰经》做了极为深刻的概括：你应当借真主赏赐你的财富而营谋后世的住宅，你不要忘却你在今世的定分。（28：77）从中我们可以看出，伊斯兰教是入世主义的宗教，它主张"两世吉庆"，只有今世走好，后世才能安逸快乐。

信仰后世与信仰胡达都是伊斯兰教信仰的总纲。有了后世，胡达才能赏善罚恶，显示胡达公道、超绝的权威。尤其是“火狱”，从宗教伦理的功能来讲，它又能起到和法律一样的威慑作用，使每个信徒不得不考虑自己后世的归宿。行善者受到赏赐，进入天园；行恶者遭到报应，下入火狱，永受折磨。伊斯兰教的这种教义，深入人心，普遍而深刻地影响着穆斯林的行为动机，在感情上激起强烈而持久的反应。

池田大作在《展望二十一世纪》中说：“‘地狱’就是受生命原来就有的魔性冲动所支配，处于痛苦最深的状态”，“‘天’是欲望得到满足，充满欢乐的状态。”① 伊斯兰教的价值体系已渗透进维吾尔人的价值体系中。今世、后世、火狱等观念以一种朴素的形式体现在他们的生活中，左右着人们的精神世界。

六、信前定

前定，维吾尔语称 tɛqdir，是阿拉伯语借词，意即世间一切事物及其变化都是安拉事前规定好了的，人类无法改变和违抗这个法则，《古兰经》中说：你当赞颂你至尊的主之名超绝万物，他创造万物，并使各物匀称。他预定万物，而加以引导。（87：1～3）只有在真主的命定下，人才有决定自己行为的自由。《古兰经》云：真理是从你们的主降示的，谁愿信道就让他信吧，谁不愿信道，就让他不信吧。（18：29）安拉命人行善，禁止作恶。《古兰经》云：在今世行善者，得享美报。（39：10）

提力曼阿洪对我这样说：人在出生前胡达在你的额头上就写下了四件事。第一件，你何时出生何时死亡，一生中都会发生什么事；第二件，你是男是女；第三件，你是进天园还是下地狱；第四件，你是否生为穆斯林。

但是伊斯兰教的前定观，并非是宿命论。提力曼阿洪用这样两个故事给我做了说明。

第一个故事是：有一个人说进天园还是下火狱在出生前胡达已经注定，所以与其去清真寺做乃玛孜还不如不去做。晨礼的召唤词传来时，他决定不去清真寺做礼拜，而是在家闲坐着。到了宵礼时，再次听到买僧的召唤词时

① ［英］A. J. 汤因比、［日］池田大作：《展望二十一世纪》，荀春生、朱继征、陈国樑译，北京：国际文化出版公司 1985 年版，第 353～354 页。

这个人坐不住了，跑到清真寺做宵礼。人们说这可怜的人，胡达会让他进天园。因为进天园的人做善事时跑得快。下火狱的人做善事时走得慢。所以有的人想做乃玛孜，有的人不想做乃玛孜。

第二个故事是：圣人穆罕默德一次参加完葬礼后，意味深长地告诉自己的弟子："不论是你们，还是刚出生的婴儿，在天园与火狱的位置已经注定了，而且每个人的祸福也早已注定。"有人问："使者啊！既然如此，那我们还再行善吗？"圣人穆罕默德坚定地说："要！得福的人因为善功而增加福分，遭祸的人将因善功变祸为福。"

从这两个故事可以看出伊斯兰教是务实的宗教，是两世并重的宗教，它并不宣扬一切听天由命。

前定的信仰平衡了人们的心理，白希罕老人和丈夫结婚近50年，一直没有生育，后收养了三个孩子。她说："一个人有没有孩子是胡达决定的，你的命运本该如此。胡达让我不生孩子，我没有怨言。这是胡达的安排，是我的命。"村民们都相信人生的旅途并非一马平川、坦荡无险，人类在生存过程中会遇到各种艰难困苦，面临种种祸福的考验，这都是安拉的安排，要接受安拉的安排，以虔诚礼拜取悦安拉，安拉就会赐福于你，即使不在今世，也会在来世降福于你。

达浦生大阿訇[①]对伊斯兰教六大信仰的意义和功能做了精辟的概括："信真主，则心存敬畏；信天使，则不敢自欺；信经典，则有所依据；信圣人，则有所遵循；信后世，则知果报；信前定，则知数也。能敬畏者，必能戒慎恐惧；能不欺者，必遇事忠诚；能依经者，言必忠信；能遵圣者，行必笃敬；能知报者，必不敢为非；能知数者，必能尽人事以待天命。"[②]

第二节 维吾尔族的其他宗教信仰

维吾尔族的宗教信仰是以伊斯兰教为根本信仰，但在他们的宗教实践中掺杂着原始信仰和原始宗教的成分，这与伊斯兰教传入之前他们的宗教信仰有关。从文化发展的连续性来看，一种外来文化的传入必定要适应、融合每

① 阿訇，我国伊斯兰教对主持清真寺教务和讲授经典的人的称呼。

② 达浦生：《伊斯兰六书》，北京：宗教文化出版社2003年版，第64页。

个民族固有的本土文化和社会习俗。伊斯兰教传入新疆就吸收、融合了当地的萨满教和其他宗教及习俗的成分，从而丰富和发展了自己，也更适合于当地的居民。

维吾尔族的古代先民，宗教信仰复杂，最早时有自然崇拜、图腾崇拜、动植物崇拜，在不同的历史时期，又信仰过佛教、摩尼教、袄教和景教。作为一种源远流长的文化，萨满教的影响一直保留在人们的生活之中，作为传统文化世代相传。伊斯兰教传入后，对原有的宗教影响和习俗采取了兼容并包的方式，形成了具有民族特色和地域特色的宗教形式。

一、自然崇拜

突厥人早期崇拜的事物很多，如崇拜太阳、雷电、山洞等，但以崇拜天和太阳为甚。据《周书·突厥传》记载，突厥人每年五月中旬要“拜祭天神”。突厥人出征前，也要到祠庙拜神求福。由于崇拜天神，他们对日出、雷鸣等自然现象也敬畏。他们的“牙帐东开，盖敬日之所出也。”①

萧雄撰《听园西疆杂述诗》中记载：“回教之敬太阳至诚不懈，自东方将白，先立土台诵经送之”②。

这一膜拜天体的习俗也被吸收到今天的宗教仪式中。

晨礼后加玛艾特向东方祈祷

① ［唐］令狐德棻纂：《周书》，中华书局，1974 年重印，第 910 页。

② 萧雄撰：《听园西疆杂述诗》，北京：商务印书馆 1935 年版，第 75 页。

在克村村民的宗教生活中依然可见崇拜太阳的遗存。克村的加玛艾特[①]每天晨礼结束后走出清真寺排成一长排集体面向东方捧手祈祷。维吾尔族人崇右，学者认为崇右也是源于崇拜太阳，赫兹（Robert Hertz）将人的身体和自然及宗教仪轨联系起来：

在某些作者看来，右与左的区分，完全可以用宗教取向的规则和太阳崇拜来解释。人的位置既非不重要，亦非随心所欲。崇拜者在他的祈祷和仪式庆典中，会自然地朝向太阳（万物之源）升起的地方。大多数神圣的建筑，尽管属于不同的宗教，但都朝向东方。以面对这个方位为基准点，身体的不同部位也指派为不同的方向，西方为后，南方为右，北方为左。结果，天上的区域特征反映在人体当中。南方的充分的阳光照耀着我们的右边，而不吉利的阴影投射在我们的左边。自然的景观，白天与黑夜、热与冷的对比，都使人认识到左与右的区别，并将二者对立起来（Hertz，1973，p20）[②]。

在维吾尔族人的意识中，动物血是秽物，绝不能被阳光照射，在日常生活中他们用禁忌同样表达了对太阳的崇拜。

二、动植物崇拜

维吾尔族的先民曾有动植物崇拜。回纥人崇拜鸟，唐贞元四年（788年），回纥请求唐朝在译写其族称时，将“回纥”改为“回鹘”，取“回旋轻捷如鹘”之意。鹘是一种体型较小的鹰属鸟类。麻赫穆德·喀什噶里编著的《突厥语大辞典》中记载回纥战士“所戴头盔的两翼犹如鹰的双翅”[③]。这些都是回纥人崇拜鸟的表现。

维吾尔族的先民也崇拜树。《多桑蒙古史》记述：“源出哈剌和林诸山之秃忽剌（土拉河）、薛灵哥（色楞格河）二水会流处，有地名忽木阑术，有二树相邻……二树之间，忽有小丘，日见增长，上有天光烛照。畏兀儿人进前礼之，闻中有音声，如同歌唱，每夜皆然。剧光烛照，三十步内皆明。

---

① 围绕清真寺而形成的一个非固定的穆斯林群体，详细情况参阅第四章第二节。

② 转引自［英］菲奥纳·鲍伊：《宗教人类学导论》，金泽、何其敏译，北京：中国人民大学出版社2004年版，第48页。

③ 麻赫穆德·喀什噶里编著：《突厥语大辞典》第一卷（维文版），乌鲁木齐：新疆人民出版社1981年，第151页。

增长既成，忽开一门，中有五室，有类帐幕。上悬银网，各网有一婴儿坐其中，口上有悬管以供哺乳。诸部落酋见此灵异，向前瞻礼。此五婴儿与空气接触，即能行动，已而出室。畏兀儿人命乳妇哺之，及其能言之时，索其父母。人以二树示之，五儿遂对树礼拜。树作人言，嘱其进德修业，祝其长寿名垂不朽。其地之人奉此五儿如同王子……畏兀儿人以诸子为天所赐，决奉其一人为主。不可汗美而惠，较有才，尽通诸国语，畏兀儿人遂奉之为汗。此汗即位以后，国大治，而户口增多。”①《乌古斯可汗的传说》中也有崇拜树木的遗迹，乌古斯与树洞中的少女结合而生太阳、月亮、星星三子。

从扎衮鲁克古墓出土的文物和近代考古的资料可以证明，早期的且末人就曾经有动植物崇拜这类原始崇拜和原始宗教信仰。

1985年9月，扎衮鲁克古墓挖掘中出土的文物反映了早期且末人的动物崇拜。这些文物上有鸟头、鸟的羽毛、羚羊、骆驼等。例如，编号为M3出土的鸟头状尖顶帽，帽檐用原白色毛线从74处进行缝扎，卷边，脊有缝线。沿缝线有两道装饰线，每道镶有14根黑色羽毛。两道线分别残存5根和7根羽毛，其余虽已脱落，仍可清晰地看出镶羽毛的痕迹；编号为M5出土的尖顶毛线编织帽，帽顶插有白色羽毛；编号为M4：47的罩网线织帽上插有羽毛；编号为M3：10的帔巾上绘有骆驼等野生动物的形象非常清晰、精美；编号为M4：48的带兽角状装饰物毡帽用裁成两片的羊毛毡缝制，檐饰有以毡片缝制的兽角；编号M4：23的白色毛织品上，用红色彩绘有野猪和双峰驼纹样，野猪纹现存4排，每排4只；M4出土的黄底长筒袜上，用红色彩绘了形态逼真的老虎纹样；编号M5：1的木梳柄上锥刺有两组花纹，第一组为呈盘曲状的三

悬挂牦牛尾和图玛尔的麻扎高竿

① 多桑：《多桑蒙古史》（上册），冯承钧译，商务印书馆1936年版，第180页。

只羚羊形象，第二组为头部中箭倒地的羚羊和一只龇牙咧嘴的狼纹①。

在克村村民今天的生活中依然可见动植物崇拜的遗存。麻扎坟头上插的χada（高竿），高竿上悬挂的牦牛尾、羽毛形状的标示等都见证着先民们的信仰。

三、图腾崇拜

图腾崇拜，是原始社会中一种最早的宗教信仰，也是人类历史上最早的文化现象之一，它是把某一种动物、植物或其他自然物作为一个氏族的信仰体系，相信其与人有着血缘关系，并对图腾物顶礼膜拜。

回纥人是维吾尔族人的祖先。4 世纪以后，回纥人与其他高车部一样，自认其祖先与某种动物有关。《魏书・高车传》记载："或云其先匈奴之甥也。其种有狄氏、袁纥（回纥）氏……俗云匈奴单于生二女，姿容甚美，国人皆以为神。单于曰：'吾有此女，安可配人，将以与天。'乃于国北无人之地，筑高台，置二女其上，曰：'请天自迎之。'经三年，其母欲迎之，单于曰：'不可，未彻之间耳。'复一年，乃有一老狼，昼夜守台嗥呼，因穿台下为空穴，以时不去。其小女曰：'吾父处我于此，欲以与天，而今狼来，或是神物，天使之然。'将下就之，其姊大惊曰：'此是畜生，无乃辱父母也！'妹不从，下为狼妻而产子，后遂滋繁成国，故其人好引声长歌，又似狼嗥。"这是典型的图腾始祖神话。唐朝时期的回纥人仍然保留了较多的狼图腾崇拜习俗。《新唐书・回鹘传》记载了唐肃宗永泰元年（公元 765 年），唐朝副元帅郭子仪去见回纥可汗时，"可汗恃其强，陈兵引子仪拜狼纛，而后见②。"

突厥人生活于草木繁盛、禽兽繁多的蒙古草原和中亚草原，以有灵性的动物——狼作为他们的图腾。狼的勇敢、凶猛、残暴、善跑等特点使他们钦佩，加之母狼具有十分强烈的母性，不仅收养非亲生的小狼，而且还收养其他诸如小狗等异类小动物，给它们哺乳，狼的这种母性必定给游牧者留下深刻印象，因此突厥人把狼看成自己的祖先。史书对此有详细的记载。《周书・突厥传》中记载说，突厥人传说狼生的 10 个男孩就是他们的祖先。狼

① 参阅克优木・霍加：《且末县扎衮鲁克古墓出土的珍贵文物》，安尼瓦尔・哈斯木译，载刘志霄：《中国维吾尔历史文化研究论丛》（1），乌鲁木齐：新疆人民出版社 1998 年版。

② 《新唐书》卷 217《回鹘传》（上）。

成为突厥部落的图腾以后，突厥人就对之顶礼膜拜。突厥首领的大帐门前立有旗杆，竿上刻有狼头①。《乌古斯可汗的传说》一书中，也把狼看成是回鹘人的保护神而加以崇拜。书中有诗曰：

乌古斯可汗的营帐里，
射进来像日光一样的一道亮光，
亮光里出现一只苍毛苍鬃的大公狼，
苍狼对乌古斯可汗说：
“喂，喂，乌古斯，
你要去征伐乌鲁木，
喂，喂，乌古斯。
让我在前面来带路！”
乌古斯可汗起营上路了。
只见队伍前头，
走着一只苍毛苍鬃的大灰狼，
于是队伍紧跟在苍狼的后面行进②。

据19世纪末俄国学者拉得洛夫在他的著作《巴拉沙衮的玉素甫·哈斯·哈古甫的“福乐智慧”》中记载，乌古斯征服过塔他浪③。乌古斯传说在突厥语族中由来已久，他的战旗上绘有狼头④，从这个记载中可以得知且末的先民就有狼图腾崇拜。

图腾崇拜分为两类，即概念图腾制和祖先图腾制。概念图腾制与人的生命发生有关，这种图腾被认为有血有肉而同个人具有深厚感情。祖先图腾制将个体与历史的或神话的过去联系在一起。维吾尔族的图腾崇拜实际上是祖先图腾崇拜制。涂尔干认为这种图腾崇拜不仅表明他们的氏族名称和徽记，而且具有象征的意义，他们不仅获得了它的名称和特征，而且也获得了图腾所蕴含的象征力量，分享了图腾的殊荣。人们之所以崇拜图腾，在于它具有一种内在的无形力量，而这种力量又使它成为神圣。

---

① ［唐］令狐德棻纂：《周书》，北京：中华书局1974年版，第907~909页。

② 《乌古斯可汗的传说》，耿世民译，乌鲁木齐：新疆人民出版社1980年版，第20页。

③ 现为且末县的一个乡，位于县城东北面39公里处。

④ 参阅程溯洛：《维吾尔族族源考》，载中央民族学院民族研究所编：《民族研究论文集》（第二集），中央民族学院民族研究所，1983年。

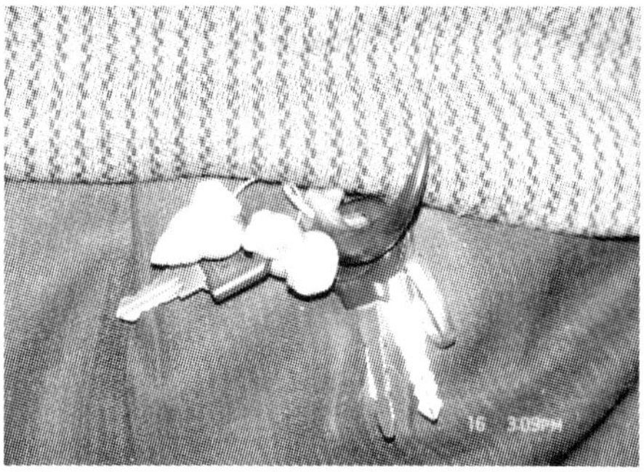

挂在医生钥匙环上的狼踝骨

图腾崇拜依然表现在村民们的日常生活中，特别是挂狼踝骨的习俗在维吾尔族人中非常普遍。克村吾热伊木阿洪的儿子阿里木江的包皮术是喀斯木医生实施的。当时喀斯木医生的腰带上挂着一串钥匙，钥匙环上挂有一块狼踝骨，问他为什么要挂狼踝骨时，他说："狼是我们的保护神，挂狼踝骨可以避邪。"我在克乡前乡党委书记腰带上的钥匙环上也看到同样一块狼踝骨，这位乡党委书记是汉族人，我很好奇，也问了同样的问题，他的回答是："维吾尔族人认为他们是狼的后代，挂狼踝骨是他们的习俗，我挂它表明我尊重他们的文化，由此可以表明我对他们文化的态度，可以拉近我和维吾尔族人之间的距离，增加对我的信任。"

维吾尔族人对狼图腾的崇拜还可以从问新生儿的性别中得知。在维吾尔族人中，婴儿出生，邻居或朋友打听是男是女时经常问："børimu，tyrkɛ?"译成汉语就是"是狼还是狐狸?"这里"狼"指男孩，"狐狸"指女孩。

关于维吾尔族图腾崇拜的研究有不同的观点，很多著述认为古代回鹘人的图腾崇拜为狼崇拜，但也有学者认为这种论点有失偏颇。田卫疆认为维吾尔族的先民最早的图腾崇拜为树木崇拜，狼图腾文化是古代北方草原游牧地区众多部落和部落联盟共有的，不仅仅局限于回鹘人，早期的乌孙、突厥、回鹘以及后来的蒙古等，都崇拜狼，狼图腾应看作是中亚诸多操阿尔泰语系语言诸部落和民族的共同财富。回鹘人除崇拜狼以外，还崇拜树木，而且树图腾"作为一种祖先敬仰应视作古代回鹘部落内产生的最早的本部落图腾[①]。"

回纥人中同时存在以大树、狼为祖先的神话，"可能正是他们从南西伯利亚的森林之民，以采摘狩猎为生，转变为蒙古高原之民，以游牧为生的一种反映[②]。"因为图腾崇拜实际上是对自然力的崇拜。环境和生产方式的改变导致崇拜物发生改变。对草原民族来说，数千年以来，狼一直威胁着牧业

---

① 田卫疆：《蒙古时代维吾尔人的社会生活》，乌鲁木齐：新疆美术摄影出版社 1995 年版，第 167 页。

② 杨圣敏：《回纥人的社会发展与宗教演变》，载《民族研究》，1993 年第 4 期，第 59 页。

生产。也许是这个原因，在蒙古高原上“回纥以前的乌孙、突厥及与回纥同时的薛延陀和回纥以后的蒙古人，都有认狼为祖或崇拜狼的习俗①。”

我们认为树木崇拜和狼崇拜都存在于早期回鹘人的生活中，相应的图腾神话传说也证明了这一点。但是在各个不同的氏族和部落的相互吞并和融合的过程中，他们的图腾也同样经历了吞并和融合，那些最具影响力或征服者的图腾保存下来，流传至今。回纥人在蒙古草原建立汗国以后，融合了蒙古草原上的各游牧部落，这些部落继承了草原上数千年来一直流传的以狼为祖的传统，于是，狼图腾战胜了所有其他图腾成为整个部族和回纥汗国的崇拜物。

在现今的生活中，维吾尔族人自认为他们的图腾是狼，在克村也是这样。虽然克村的村民依然保存着树木崇拜，但没有人认为树是他们的图腾，调查过程中很多人都说狼是他们的图腾。

四、萨满教的遗存

维吾尔族先民历史上曾信仰过萨满教。且末县萨满教于20世纪50年代消失，但萨满教的因子依然残存于村民的信仰中，并依附于伊斯兰教的信仰制度而生存。村民讲以前人们生病时，请皮尔洪（萨满）疗疾，现在村民们患病时，村里依然有用otlaʃ医治的。otlaʃ是萨满教因子与伊斯兰教相结合为患者驱魔赶鬼的民间医疗形式，由精通此术的人往棉花或芦苇秆上念《古兰经》经文后，再将棉花或芦苇秆点燃，在患者头部上空边转圈边念经，转三圈后把燃烧的棉花或芦苇秆抛出，以示病魔被赶出体外的医疗方法。这种疗疾术的存在表现出伊斯兰教信仰与传统萨满教结合，是伊斯兰教地方化的结果。

个案1：克村四组有一位老人会otlaʃ。她不是所有的病都治，一般可以治疗的病是脸肿、牙痛、头痛等，他们认为这种病是被旋风吹后魔鬼附体了。医者和病者到树林里，由医者给棉花念经，然后点燃，在病者头部上空转几圈，然后将棉花扔到远处。

前段时间买买提江来找老人，他的眼睛肿了。老人答应，就往芦苇上念经点着，在买买提江的头上转，一边转，一边念，然后把芦苇和“鬼”甩

① 杨圣敏：《回纥人的社会发展与宗教演变》，载《民族研究》，1993年第4期，第59页。

出去。买买提江每星期来治疗一次，连续治疗三周，病就好了。

老人说，这种病如果用 otlaʃ治疗了以后，就不能再送医院治疗了，因为先有了 otlaʃ的治疗，医院的治疗会无效。

也因为这个原因，老人自己的儿子得病后，没有用 otlaʃ治疗，一是怕治不好再送医院无效，二是这种病也不在 otlaʃ治疗的范围内。

个案 2：2005 年 11 月 15 日，热依汗古丽来到买买提艾合买提阿訇家，请他去为她姐姐热孜宛古丽念经治病。因为热孜宛古丽在摘棉花期间生病，抽风、神志不清。伊玛目去念了经，情况好转后，热孜宛古丽在家人的陪同下又去库尔勒治疗，现在已痊愈。伊玛目说念经起了作用。

萨满教的另一遗存被公认为是维吾尔族人婚礼上的跳火盆仪式。在今天的克村，跳火盆仪式也在逐渐式微。买买提艾合买提伊玛目就这样说："婚礼上跳火盆，是违背伊斯兰教的。我们穆斯林要相信安拉独一，跳火盆是不信安拉的一种表现。"

在克村调查期间，笔者非常关注原始信仰与伊斯兰教共处的问题，在参与观察各种仪式的过程中发现有其他原始宗教的遗存，也经常就此问题访谈村民和宗教人士。伊斯兰教信仰虔诚的人都极力反对这些原始信仰，因此，在这些家庭举行的各种仪式上已见不到这些宗教遗存，而在对伊斯兰教教义不是非常了解的家庭，他们把这些仪式作为本民族的传统加以保留和延续。在琼库乡婚礼上见到的一个场景就说明了这两种力量的角力。主人准备好了火盆，放在大门前只等新娘进门时点燃跳火盆了，然而当新娘到来时，一男性将火盆踢到了旁边，示意不要这样做，其他人也没有理论就过去了。在买买提吐尔逊阿洪为外孙女举行的命名礼上，是否举行用筛子筛小孩的仪式引起大家的争论，最后，在买买提吐尔逊阿洪的坚持下，认为此仪式与伊斯兰教认主独一的信仰相悖而最终取消了这个仪式。

新娘娶回婆家

维吾尔族人的宗教信仰表现出显著的民族特色和地域特色。维吾尔族属于突厥民族，

被踢到墙角的火盆

在古代曾信奉过萨满教、祆教、道教、摩尼教、景教、佛教等宗教，其信仰伊斯兰教的过程就是伊斯兰教与萨满教等相互碰撞、整合的过程。伊斯兰教的信仰核心是认主独一，除此之外禁止崇拜任何事物。然而，在维吾尔族人中一定程度上保留着自然崇拜和祖先崇拜，新疆普遍存在的麻扎朝拜和祭祀活动显然与正统的伊斯兰教相背离，但它确实是维吾尔族人宗教生活的组成部分。可以说，维吾尔族人的宗教信仰是伊斯兰文化与民族文化相互冲突、协商、调整和融合，最终趋于伊斯兰一体化的过程。

第三章　维吾尔族的宗教行为

宗教行为是指宗教信仰者将自己内心的宗教体验和宗教观念用外在的身体动作和语言形式所表现的灵性活动或宗教实践。它是一系列的崇拜行为和信仰活动，具有例行性和重复性。在维吾尔族的宗教体系中，《古兰经》和《圣训》为教民的宗教行为做了制度化的规定，这些宗教经典和礼仪，使教民的宗教行为得以规范化、程式化、制度化和机构化，让其宗教生活在时间和空间上有着固定的形式及恒常的规律。当然，在维吾尔人的宗教行为中也不排除受传统的约束和引导，表现出的一些约定俗成的其他非伊斯兰教信仰的宗教行为，这些行为以其独特的形式保留着对宗教远古传统的回忆与传承。

第一节　伊斯兰教的加强仪式——五功

人们通过仪式与超自然力量相联系。伊斯兰教的加强仪式主要是指通过一系列模式化和序列化的语言与一套规定好了的正式行为表明对至上神——安拉的信仰。维吾尔人借助加强仪式将伊斯兰教的价值执着地代代相传。

伊斯兰教除思想观念上的六大信仰之外，还规定了一系列的宗教功课和礼仪，通过行动上的实践加强观念意识。伊斯兰教规定的五大功修是：念功、拜功、斋功、课功和朝功，这在《古兰经》中有明确的表述。伊斯兰规定的五大功修是穆斯林敬畏胡达从言到行、由表及里，也就是说从身体到精神的升华过程。“凡你们为自己而行的善，你们将在真主那里发见其报酬。真主确是明察你们的行为的。”（2：110）

一、念功

念功居伊斯兰教五功之首。“念”就是用阿拉伯文诵读“清真言”和“作证词”及一切有关伊斯兰教基本信仰方面的赞词。这是对伊斯兰教基本信仰的表白，要求口头承认，心中诚信。

“清真言”维吾尔语中称 kɛlimɛ tɛjjibɛ，是阿拉伯语的借词，它是伊斯兰教全部信仰的核心和基础。每个穆斯林都要在公众面前出声诵读清真言，以公开表白自己的信仰。清真言也是穆斯林一生中念得最多、听得最多的赞词。每次买僧的宣礼词中反复呼叫的有它，孩提时父母首先教念的是它，每次礼拜时，入拜前念的是它，每次礼拜的赞词中也有它，临终前别人提醒念的是它，人死后送亡灵念的还是它，清真言伴随穆斯林的一生。

个案：村民这样解释清真言的重要性：老人们说有两位天使拿着本子，分别在人的左右肩，一个记善功，一个记罪过。在复活日审判时如果善功和罪过一样多，安拉就到这个人面前问：“你诵过清真言吗?”回答说诵过，安拉就把善功和罪过分别放在天平的两边，然后把清真言写在小纸条上，让这个人放到天平上，罪过重这个人下火狱，善功重就进天园。一个人进天园还是下地狱，就看这个人生前是否笃信安拉。

作证词，阿拉伯语称“舍哈代”或“台山胡代”，其内容是：“我作证，万物非主，唯有真主；我作证，穆罕默德是真主的奴仆，是真主的使者。”作证词也称“总信词”，尚有分证词，内容为：“我信仰真主，信仰一切天使，信仰一切经典，信仰一切使者，信后世，信死后复活，信前定。”

另有“大赞”，其内容是“清净哉真主，万赞归真，万物非主，唯有真主，真主至大，无为无力，唯有尊主”。

念功可增强凝聚力，在穆斯林社会中起到认同与亲和的作用，同时培养了穆斯林的宗教感情，它像一面旗帜，对穆斯林有着极强的号召力。因为念功体现着伊斯兰教的基本信仰和安拉的权威。从心理学的意义上说，人都有着一种依附性和归属感，所归属的群体越大，所依附的对象越具有权威，人心里的安全感和稳定性就越强。“安拉至大”表明了安拉超越权力、地位、财富甚至生命，这正是伊斯兰教的最基本的信仰和安拉的权威所在。

因为我在调查中经常问他们清真言的意思，到了后来大家都说我现在是一个穆斯林了，个别人说我已经是一个维吾尔族人了。从这我们可以看出念功在维吾尔族人的宗教生活中具有举足轻重的作用。清真言不仅是穆斯林身份确定的必需条件，而且具有族群认同的功能。

在且末念功体现在每天的宗教生活中，这就是不论男女只要有时间就念tɛspɛj①。它的念法因人而异，有人念100遍清真言，有人将清真言、作证词、大赞各念33遍。也有人念33遍《古兰经》第一章，念33遍“alla ɛkbɛr”（安拉至大），再念33遍大赞词。他们说念tɛspɛj有善功。

我的第一家房东阿依帕丽大婶，每天晨礼礼完四拜后念赞珠，问她为什么要念赞珠，大婶说sawap dɛp oqujimiz（因为有功德所以念）。

二、拜功

祈祷，是宗教信仰者与信仰对象，即人与神进行交际和沟通的行为方式，表现了信仰者对神的感情和态度，是人对神的信赖和敬畏的行为表现。拜功是穆斯林面向麦加方向做祈祷的一种宗教仪式。穆斯林通过语言形式和身体动作表现穆斯林内心对安拉的信赖和敬畏，它是每个有理智的成年穆斯林的天职，是伊斯兰教一项最基本、最重要的功课。《古兰经》明文规定：“当你们安宁的时候，你们当谨守拜功。拜功对于信士，确是定时的天职。”（4：103）维吾尔语把拜功叫作“namaz oquʃ”（做乃玛孜），“namaz”（乃玛孜）是波斯语的借词，意为礼拜。

（一）礼拜的条件

村民提力曼阿洪告诉我，礼拜的成立有六项前提，它们是：身净、衣净、处所净、立意、认时、朝向正。

身净指小净和大净。《古兰经》中明文指令：信道的人们啊！当你们起身去礼拜的时候，你们当洗脸和手，洗至于两肘，当摩头，当洗脚，洗至两踝。如果你们是不洁的，你们就当洗周身。如果你们害病或旅行，或从厕所来，或与女人交接，而得不到水，你们就当趋向清洁的地面，而用一部分土摩脸和手（5：6）。伊斯兰教要求信徒在祈祷前必须清洗自己，“因为身体

---

① 赞珠，是穆斯林在每次礼拜后赞主时用以计数的珠串，由99个小珠和1个大珠串在一起。在克村见到的是塑料串珠，老人们随身携带，有空就念。

的干净象征着道德的纯洁，而在真主面前，一个人在道德上必须是纯洁的[①]。”小净必须做到四件事（即三洗一摩）：洗手、洗脸、摩头、洗脚，此外还包括净下（洗两便）、举意（有意识的作小净）等 14 件圣行。

为什么三洗一摩？村民阿拉帕特喀力木[②]是这样解释的：当时人祖阿丹违背主命偷吃了禁果，他曾经以脸面向果树，用手采摘果实，用脚走向果树，头顶接触到了树枝，所以穆罕默德特命摩洗此四处，以示悔过，祈求真主饶恕偷吃禁果之罪。

小净的过程是这样的：先用左手洗两便，然后洗手，用右手漱口，用左手呛鼻，用右手洗脸、洗两手至肘、摩头，用左手洗两脚至踝，洗脚时顺次洗每个脚缝。每处洗三遍是圣行。大净是在小净的基础上进行的，大净必须做到三件事：漱口、呛鼻、洗全身。伊玛目告诉我，大净在露天做是不行的，而且以下四种情况必须做大净，即用清洁的水洗涤全身，不许遗留一根毛发：①性交或梦遗；②妇女月经期后或分娩后恶露净时；③大病痊愈后；④皈依伊斯兰教的新穆斯林。净礼有一定的程式，并在进行每一个动作时默念相关内容的祷词或赞词，以达到既洗身体又洗心灵的目的。在缺水和有病的情况下，可以用洁净的土、砂、砖等作为水的替代品进行洁身，这叫作“代净”或“土净”。大净小净是在一个有明确意念的情况下开始，按规定的程序进行，既达到了清洁的目的，又强化了信仰。

大凡在冬天，且末很多男性穆斯林穿 mɛsɛ[③] 皮袜，早晨起床时做完小净穿上皮袜后，只要白天一直不脱，也无污水进入，礼拜前小净时可以不洗脚，象征性地用手指在脚背上摸一下即可。这在《圣训》中有明确的说明[④]。

个案 1：2006 年 1 月 8 日下午，我来到克村萨伊普喀力木家，联系古尔邦节和加玛艾特成员一起拜年之事，当时正好是做晌礼的时间，老人已经准备好了小净的水，并且在外边洗完了两便。当天且末的最低温度是零下 16 度，老人回房间做剩下的小净，当时我很庆幸地想如果不是天气冷，还看不

---

① ［美］戴维·波普诺：《社会学》（第十版），李强等译，北京：中国人民大学出版社 1999 年版，第 461 页。

② 喀力木，是“我的喀力”之意。“喀力”指《古兰经》背诵者；加在人名后，表尊敬。

③ 用羊皮制作的中腰皮袜。

④ 参阅［埃及］穆·福·阿卜杜勒·巴基编：《圣训珠玑》，努尔曼·马贤译，北京：宗教文化出版社 2002 年版，第 64 页。

到男人做小净。老人按顺序洗完手、脸、头后，脱下套鞋[1]，在手上倒了一点儿水，用手指从鞋尖往鞋背上一捋，就算是洗了脚。

个案2：跟萨伊普老人谈了我的计划后，老人很爽快地答应了。接着我又去了现任伊玛目买买提艾合买提阿訇家。老人正在和女婿安装炉筒，晡礼的时间到了，老人提着水壶出去做小净，回来时看到老人的鞋上有一道水印，可以判断他也和萨伊普喀力木洗脚的方法一样，也是用水在鞋上象征性地划了一下。

净身，是穆斯林进入仪式状态的神圣化过程，表明由谦卑或是蔑视自身，遂转入一种改变了的、神圣的状态中，标志着与世俗的空间和时间断绝了关系。菲奥纳·鲍伊在《宗教人类学导论》中就写道："当一位穆斯林在进入一座清真寺参加集体祈祷时，先要仪式性地洗去所有的污垢，这标志着他断绝了与世俗的空间和时间的关系。"[2]

在且末居住的时间长了，发现参加聚礼时几乎无人做大净，就此访谈了许多人，绝大多数说聚礼可以不做大净。伊玛目买买提艾合买提阿訇这样解释，他说《圣训》规定聚礼要做大净，主要是七天要洗一次澡，这样聚礼时不会因为身上有异味影响他人，聚礼做大净是圣行。但是在且末，每到冬天，特别是在农村根本没有条件做大净，全家住在一间屋子里，烧红柳根取暖，根本没有条件在热屋子里做大净，所以人们只能做完小净去聚礼。在克村要结婚的人也只能去巴扎澡堂洗澡。

当地人很重视净礼，他们说不净身礼拜是不怕胡达，这样的礼拜胡达是不接受的；如果男女交合后不做大净，孩子将来会持刀杀人，成为坏男孩。很多人在我访谈期间都一再强调性生活后不管天气多冷，都一定要做大净，不做是绝对不行的。

净礼实际上是宗教的一种通过仪式。身净与心净的操作，不仅仅是心诚的表达，而且使人们摆脱世俗性而进入神圣意境，进入对真、善、美的追求。村民对我说：每次净身后礼拜，心里特别平静，可以让自己忘掉所有烦心的事而与真主交流。

---

① 穿在鞋子外面的鞋，形状像军用布鞋，一般用人造革制成，防止鞋子弄脏弄湿。

② ［英］菲奥纳·鲍伊：《宗教人类学导论》，金泽、何其敏译，北京：中国人民大学出版社2004年版，第187页。

衣净是说，凡是做乃玛孜的人，必须穿着干净的衣服，衣服上不能有污迹。衣服是“遮羞之具，饰身之章”，“于礼拜时不重视服装，诚不知礼拜之尊也。”[①] 村民吐尔迪说看到衣服上有污迹要洗，看不到没洗穿着礼拜也无罪。

个案：阿依帕丽大婶要做晌礼了，其裙前有一块不太明显的血迹，大约是头天剔羊肉时搞上的。女儿看到后告诉了母亲，母亲看了看连忙说自己没有发现裙子上有血迹，不能穿有血迹的衣服做礼拜，于是换了裙子才做了乃玛孜。

处所净，指礼拜之地必须洁净。清真寺就是专门为穆斯林礼拜、集会、宣道、讲经而设立的洁净之地。按照伊斯兰教法，凡礼拜者以去礼拜寺礼拜为佳，如因故不能去寺里礼拜，在家在外都可以，但必须择净处礼拜。其净处最小的限度是能容纳两足及叩头之处。在维吾尔族人家，常常可以发现炕上放着一个小毯子，叫 ʤajnamaz（贾伊纳麻孜）[②]，就是专门用来礼拜的，这块毯子绝不能踩踏或用于其他用途。

立意，即虔心致意，就是说在临拜时先虔心对主，明确自己所礼之拜，同时明确拜数，然后入拜，“意不立则无功，意不合则乱功[③]。”

认时是说礼拜要在规定的时间内进行。每天有五次天命拜，每拜有确定的时间——即寅、午、申、酉、亥之时。维吾尔语则用波斯语的借词“bamdan”“peʃin”“ɛsir”“ʃam”“χuftɛn”表示五拜时间。晨礼在拂晓至日出前举行，晌礼在中午太阳偏斜到日偏西时举行，晡礼在日偏西至日落期间举行，昏礼在日落至晚霞消失之间举行，宵礼在晚霞消失后至次日拂晓前举行。

朝向正，是指礼拜的朝向是麦加，中国在麦加之东，因此中国穆斯林的朝向是西向。真主以麦加城中克尔白为万方朝拜真主的准确方向，是取“万方一致，万众一心，心同一德，德向一方”[④] 之意。但在《古兰经》中也说：东方和西方都是真主的；无论你们转向哪方，那里就是真主的方向。

---

① 达浦生：《伊斯兰六书》，北京：宗教文化出版社 2003 年版，第 150 页。

② 指在举行礼拜仪式时铺用的羊毛毡或临时备用的新布单子。

③ 达浦生：《伊斯兰六书》，北京：宗教文化出版社 2003 年版，第 156 页。

④ 同上，第 155 页。

真主确是宽大的，确是全知的（2：115）。这段经文说明人在旅行中或因迷路而无法了解朝向时，面对任何方向都可进行正确拜功。

（二）礼拜的种类

穆斯林举行的礼拜大体上分为三种：主命拜、圣行拜和自修拜。主命拜意为真主命令的礼拜。《古兰经》云："当你们安宁的时候，你们当谨守拜功。拜功对于信士，确是定时的天职。"（4：103）主命拜包括每日的五时拜（晨礼、晌礼、晡礼、昏礼、霄礼）、每星期五的聚礼以及殡礼[①]。"天命册所定拜功不变……为你和你的教徒定为五番拜……对每一善行赐十个善行的回赐。"[②] 聚礼，维吾尔语称为"ʤymɛ namaz"。"ʤymɛ"，阿拉伯语的借词，意为"聚众成礼，俾意志集中，精诚团结，互相观摩，彼此切磋，以期发展教务，促进道德与文化之意也[③]。"《古兰经》对聚礼有特殊的教诫："信道的人们啊！当聚礼日召人礼拜的时候，你们应当赶快去纪念真主，放下买卖，那对于你们是更好的。"（62：9）圣行拜是"穆圣因郑重起见，诚恐教民对天命之制有所不周，不能卸责，故于未礼天命拜之先，按演习方式，合天命拜数，增礼圣则拜，借此诚其意，静其心，严整其体，威仪其形，聚精会神，正式成天命之拜，以尊天命之大，尽天命之责也。天命拜既礼之后，又恐天命拜中有所不周，特再礼两拜，以补其阙[④]。"圣行拜随主命拜一起进行，它还包括肉孜节和古尔邦节的会礼。自修拜是上述礼拜以外自愿进行的礼拜，履行这些礼拜是值得嘉奖的，但不能舍弃主命拜和圣行拜而做自修拜，那是一种"异端"行为。

虔诚立意

① 详细介绍参见本书第六章。

② ［埃及］穆斯塔发·本·穆罕默德艾玛热编：《圣训》，穆萨·宝文安哈吉，买买提·赛来哈吉译，北京：中国社会科学出版社2003年版，第309页。

③ 达浦生：《伊斯兰六书》，北京：宗教文化出版社2003年版，第167页。

④ 同上，第165页。

（三）礼拜的仪则

伊斯兰教的礼拜由若干节动作组成，有一套固定的仪式和严格的要求。

仪则一是端立，男性右手搭在左手背上，放在脐下，女性右手搭在左手背上但放在胸前，向西方庄严肃立，目视前方叩首之处，虔诚立意。

抬手入拜

仪则二是诵戒词。抬手入拜，男齐举两手，两大拇指至两耳垂，女两手至两肩，诵戒词“ɛlla ɛkbɛr”（安拉至大）。诵戒词即表明心中没有杂念，只存真主伟大之念，表入拜开始。举手诵词之后，用右手大拇指与小拇指为环，握于左手腕部，齐置脐下。两足并立。默诵赞词：“清哉！真主也！赞颂真主之伟大与其独一！”又默诵庇护词：“祈真主庇护我不受被谴责之恶魔之蛊惑。”又默诵尊名词：“奉至仁至慈的真主之名敬事真主。”在诵经前诵此三词，意义在于：一是以感赞真主之伟大与其独一，镇定拜者之心。二是以庇护词驱逐邪魔，不得纷扰拜者之心。三是以全仁全慈的真主之尊名开始与真主契合，以备虔诚地诵念真经。

仪则三是诵经。先诵《古兰经》首章《法谛海》，要口中诵念心中感领，感悟宇宙万物皆真主所造，奉行真主一切命禁，乞求真主引导。诵读完首章后，即诵：“阿敏”，乞求真主准许自己的祈祷，便开始正式诵经。此时诵《古兰经》中任何一节都行，因为礼拜的目的是向主诉罪，以求赦佑，个人根据自己的实际情况选诵。但在且末，则有定制，原因是能背诵全部《古兰经》者只有寥寥数人，能背而解其义者更是凤毛麟角。诵完《古兰经》，俯首屈身，口诵“alla ɛkbɛr”，以求真主赦佑。

仪则四是鞠躬。两手握住两膝，弯曲身体，舒展脊背，目视足背，默诵赞词：“清哉！调养我伟大真主”三遍，以示尊敬。鞠躬后直身赞颂：“主啊！接纳赞者的赞颂吧！”一遍。站定后两眼平视诵“养我乎！万赞归主”一遍。

仪则五是叩首。鞠躬站定后叩首，两膝、两手、脚趾、额头与鼻尖同时着地，叩头于两手之间，目视鼻尖，并默念赞词：“清哉！调养我清高真主”三遍，以感谢真主赦宥之恩。又诵“安拉至大”，再行叩首之礼。以上仪则全即成一拜，一拜不成一礼，两拜合而成一礼。

鞠躬

叩首

仪则六是跪坐。跪坐分中坐、末坐。拜有两拜成一礼的，也有三拜或四拜成一礼的，但不能超过四拜，也不得少于两拜。如礼两拜，两拜之坐是末坐；如礼四拜，两拜之坐是中坐，第四拜之坐是末坐；如礼三拜，两拜之坐是中坐，第三拜之坐是末坐。跪坐时，男平铺左脚，臀部坐在左脚上，立起右脚掌五趾贴地，双手平放大腿上，目视大腿；女则斜坐，两脚并伏于身体右侧，两手放在膝上，目视怀里。先念：“言语之功德，身体之功德，财帛之功德，均归于主。”表明言语、身体、功德均为安拉赐予，没有安拉没有自己的功德。后念：“圣人乎！真主安宁在你，愿你享受真主恩慈与吉祥”，以感谢穆圣教导之恩。又默念：“求真主赐安宁于吾侪及诸善士”，祝福与自己一起礼拜的穆斯林。后虔诵作证词：“我作证万物非主，唯有真主；我作证穆罕默德是真主的使者。”祝福曰：“真主啊！赐福于穆圣及其后裔，如赐福于其祖易卜拉欣及其后裔，真主确是受赞者、伟大者。”最后做一总结祈祷：“主啊！求你饶恕我和我的父母，及我师友，男者女者，生者死者，均凭真主之慈，至慈的真主啊!”然后准备出拜，即转头先顾右肩，道平安词“εssalam εlεjkum”，又转头顾左肩道平安词。于是出拜。

跪坐

《古兰经》云：“礼拜确是一件难事，但对恭敬的人却不难。”（2：45）据统计五时拜共有 32 个鞠躬，64 个叩头，178

个"太克比尔"（安拉至大）。虔诚信教者每日礼拜不辍。

按伊斯兰教教规不能站立礼拜者，可以跪礼，不能跪礼者可以卧礼，以身心清洁、虔诚恭敬地拜主为原则。

个案1：2006年1月18日，在村民提力曼阿洪家访谈时，正值晡礼时间，他因常年气管炎和哮喘卧床不起，但每天坚持做乃玛孜。做乃玛孜时他是跪做，没有站立。

个案2：2005年10月25日下午，阿依帕丽家的劳动力摘了一天棉花回家了，大家都聚集在生有炉子的屋子里。阿依帕丽在家里做了一天的家务，她患有肺结核，到下午时已经疲惫不堪。昏礼的时间到了，她做完小净，回到屋里做礼拜。

（四）礼拜的原因

为什么做乃玛孜？村民们是这样回答的：

人是胡达造的，胡达给我们衣服让我们御寒，给我们馕①吃，为了感谢胡达，我做五次乃玛孜。

如果不做乃玛孜，死后要进火狱，《古兰经》是这么说的。

做乃玛孜可以洗去罪过，进入天园。

用你的舌、你的心表明了你的信仰，如果要掉入火狱的话，圣人会救你出来。

做乃玛孜、封斋的人不下火狱；不做乃玛孜、不封斋的人下火狱。

你不做乃玛孜，胡达知道，死后要跟你算账，你会受罪的。

做五次乃玛孜的人死后，在抬往墓地的途中会有灯指路，可以平安到达墓地；不做五次乃玛孜的人，在送往墓地的途中，会撞墙、摔倒。

我们是维吾尔族人，我们要做乃玛孜。

我们是穆斯林，我们要做乃玛孜。

---

① 馕是维吾尔族人的主要食物，每餐饭都不可缺少。在维吾尔社会中，馕被视为神圣的灵物：人们非常珍视馕，不得践踏馕；吃馕时不能整个地拿着馕啃吃，一定要掰开吃；不能随便扔馕屑，要收集在一起存放。人们也常以馕起誓，并相信馕具有避邪功能，在长途旅行中常常带馕，既作为干粮又作为护身符。

从村民的回答中可以得出这样的结论：做乃玛孜是为了来世的幸福，是穆斯林的职责，同时也是维吾尔族群体认同的标志。

（五）礼拜的功能

礼拜的功能在于：

（1）礼拜能陶冶人的性情，能使人静思己过，淡泊宁静，不敢有傲慢骄横之心，放肆暴虐之态。

（2）礼拜能警醒迷昏之心，使人时刻保持清醒的头脑，时刻意识到安拉在上，自己的所作所为都被记录在案，因此不敢为非。

（3）礼拜能使人悔过自新。每次礼拜都是仆向主的敬崇，在这种主仆关系中，反省自己的作为，而不敢作恶淫乱。

（4）礼拜能加强穆斯林的团结友爱。清真寺里的五时拜、每周一次的聚礼、一年两次的会礼以及一年一度的朝觐使穆斯林聚于一堂，培养了他们团结一致的精神。

做乃玛孜时男性戴色兰是圣行，表明自己的虔诚信仰。戴色兰的人一般是懂经文的人，人们很尊重戴色兰的人，但是色兰的大小并不代表宗教知识的多寡。村民给我举了这样一个例子来说明这一点：

个案：阿日西村的喀斯木阿訇是个大喀力①，且末最有名的喀孜②，最大的毛拉③。他的儿子也是与父亲一样有许多宗教知识的大毛拉，父亲读的经书他全读过，但戴的色兰小小的，不是太懂经文的人的色兰反而都很大。

在克村居住期间笔者也发现平时戴色兰的人很少，宗教水平最高的阿拉帕特喀力木去清真寺时戴色兰，在家做乃玛孜时也戴，但其他时候不戴。在提力曼阿洪和前任伊玛目萨伊普喀力木家访谈时，他们做乃玛孜时也戴上色兰，色兰的带子垂在背后，向世人表明：安拉唯一。

在且末参加了一次聚礼。聚礼与五时拜的不同在于聚礼时伊玛目执杖讲经，即念呼图白④。它是由伊玛目根据伊斯兰教的经典《古兰经》和《圣

① 原指能背诵《古兰经》者，在克村是对有宗教学识的人的一种尊称。

② 根据伊斯兰教教法进行审判的宗教法官。

③ 伊斯兰教中对受过教育的人的称呼。

④ 阿拉伯语的借词，意为演讲。是聚礼和宗教节日礼拜时的一个重要程序，由伊玛目念诵有关经文，赞颂安拉，宣讲先知的行为，也以当行当止之事，引经据典劝勉教徒。

训》等，针对社会中不同的现实问题，从伊斯兰教的角度进行阐释和评价，并对于一些不符合伊斯兰教伦理的行为进行规劝，其中有人生哲理的阐述，有告诫，有希望。对于以洁净的身心和怀有追求真善美愿望的听众来说，它所起的作用无疑是比较大的。

聚礼时先四拜圣则，后念呼图白，宣喻完毕，伊玛目举手朗诵戒词，信众于是皆举手默诵戒词，共同入礼。两拜为一礼，这是聚礼的主命拜。后礼圣行拜，再礼晌礼，最后伊玛目率众祈祷聚礼毕。

个案：2006 年 1 月 13 日中午三点，我在县伊斯兰教协会穆萨肉孜的陪同下，前往县主玛清真寺，我们是三点到的，来参加聚礼的人基本到齐，他们礼完圣则后，奥斯曼喀力木阿吉①开始执杖宣教。宣谕的主要内容是：天下穆斯林是一家，大家应该帮助弱者，要认真、按时做乃玛孜，这样有很多功德；不做乃玛孜就是罪过；商人做生意时不能缺斤短两，欺骗顾客，要讲信誉，卖肉、卖盐都要给足分量，如果今世缺一丝一毫，那么在后世的账是还不清的，是要受惩罚的，所以做买卖一定要公平；不要骗人，要说实话；不要走歪路，要走正路。

执杖宣喻完毕，全体穆斯林起立，礼聚礼、晌礼，礼毕，读《古兰经》。

会礼包括肉孜节会礼和古尔邦节会礼。

会礼是 waʤip namaz，即宗教必尽之义务。会礼一切赞词、一切仪式与其他各礼相同，只有两拜七举七赞不同。其他礼拜只一举手，而会礼两拜共举手七次，且每举必赞：“alla ɛkbɛr”。会礼中还有一个讲“卧尔兹”② 的程序。在克村调查期间，有幸参加了肉孜节和古尔邦节会礼。肉孜节会礼时卧尔兹讲的内容是胡达是万能的，至慈至善的，每个人的功德和罪过胡达全部知道，所有穆斯林要行善积德，节日期间给弱者、贫者、患者拜年，按时交纳天课。古尔邦节会礼时卧尔兹讲的内容主要是关于宰牲一事。哈提甫③说有条件的穆斯林一定要宰牲；羊皮要给清真寺；肉要分成三份吃：一份家

---

① 伊斯兰教对到过麦加朝觐的穆斯林的一种称号。已成为一种头衔，常冠于履行过朝觐仪式者的姓名前。

② 即宗教劝说或宗教劝谕，礼拜前伊玛目向教徒宣讲教义。

③ 阿拉伯语的借词，指主玛清真寺的教长。哈提甫在主玛日于清真寺内站在讲坛上手持木杖主持念呼图白，并领拜聚礼。

人自食，一份给加玛艾特吃，一份给贫者散舍。

会礼时寺众给清真寺捐 sɛdiqɛt[①]，表达他们的信仰和心愿。

会礼的意义在于：一方面穆斯林聚于一地共礼，可以达到加强团结的目的；另一方面从教义的微妙喻理来说，会礼中能见到各种教胞，有贫有富，有贵有贱，而这就是后世复活人类的小模型。每年会礼可以使众教胞看到此景，立刻觉醒，及早尽善修德，为后世作准备。因为今世的荣耀来自富与贵，而后世的荣耀则来自于自己的功修；今世的困难可以通融解决，而后世的困难则无处通融。《古兰经》中明确说：后世是"没有买卖，没有友谊，不许说情的日子。"（2：254）

五时拜、聚礼、会礼中的赞颂仪式基本相同，但各礼的着重点不同。五时拜重在按时，按时而礼，终身不辍；聚礼重在宣讲，聚而不宣，不谓聚也；会礼重在赞主："安拉至大！"

（六）各种礼拜的拜数

晨礼共 4 拜：2 拜圣则，2 拜主制。

晌礼共 10 拜：4 拜圣则，4 拜主制，2 拜圣则。

晡礼共 8 拜：（可 4 拜副圣则）（且末这里不做 4 拜圣拜），4 拜主制。

昏礼共 5 拜：3 拜主制，2 拜圣则。

霄礼共 13 拜：（可 4 拜副圣则）（且末不做此 4 拜副圣则），4 拜主制，2 拜圣则，3 拜副天命（卫特尔）。

五时拜共 40 拜。

聚礼共 16 拜：4 拜圣则，跪坐听宣谕，2 拜主制，再各礼 4 拜圣则，4 拜晌礼主制，2 拜圣则。

斋月之礼：斋月中每日霄礼后增 20 拜（特拉卫赫拜[②]），两拜一礼，4 拜一休息。此拜乃圣则，礼 4 拜，或 8 拜，或 12 拜均可，惟 20 拜至贵。

会礼：2 拜副天命拜[③]。

《古兰经》中关于礼拜重要性的启示可谓多矣，"如果他们悔过自新，

---

① 施舍、布施之意。

② 这是在斋月间于宵礼后举行的集体拜，共 20 拜。由伊玛目领拜，每两拜成一礼，每四拜后做短暂的"间歇"。伊斯兰教认为在清真寺内集体举行此礼拜最为高贵，而且可以更多地获得胡达的慈惠。在克村主要指诵读《古兰经》章节的仪式。伊玛目告诉我，克村宗教学识高的人很少，所以每天的特拉卫赫拜只读十节《古兰经》。

③ 参阅达浦生：《伊斯兰六书》，北京：宗教文化出版社 2003 年版，第 176～177 页。

谨守拜功，完纳天课，他们就是你们的教胞”。(9：11）拜功在五功中具有重要的地位。伊斯兰教五功中的其他功修都是以胡达使者所得启示而成立，但礼拜是穆圣在夜行登宵升入天堂极境时当面受教于胡达，可见拜功之重要性非同寻常。

三、斋功

斋功，维吾尔语叫作 rozi tutuʃ，rozi 是波斯语，意为“斋戒”。《古兰经》云：信道的人们啊！斋戒已成为你们的定制，犹如它曾为前人的定制一样，以便你们敬畏（2：183）。这段经文说明斋戒成为穆斯林奉行的主制功修。《古兰经》的初降被认为是在“莱麦丹[①]”月中，因为《古兰经》中说：莱麦丹月中，开始降示《古兰经》，指导世人，昭示明证，以便遵循正道，分别真伪，故在此月中，你们应当斋戒（2：185）。

斋戒有三种：主命斋、圣行斋和自愿斋。

主命斋，即教历 9 月莱麦丹月的斋。因月有大建、小建，大建 30 日，小建 29 日，封斋、开斋均以见新月为例，所以斋期有 30 天和 29 天之别。斋月以伊斯兰教历 9 月月首见新月为准，见月后即入斋月，每年斋月的最后一天看月，见月后的次日即教历 10 月 1 日为开斋节。凡身体健康、理智健全的成年穆斯林——男自 12 岁，女自 9 岁，在教历 9 月净身后必须封斋。但外出旅行者、行经期和产后血未净者可暂不封斋。在每天太阳出来前一个半小时至当天日落时间内，封斋者不许吃、不许饮、不许性交和不许一切非礼行为。

圣行斋，是根据穆罕默德的言行和提倡而规定的斋戒，履行它被认为是值得嘉奖的，不履行也无罪。如阿术拉日[②]、拜拉特日[③]的斋戒等。教历八月十五日之夜，维吾尔语叫“barat keʧɛ”，村民告诉我此夜是安拉决定人们一年的生死祸福的时刻，因此，村民们白天封斋，夜晚去清真寺举行礼拜、讲经、济施等活动，他们往往彻夜不眠，祈求安拉赐予好的命运。

斋月的第二十七夜，叫“ʃibir qɛdir keʧɛ”，这一夜加玛艾特在清真寺礼完宵礼后，整夜不眠，念经赞圣，祈求胡达的回赐。这是因为先知穆圣曾

① 莱麦丹，ramzan 的音译，意为磨练，即练身体、练意志、练思想。
② 伊斯兰教历 1 月 10 日。
③ 伊斯兰教历 8 月 15 日。

说斋月下旬为胡达宽恕众生、解救亡灵的日子，如果这夜心诚，彻夜念经，打动胡达的话，天空会出现一道亮光，见到这道亮光的人，胡达会赐予他很多财富。还有人说这天夜晚如果不守夜，就如同睡在自己的血上。如果彻夜不睡念经祈祷表明自己的信仰的话，这一夜的功修相当于做一千个月即83年零4个月的乃玛孜。因此，这天夜晚男人们去清真寺集体礼拜，女人则在家做乃玛孜。

自愿斋，是穆斯林出于虔诚、许愿、还补或罚赎等各种心愿而自愿实行的斋戒。

伊斯兰教神学家爱勒吉斯尔认为斋戒的目的：一是顺从主命，禁戒私欲，让理智控制欲望，不让它任意地指挥理智，违反法律；二是通过饥饿和痛苦，体验饥民饥饿时可怜的状况，同情他们，并慷慨好施，乐于缴纳天课。①

说到斋戒的意义时村民们说：

通过斋戒可以使人节制欲望，体悟饥者的痛苦，而且通过忍饥耐饿，可以磨炼意志，清心寡欲，强化信仰，防止犯罪等。

自己亲自尝到过口渴肚饥的难受滋味，也会激发我们的恻隐之心，从而养成乐善好施、慷慨济贫的美德。

斋月封全斋，胡达可以饶恕我们的罪行。

斋月中胡达派天仙哲布依莱把经文陆续从天上降给穆圣，而且在这个月中胡达命令天仙开启八座天园的门，关闭了火狱之门。因此穆斯林在这个月份所做的一切善功，都会得到胡达的恩准。

个案：2005年8月26日，我独自一人留在家中。阿依帕丽大婶去了吾西昆村去世的妹妹家。因为家中有丧事，不断地有人来看望。中午时分来了一个40岁左右的妇女，问后得知是阿依帕丽大婶小儿媳的姐姐。因家中无人我就沏茶招待并陪她聊天。得知她丈夫早年去世，自己辛辛苦苦拉扯大3个孩子。以前她开饭馆、开商店，孩子现在大了，也不用自己再辛苦了。现在在家闲着。她每天做五次乃玛孜，每年封全斋已经8年了。

坏斋分为两种，一种是误坏者，指封斋后，误饮食，或被强迫开斋，或

① 吕大吉主编：《宗教学纲要》，北京：高等教育出版社2003年版，第112页。

药物注入，或致使呕吐等。误坏者在斋月后按误坏的天数补斋，不受惩罚。另一种是故坏者，指明知封斋故意不封，或明知持斋而故意饮食等。故坏者，除补一日斋外，另罚60日连续斋。如果在60日内间断一日，或者故坏一日，前斋尽废，还要再封60日连续斋。如果不能连斋，则要供应60个贫穷者一餐，或供应一个贫穷者60日饭食。

封斋一定要做乃玛孜，否则没有善功。村里的很多年轻人，平时不做乃玛孜，但到了斋月就做乃玛孜封斋，村民图迪阿洪、肉孜阿洪等都是这样。

在克村，斋月中有这样的习俗：斋月昏礼后请亲戚或加玛艾特一起到家里吃开斋饭，他们叫 iʃpta qiliʃ。这也是向村民证明自己封斋的一种方式。吃完开斋饭加玛艾特再去清真寺做宵礼和特拉卫赫拜。2005 年斋月中，克村一、二组清真寺的加玛艾特中举行 iʃpta 的人家有十七八家。在克村举行 iʃpta的人家为宗教人士、信仰虔诚的普通人家、生活富余的人家。艾外都拉阿吉家在2005 年的斋月中举行了三次 iʃpta，一次是请加玛艾特，一次是请自己家的亲戚，还有一次是请亲家。

个案：克村村民哈斯木阿洪每年都要举行 iʃpta，请加玛艾特来家里吃开斋饭。今年因为儿媳和女儿都生孩子，家里又忙又乱，只举行了一次iʃp－ta，请了自己的亲家，没能请成加玛艾特。

在村民中，斋戒的人是受到赞扬的，无故不封斋的人不管是否有人指责，内心总会因这样或那样的原因而感到惴惴不安。不封斋可以说是一件不光彩的事，所以不封斋的人尽量避免尴尬场面的出现，不在封斋的人前吃饭、饮水。

个案：2005 年10 月4 日至11 月2 日，是穆斯林的斋月，平日阿依帕丽大婶家的大门都是敞开的，而在斋月里她家的大门常常是从里面扣上，家人也多从果园的门出入。我很纳闷，因为按照维吾尔族人的习惯，家里有人，白天是不扣门的。我就问他们为什么最近老是把门扣上，他们解释说："封斋期间，因为自己没有封斋，中午喝茶时就把门扣上，为了不让别人看到我们喝茶。"

四、课功

课功，维吾尔语叫 zakat[①]eliʃ，zakat 一词来自阿拉伯语，原意为“洁净”，即通过交纳天课净化自己的财产。天课是以胡达的名义而征收的宗教赋税，是每个穆斯林必须遵行的“主命”。《古兰经》云：你要从他们的财产中征收赈款，你借赈款使他们干净，并使他们纯洁（9：103）。《古兰经》又云：“信道的人们啊！没有买卖，没有友谊，不许说情的日子降临之前，你们当分舍你们的财产。不信道的人，确是不义的。”（2：254）具备如下条件者须交天课：成年人；正常人，即神智正常者；财产满贯者。《古兰经》中云：“他们的财产中有一个定份，是用于施济乞丐和贫民的”，（70：24～25）又云：“你们应当信仰真主和使者，你们应当分舍他所委你们代管的财产，你们中信道而且施舍者，将受重大的报酬。”（57：7）按教法规定，现金要拿出 2.5%，农产品为 10%，羊不足 40 只者，没有天课，有 40 至 120 只者，应交两只羊，牛不足 30 头者，没有天课，够 30 头者，应交一头一岁的母牛，40 头交一头两岁的母牛。《古兰经》规定以下八种人可接受天课：穷困者、赤贫者、管理天课的工作人员、其心被团结者、无力赎身的奴隶、负债者、断绝路费的旅行者、为主道而工作者。完纳天课须每年一次。天课是伊斯兰教的宗教税，现其形式变为捐助方式，主要由村民自觉自愿地交给清真寺及贫穷者，交给清真寺的天课成为清真寺的收入，由加玛艾特决定用于清真寺的各项事务。

村民告诉我，伊玛目在清真寺说交纳天课的数额是：钱财中四十抽一，粮食作物中十抽一。如果有人不交，也不强求。因为交纳天课对自己有利。村民还告诉我，粮食、钱财给自己的父母、孩子，这不算交纳天课。

交纳天课的意义在于：

（1）证明自己信仰安拉施行善举。钱财是每个世人之所好，谨守课功说明能遵守主命乐善好施，是真信主、真爱人的穆斯林。

（2）可以济贫，满足贫者的需求。实际上是以经济调整社会的一种方法，即调整社会贫富不均。

在克村天课分为三种，一种是 øʃrɛ，即从每年的农产品中抽百分之十分

---

① 佐口透称为“义务施舍”。（参见［日］佐口透：《新疆穆斯林研究》，章莹译，乌鲁木齐：新疆人民出版社 2012 年版，第 7 页）

送给贫者、弱者、病人、寡妇、孤儿。一种叫 zakat，即每年现金收入的百分之二点五施于他人。还有一种叫 fudijɛ，也叫 ramzan zakat，是封斋的人给伊玛目和买僧的，表明自己严格封斋，不坏斋；如果坏斋，ramzan zakat 可以补救。

个案：村民说伊玛目和买僧平时做的乃玛孜多，他们的善功也多，ramzan zakat 交给伊玛目和买僧，这样他们的善功会分给交 ramzan zakat 的人一些，如果自己封不了斋或者坏斋，罪过也会少一些。凡是在封斋前夜 12 点以前出生的人都必须交 ramzan zakat，而且女儿的 ramzan zakat 要由母亲交。封斋是主命，不封斋就欠债了，欠债是要还的，ramzan zakat 相当于还没有封成的斋。

2005 年，在克村每人给清真寺交两公斤小麦或三元钱。

在克村，女儿的 ramzan zakat 由母亲交纳。尼萨汗在今年的斋月里给清真寺交了自己已出嫁女儿布伊希汗、外孙女以及外孙子的 ramzan zakat。白希罕老人，收养了自己的外孙女。因为交纳女儿[①]的 ramzan zakat 的责任是父母的，所以白希罕交了女儿的 øʃrɛ。

天课可以给亲戚，给孤儿。萨伊普喀力木的女婿病逝，外孙们成了孤儿，他每年的扎卡特都给这些外孙们。

本村的艾尔肯阿洪是交天课最认真的人。每年粮食打完装仓时，艾尔肯阿洪都站在仓库门前数粮袋，每进九袋粮食，必将第十袋放在旁边。然后再进九袋，第十袋又放旁边……他就这样绝不马虎，直到所有粮食入库完毕，并将拿出的粮食施于贫者。

艾外都拉阿吉每年给学校 300 元，给孤寡妹妹麦子。

2004 年 5 月，买买提吐尔逊阿洪和艾外都拉阿吉两人给清真寺 15 袋水泥用于抹地面。

“你们应当谨守拜功，完纳天课”（2：110）。按伊斯兰教义来讲，每个人只是财富的托管者，而不是所有者。交纳天课，实际上是一种偿还而不是施舍，是洗涤自己罪过的措施而非炫耀于人的资本，穆斯林交纳天课是自发的、自觉的行动，是一种义务和本分，它在帮助弱势群体和加强穆斯林间的

---

① 在维吾尔族人中收养的孩子，不论辈分，一律当作收养人的孩子。所以白希罕虽然收养的是孙女，但看作是自己的女儿。

团结方面起了不可估量的作用。

同天课这一法定的施舍相对，还有一种自愿的施舍，它包括会礼时施于清真寺的 sɛdiqɛ[①]、邻里之间的 χoʃna hɛq 以及 nɛzir[②] 等。

个案：2005 年 11 月 29 日，阿布都热合曼举行 nɛzir，当地也叫 sɛdiqɛ。sɛdiqɛ 是施舍、布施之意。阿布都热合曼是艾外都拉阿吉的同父异母的哥哥。阿布都热合曼现孤身一人。他以前娶有一妻，后来由于两人感情不和而离了婚。阿布都热合曼在巴扎做皮鞋，家中没人照顾他，加之每天早晨走得早，所以不能去清真寺做晨礼，只好自己在家做。每年他都要举办 nɛzir，请来亲戚、朋友、关系好的邻里，用抓饭招待他们，以洗去罪过，求得胡达的宽恕。

五、朝功

维吾尔语称朝功为 hɛʤ qiliʃ，是阿拉伯语的借词。所谓朝功，即每年伊斯兰教历 12 月 8 日至 12 日，各地穆斯林亲自到伊斯兰教圣地沙特阿拉伯麦加克尔白天房巡礼的系列宗教仪式。凡朝觐过的人被尊称为阿吉。《古兰经》规定：凡能旅行到天房的，人人都有为真主而朝觐天房的义务（3：97）。经文中的“能”指每个遵从主命的穆斯林一生去麦加朝觐一次所要具备的如下几个条件：

（1）成年人。教法规定男子超过 12 岁，女子超过 9 岁，才有朝觐的义务；

（2）身体健康；

（3）有足够旅费的人；

（4）不负债者；

（5）路途安全；

（6）国内形势稳定；

（7）理智健全的人；

（8）自由公民。

---

① 佐口透称为“自愿施舍”。（参见［日］佐口透：《新疆穆斯林研究》，章莹译，乌鲁木齐：新疆人民出版社 2012 年版，第 7 页）

② 此处的 nɛzir 不是纪念亡人的仪式，而是一种施舍活动。

朝觐分为正朝、副朝、连朝、分朝四种。正朝指在规定的时间即伊历12月8—12日集体朝觐克尔白，也叫大朝。副朝是指朝觐季节外，一年四季随时举行的朝觐。连朝指副朝与正朝连续进行者。分朝指先副朝，后正朝者。本村有一位阿吉，是2004年去麦加朝觐的，他做的是连朝。朝觐对保持和巩固伊斯兰教的古老传统、对加强穆斯林的团结起到了不可估量的作用。其程序是：举意连朝，而后受戒，游转天房，在萨法与麦尔卧二山之间奔跑，站阿拉法特山，住米那，步行至穆兹塔利法，射石，宰牲。

朝觐按过程又可分为以下三朝：朝谒，即朝觐者初到时自行朝礼；正期大朝；辞朝，即离去前自行朝礼。

朝觐的本意是亲临天房，向安拉哀告自己的罪孽，乞求赦佑，恢复自己本来之纯洁。伊斯兰教认为朝觐号召世界上亿万教胞集合于圣地，使各国穆斯林互相认识，培养互相帮助的品德；同时，使得全世界的百万穆斯林能追寻先知易卜拉欣忠于安拉和其子先知易司马仪孝敬双亲的遗迹，体会先知穆罕默德当年传教时奋斗向上的精神力量。整个朝觐活动的中心主题是和谐、平等、团结、向上。通过这一年一度的最大规模的聚会，处于不同国籍、不同文化背景的穆斯林相互认识、彼此了解、联络感情、加深兄弟友谊。

《古兰经》这样记载："当时，易卜拉欣的主用若干诫命试验他，他就实践了那些诫命。他说：'我必定任命你为众人的师表'……当时，我以天房为众人的归宿地和安宁地。你们当以易卜拉欣的立足地为礼拜处。我命易卜拉欣和易司马仪说：'你们俩应当为旋转致敬者、虔诚驻守者、鞠躬叩头者，清除我的房屋'……当时，易卜拉欣和易司马仪树起天房的基础，他们俩祈祷说：'我们的主啊！求你接受我们的敬意，你确是全聪的，确是全知的。'"（2：124～127）易卜拉欣父子遵命建成麦加克尔白天房后，克尔白成了认主独一的宣教中心。凡是朝觐天房的人，都能亲眼看见易卜拉欣为修建克尔白留下的足迹和他亲手安放的黑玄石①，以及四千年前易司马仪母子渴望的渗渗泉。

中国政府规定申请朝觐者应具备下列条件：

（1）拥护中国共产党的领导，拥护社会主义制度，维护民族团结和祖国统一，爱国守法，品行端正；

（2）信仰伊斯兰教；

（3）具有当地常住户口和身份证；

① 伊斯兰教中的显圣物，为克尔白东南角墙上镶嵌的一块微红泛褐色的陨石，也称玄石。

（4）年龄在50岁至70岁之间，身体健康，能够坚持朝觐活动；

（5）家庭经济条件许可。

截至2006年1月，且末县共有65个阿吉（包括2006年朝觐回来的阿吉）。2005年，全县申请朝觐人数为30人，朝觐指标为6名。2006年，申请朝觐人数有30多人，朝觐指标为8名。

艾外都拉·伊明是本村唯一的一位阿吉。阿吉初中毕业，以前跟买买提艾合买提阿訇学会了做乃玛孜，现在也只是会做乃玛孜，不会读《古兰经》。三个女儿初中毕业，已婚，阿吉朝觐回来后就设法让她们学经。阿吉的独子正读高三。家庭年收入在8万元，每年可以存3万元，他说家里开销很大，每年要花去5万元。阿吉现在在宗教功课方面对自己要求很严，加玛艾特都很尊重他。

问他为什么要去朝觐并且每天做五次乃玛孜，他说："我是怀着一心虔诚敬侍胡达的目的，遵循安拉的号召，履行自己的职责去朝觐的。我以前没有好好敬侍胡达，现在我条件可以了，我要去洗涤我的罪过，重新做人。大阿訇们说，朝觐天房的人，在朝觐期间只要不违反规定，不作恶，胡达可以宽恕以前的全部罪过。朝觐后我就像刚出生的婴儿一样纯洁。做乃玛孜是为了表明我的信仰，为了赎罪、祛病和摆脱贫穷。"

2004年12月，艾外都拉·伊明去麦加朝觐。他们一行6人是12月22日从且末乘车出发到库尔勒，然后坐飞机到乌鲁木齐，2005年1月1日，乘机抵达沙特吉达，1月2日，到达第二大圣地麦地那瞻仰先知穆罕默德的圣陵，谒拜了穆圣父亲阿布都拉、弟子艾卜·伯克尔、欧麦尔等人的坟地，游拜了先知创建的清真寺。他们在麦地那逗留5天，每天阿吉不停地做乃玛孜。1月7日，到麦加进行朝觐。朝觐前必须受戒，受戒是朝觐中不可缺少的重要条件。阿吉讲了自己受戒的过程。首先，做大净，包括理发，拔鼻毛、腋毛、阴毛，剪指甲等。其次，穿戒衣，即用两块白布披于上身与下身，长的一块披于上身，袒露右臂。短的一块围于下身，遮住羞体。朝觐者免冠裸足，只可穿拖鞋。最后，礼两拜受戒圣行拜。第一拜念《古兰经》首章后，诵读109章；第二拜念《古兰经》首章后，诵读112章。然后立意。朗诵应召词："真主啊！我专为侍奉主来到这里。我来到这里，敬颂真主独一无二，万赞归主，百思属主，权衡在主，独一无配，我专为朝觐、崇敬、端肃而来，真主啊!"然后开始环游天房。"每个穆斯林都渴望能亲眼看看天房，当这个愿望实现的时候，敬畏胡达和无比喜悦的心情油然而生，我禁不住高声诵读'安拉至大!'"阿吉如是说。

环游天房以黑玄石为起点和终点，以逆时针方向从外向里环游七圈。环游天房每一圈所念内容均不相同。阿吉告诉我，他不会念很多经文，他就念“清真言”“作证词”“大赞词”和《古兰经》首章。游转天房的人很多，阿吉根本不可能触摸玄石，因此每圈转到与黑石垂直处时，他就两手掌朝向玄石，然后亲吻两手。七圈环游结束后，阿吉礼两拜圣行拜。这样一直到1月21号他每天都去环游天房，祈祷念经，深刻反省自己的言行以洗去罪过，躲过灾难。阿吉说朝觐时做的一次乃玛孜抵得上平时做的一千次乃玛孜，在那儿做乃玛孜善功很多。1月20号环游天房结束后，阿吉登上萨法山高处，面向天房致祷词，然后向麦尔卧山头往返奔走七次。在麦尔卧山结束时面向天房致意，念祷词。结束后去渗渗泉品尝清凉美味的泉水，留下崇敬安拉、博得安拉特慈的永远回忆。

1月21日，从麦加前往米那，在那里完成晌礼、晡礼、昏礼和宵礼，晚上住米那。1月22日，在米那做完晨礼后前往阿拉法特，在阿拉法特做晌礼和晡礼，然后去穆兹塔利法做昏礼和宵礼，并在此过夜。1月23日，在穆兹塔利法做完晨礼，上米那投石射鬼，每投一石都要诵“安拉至大。”三鬼每鬼射七石，然后从米那到克尔白天房环绕7圈，晚上在米那过夜。这天宰牲，但不用阿吉们亲手宰。1月24日早晨射三鬼，三鬼每鬼射七石，做乃玛孜，住米那。1月25日，射三鬼，三鬼共射七石，至此投石射鬼的仪式全部结束，二天共射49石。

阿吉在麦加时每天都去游走天房，参加了朝觐的一切仪式，他说：“转天房是朝觐者的特殊功课，也只有朝觐者才能得到安拉对这种特殊功课的特殊回赐。天房，是安拉的标志，是穆斯林礼拜的朝向。我们每天5次向真主礼拜时，都要面向克尔白天房，天房在穆斯林心目中具有神圣地位。我在整个朝觐期间都心情激动，每次礼拜都泪流满面，我有太多的感想和体会。天下穆斯林是一家，每次礼拜结束我们都和自己前后左右的人握手道安。因为我们中间不知道谁最受胡达的喜爱，也不知道谁的都阿会被胡达领受，我们握手是为了沾吉和互相祝贺。朝觐

一起做乃玛孜的阿吉夫妇

是伊斯兰教念、礼、斋、课等功课的一个综合体，我在朝觐的过程中获得了双倍的善功，朝觐使我走上了光明的道路。在这里我就像见到了胡达一样，每天自觉地向胡达忏悔，恳求胡达赦免我的错误和罪恶。”从整个朝觐的过程看，阿吉和其他朝觐的穆斯林一样有着相同的目的和宗教体验。

我在阿吉家访谈时，他拿出从麦加带回的《古兰经》和戒服让我看。《古兰经》是阿、汉双语版的，是沙特政府送给这些朝觐者的。戒服已经洗得干干净净，叠放整齐。他说：“戒服要精心珍藏起来，作为自己去世时的克凡。”

以前艾外都拉阿吉信安拉，但不是很虔诚，平时不做乃玛孜，因为不知道是否有用。后来认识到自己罪过很多，一定要去麦加朝觐以洗去以前的罪过。《古兰经》中强调：“谁在不义之后悔罪自新，真主必赦宥谁。真主确是至赦的，确是至慈的。”（5：39）所以在麦加他尽力多做乃玛孜，祈祷说：“安拉，饶恕我吧。乞求你让家乡的每个人都过上好日子，让每个人有饭吃，让每个人都有钱花。”朝觐让他很受感动，一再说政府如果允许，他还要去。说到朝觐的好处时，他说：“朝觐回来就像是见到胡达以后又回到现世中一样。如果不去朝觐，我们不知道什么是对，什么是错。举例来说，别人偷的东西我们会吃，我们也会教唆别人去欺负人。”村里的人都说阿吉现在完全变了一个人。他更虔诚了，加倍履行善功；他心变软了，也不做屠夫了；他更热情了，更乐于助人了。

阿吉是村里施舍最多的一位穆斯林。他对施舍有自己的看法，他说：“你今年收了十袋小麦，送给贫困的人一袋，明年地里会产二十袋，因为你的收成洁净了，胡达回赐于你；明年产二十袋小麦，再给出二袋，后年能收四十袋。越不想给的人地里的收成越少。今年收了十袋小麦，不施舍，明年只能收八袋。收八袋就更不想给了。”

阿吉的妻子阿依木汗出生于 1963 年 1 月，初中毕业，结婚前就做 5 次乃玛孜。村里人对她的宗教修持有口皆碑。阿吉在朝觐前宗教功修不很严格，在妻子的影响下，阿吉认识到了自己的罪过，因此不断地加强自己的宗教功修。我在访谈时正好到了晌礼时间，夫妇俩先后做了小净，一起做乃玛孜。

阿吉只会做 5 次乃玛孜，不会诵读也不会背诵其他的经文。他告诉我，朝觐时念自己会念的经文即可。

阿吉的宗教水平不高。他没学过阿拉伯语，也不会读《古兰经》；给我看《古兰经》时自己没有做小净，而且主动拿给我让我看，这和其他宗教学识高的人士的做法完全不同。

后来就朝觐问题与多人访谈，大家一致认为，朝觐对有条件的穆斯林是必修的功课，应该完成这最后一项、也是最贵重的一项功课，因为朝觐的回赐是天园。如果不具备条件，力行拜功和封斋的回赐同样也是天园。

第二节　伊斯兰教加强仪式的延伸——肉孜节、古尔邦节

伊斯兰教的五功是穆斯林表明信仰和强化信仰的功课，来源于五功中的斋功和朝功的肉孜节和古尔邦节，因其悠久的历史渊源和丰富的思想内涵而长盛不衰，已发展成为穆斯林的两大宗教节日，成为培养加深穆斯林情感的桥梁，对于强化民族认同、传承民族文化具有至关重要的意义。

一、肉孜节

维吾尔族人称开斋节为肉孜节，在伊斯兰教历 10 月 1 日。伊斯兰教规定穆斯林在伊斯兰教教历九月全月斋戒，最后一天看新月，见月的次日即举行开斋，为肉孜节。节日前，每个家庭成员都要交“ramzan zakat”，接济穷人，在肉孜节举行会礼和庆祝活动。

个案：2005 年 11 月 4 号，开斋节。早晨阿依帕丽大婶家的成年男性穆斯林早早起床，做完小净，穿上干净整齐的衣服去村里清真寺做晨礼。晨礼后回到家中喝完早茶，纷纷骑上自行车、摩托车去巴扎主玛清真寺参加肉孜节会礼。我也随他们一起前往县城观看会礼。我们于 8∶20 分到达主玛清真寺，他们进寺参加会礼，我则在寺外观看。四面八方的穆斯林接踵而至，转眼间，清真寺殿堂内已经容纳不下，很快院子也跪满了会礼的人，到开始礼拜时，清真寺大门外面的马路上分排跪满了参加会礼的人。其中有年逾花甲的老者，有正当年的成年人，也有充满活力的年轻人，还可见到满脸稚气的少年。人们为着一个目的：履行穆斯林的宗教义务，尽善修德，为后世作准备。

肉孜节会礼

8：40“卧尔兹”讲演开始。喇叭里传出哈提甫悠扬的宣教声。宣教的主要内容是胡达是万能的，至慈至善的，每个人的功德和罪过胡达全部知道，所有穆斯林要行善积德，肉孜节期间给弱者、贫者、患者拜年，按时交纳天课。

9：30在买僧悠扬的唤礼声中会礼开始。9：50分结束会礼，接着又举行了殡礼。参加完会礼的人们有的直接去麻扎游坟，有的回家休息片刻再去游坟。游坟完后开始节日的庆祝活动，最为主要的是拜年。

拜年的阿依帕丽大婶一家

我随阿依帕丽大婶一家拜年走访了家住克乡的所有亲戚。家家摆满了节日的食品，有馓子、饼干、巴哈里①、薄馕、干果、糖果、凉粉和手抓肉。每到一家致节日的问候，然后喝茶、吃肉，做都阿告辞。这一天我们拜年拜了十几家。

二、古尔邦节

古尔邦节，内地穆斯林叫宰牲节。“古尔邦”是阿拉伯语音的译词，意为“宰牲”。古尔邦节在伊斯兰教历 12 月 10 日，庆祝活动以宰牲为主要内容。宰牲祭祀、感念安拉对人类的慈惠、培养穆斯林对安拉无条件的忠心并进而接近安拉是这一节日的内在意义。按教法，古尔邦节 1 个人应宰 1 只羊或 7 个人合宰 1 头牛（或 1 头驼）。

伊斯兰教规定教历每年 12 月上旬，符合条件的穆斯林要前往麦加朝觐，并举行宰牲仪式和庆典活动。朝觐的最后一天是古尔邦节，参加朝觐的人在米那山谷宰牲。相传，先知易卜拉欣夜间梦见胡达命他宰杀自己的爱子易司马仪献牲，以考验他对胡达的忠诚，易卜拉欣在生死考验面前表现非凡，决定服从安拉的旨意，忍痛杀子献祭；与此同时，易司马仪表现极为感人，愿意由父亲奉命行事。当易卜拉欣把刀架在易司马仪的喉咙上时，胡达派来天仙背来一只黑头羯羊作为献牲，代替了易司马仪。为纪念这一事件和感谢胡达的慈惠，教法规定，凡经济条件宽裕的穆斯林，每年都要举行宰牲仪式。在克村人们依家庭条件而定，宰牛、羊均可，绝大多数家庭宰羊。所宰之羊，须体壮形美。

个案：公历 2006 年 1 月 10 日，正值伊斯兰教历 12 月 10 日，也就是 2006 年的古尔邦节。克村的村民们早早地就起床了，因为加玛艾特要去本村的清真寺做晨礼，然后赶到县城的主玛清真寺参加会礼。其他成年男子也要去县城参加会礼。村里的晨礼在 8：50 结束。我于 9：00 赶到巴扎主玛清真寺。天蒙蒙亮，参加会礼的人有的步行，有的骑自行车，有的骑摩托车，有的乘拖拉机，大家都在奔向一个共同的地方，为着一个共同的目的——敬事胡达，感谢胡达。在赶往会礼的人流中，来了一支特殊的队伍，他们是抬

① 维吾尔族的传统糕点，传自俄罗斯。中间有各种果仁，如核桃，杏仁等，在蛋糕的表面上有葡萄干。呈深咖啡色，味香甜，营养极为丰富。

着 ʤinaza（抬尸架）来参加会礼和殡礼的人们。据说如果有人在星期五或者肉孜节、古尔邦节时去世，这个人会积很多功德。

我到那里时哈提甫已经在宣教了，清真寺的喇叭在清晰地广播着。“安拉至大”的声音多次萦绕在耳旁。喇叭中在宣教：“所有的穆斯林兄弟们，你们当在早晨和晚上赞颂安拉超绝万物，他是超乎他们的叙述的。祝众使者平安！一切赞颂，全归安拉——全世界的主。安拉啊！祈请你恩赐安宁与吉祥于我们的圣人穆罕默德及其眷属和敬畏与认知你的人们。祈请安拉多赐平安！穆斯林兄弟们，你们正处于神圣和吉祥不断的一天，也就是朝觐和献牲的节日。你们应当献牲来纪念你们的先祖易卜拉欣的圣行，因为安拉曾经于此日以令其宰杀心肝爱子易司马仪来考验他。”然后哈提甫讲述了古尔邦节的来历，并说：“宰牲已成为穆斯林应尽的职责，但贫穷的人们你们不要忧伤，因为圣人已经替你献过牲了。富裕的人，你当以献牲求接近安拉，你应当快乐。因为今天你做的任何善功都没有比宰牲更为贵重。”

会礼在9：45 开始，主玛清真寺里容纳不了如此之多来礼拜的人，寺门前的大路上站满了做礼拜的人，每人都带了 ʤajnamaz。10：00 会礼结束，接着为亡者举行了殡礼。

在清真寺大门前的路两旁，坐了两排乞丐，每人面前都有一块布单铺在地上，参加会礼的人给他们施舍少量的钱，这种施舍维吾尔语称作“hɛq”即“费用”。据说给这样的钱，在最后的审判时有荫庇。最多的给一元，最少的给一角，绝大多数是给两角和一角的。乞丐们口里不停地说：“χudajim rɛχmɛt qilar。”（胡达回赐于你）“χudajim teniŋizni salamɛt，ømyriŋizni uzun qilar。”（胡达赐你身体健康，长命百岁）“ølyp qalʁan ata - aniŋizniŋ hɛqqidɛ sɛdiqɛt beriŋ。”（为你去世的双亲施舍祈福吧）“baʃ - køzuŋizgɛ kɛlgɛn hɛqqidɛ sɛdiqɛt beriŋ。”（为你的幸福施舍吧）没多长时间每个乞丐前都有了小山似的一堆钱。施舍的人们如果没有零钱，可以自己在乞丐面前的钱堆里换，而无须打招呼。如果你手里有一元钱，只想施舍一角的话，完全可以放一元钱，自己再找回九角，没人笑话你。我在乞丐队伍后面站了大约有二十分钟，看到这种情况，起初非常好奇，怎么施舍还有找零的？后来逐渐明白了，这样可以给每个乞丐都施舍一些，同时也不至于给一个乞丐给得太多，引起乞丐内部的矛盾。

参加会礼时施舍的人们

会礼结束后，男人们有的去麻扎游坟，有的赶回家宰牲。宰牲象征着教徒的供奉之心和慈悲之心。问及村民为什么在古尔邦节必须宰牲，他们说："qurban hejtta ʧoqum qan qiliʃ　kerɛk. qan qilmisa bolmajdu."（古尔邦节一定要见血，不见血不行）很多村民都给我讲易卜拉欣的故事，并且说如果易卜拉欣宰了他的儿子，说不定现在古尔邦节时我们就要献自己的儿子了。

我的房东艾合买提力提普阿洪和他的儿子克里木阿洪参加完会礼，回到家后，在等邻居图地阿洪来帮忙宰牲①。艾合买提力提普阿洪和克里木阿洪都说不敢宰牲，原因是害怕。每次家里要宰牲都是图地阿洪或者艾合买提力提普阿洪的哥哥来动刀宰杀，剥羊皮时艾合买提力提普阿洪才搭把手干，他说羊死了就不害怕了。

图地阿洪今天很忙，他先去母亲家宰羊，然后又去帮邻居宰羊，回到家后又给自己家宰羊，最后才轮到艾合买提力提普阿洪家。这时已经是下午1：00了。

艾合买提力提普阿洪和儿子从羊圈里拉出一只6岁的土公羊，把脚绑

① 伊斯兰教认为天地间一切都归真主，而世间万物的生死，也由真主安排。所以，人无权宰杀任何动物，除非以真主的名义而宰。宰牲前必念"台斯米"，即"奉至仁至慈真主的名义。安拉至大!"以此表示此牲已归真主，同时宣布此物合法可食，否则，不可食。伊斯兰教法规定，凡是穆斯林，会念台斯米，懂得宰杀技术，并有一定宗教操守，即可持刀屠宰。屠宰时要求必须将动物的血管、食管、气管全部割断，使动物的血流得净、死得快，减少动物的痛苦。

好，撂翻在地，家中的每一个人都把手放在羊身上①。这时图地阿洪开始念“台斯米”。一刀下去血管、食管、气管三管齐断，血汩汩流淌进事先挖好的坑里。穆斯林是不吃动物血的，而且血也不能暴露在外，让太阳直射。

锅架好了，炉子里的火正旺，图地阿洪把肉解成大块，放进锅里煮。不多时煮肉的香味溢满屋子。宰完羊后，家里的女人们又有活干了，她们开始收拾羊杂碎，这事很麻烦，但大家乐意为之，说着、笑着、干着，其乐融融。

按照当地的习惯，第一天是给亲戚拜年。下午我跟随他们全家一起去亲戚家拜年。太阳暖暖地照着大地，因为亲戚住得不远，我们步行去了家住克村三组的艾合买提力提普阿洪的二哥家，本队还有三家亲戚，他们是艾合买提力提普阿洪的侄子家。拜年的速度很快，进屋落座后，先做都阿然后说：“祝节日快乐！”寒暄几句，由客人中威望最高的男士把摆在桌上的已煮熟的肉分成小块，每人吃块肉，再吃点桌上的其他东西就可以说“阿敏”告辞了。平时在家中只要没有客人，吃完饭一般是不做都阿的，这同我在勒村居住的情况相同。在节日里一些宗教习惯得到加强。

2006 年 1 月 11 日，是古尔邦节的第二天，我要和加玛艾特一起在村里挨家挨户拜年。早晨 7：50 起床，洗漱完毕，8：30 进寺。此时加玛艾特绝大多数已进寺在做乃玛孜。8：40 集体礼拜正式开始，做完乃玛孜加玛艾特分成四组拜年。我跟随伊玛目这一组拜年。

村子的清真寺叫“克村第一、二组清真寺”，可以看出本寺的辐射范围为克村一、二组的村民。一、二组共有 196 户人家，如果加玛艾特集体挨家挨户拜年的话，最快也需要两天时间，这样很多人就不能做自己的事了。因此，伊玛目将加玛艾特分成四组。第一组由伊玛目买买提艾合买提阿訇带队，第二组由伊斯买提买僧带队，第三组由艾外都拉阿吉带队，第四组由阿拉帕特喀力木负责，分别在自己居住的街巷拜年。我跟随伊玛目买买提艾合买提阿訇这一组拜年，在属于我们拜年的街道除一家没人外，我们共拜访了 36 家。我们这组加玛艾特成员在出寺时只有 7 人，每到一家，家里的男主人便跟随我们一同拜年，拜了两家后村长和村会计也加入我们的行列，不多时，村委会唯一的汉族干部刘副村长也成为我们的一员，到最后成为 30 人

① 当地人这样解释古尔邦节宰牲时全家人都必须将手放在羊身上的原因：古尔邦节宰牲的善功比做任何事的善功都大，在复生日所宰之牲将以其角、毛和蹄全貌出现，在后世过架在火狱上的天桥时，如果过不去，古尔邦节时宰的羊的羊皮可以送我们顺利通过，所以我们连一根羊毛都不拿，如果这张羊皮缺一根毛，到时就不能驮我们过去。我们的祖先就是这样做的，手放到羊身上说：“alla ɛkbɛr。”

拜年的加玛艾特

的庞大拜年队伍。其实加玛艾特拜年本是对寺民的一种宗教关怀，但我们可以看出，其中融合进了多种成分，世俗的关怀加入其中，不同信仰的人们之间的情感关怀也在其中，可以说，在人们生活中已经不能完全清晰地划分宗教与世俗的界限。

拜年到二组三十二号时伊玛目念尼卡[1]，这种仪式叫 nika jeŋiliʃiʃ。二组三十二号的夫妇结婚已经 15 年，每年古尔邦节加玛艾特拜年时都让伊玛目念尼卡，因此他们没有发生过大的矛盾，家庭关系很好。

拜年时伊玛目命名

伊玛目给多病的孩子改名

① 阿拉伯语音译词，意为“结合”，指伊斯兰教的证婚仪式，即在婚礼上阿訇念尼卡经，证明婚姻在宗教上的合法性。在克村有三种情况念尼卡：①婚礼上；②夫妻两人闹别扭后，念尼卡让其和好；③每年古尔邦节加玛艾特拜年时念尼卡，这种尼卡叫 nika jeŋiliniʃ 。可使夫妇两人感情更亲密，家庭关系和睦，家里事事如意，六畜兴旺，财源广进。

拜年到二组五号亚森喀力木家，买买提艾合买提阿訇给他的孩子命名，这是因为亚森喀力木一再交代父亲，加玛艾特拜年时一定要让阿訇命名，当然命名礼上还要象征性地唤名。从这个个案可以看出命名具有多次强调穆斯林身份的功能。

拜年时在伊玛目的母亲家和伊玛目自己家，喀斯尔如扎洪念经祈祷，表现了加玛艾特对伊玛目的尊重。

宗教仪式是宗教的主要表现形式，即“行动中的宗教”。它的主要功能是减少焦虑和维持较高的信心。维吾尔族人的宗教行为以伊斯兰教的五功为核心内容，这些神圣实践是伊斯兰教要求穆斯林必须履行的宗教功课，这些功课有形式有内容，有分有合，有一般状况也有高潮，每日有安排每年有要求，浑然一体，程序与内心相互浸染。它们操作各有不同，时间也有差异。时刻不可离者，念功；每天五次者，五时拜；每周一次者是聚礼；每年一月的是斋功；终生一次的是朝功。这些功课体现了信众对安拉的敬畏之心和虔信之心，巩固了信仰，强化了安拉独一的观念。

“宗教价值中很大部分来自它的律令和规则要求的各种活动。参加宗教典礼可能带来一种个人振奋感——一种安慰、安全感甚至狂喜的情绪浪潮——或者与其他参与者的亲近感。”① 伊斯兰教宗教行为强调群体性，念功是在众人面前，五功最好在清真寺做，尤其是聚礼、会礼的群体性更为明显，宗教情感固定在激发它生成的群体之中。这种群体行为强化了宗教信仰，产生了群体情感，而群体情感有益于社会整合。“一个社会要想意识到它自己，要想将其情感维系在一种必要的强度之上，它就必须定期地集合和集中它自身。这种集中导致了对精神生活的提升，而精神生活采取的是一组理想观念的形态。”宗教仪式的真正意义在于，“首先，仪式将氏族的人民集中在一起；其次，在集合的场合集体性地举行仪式可以在氏族的人民中更新其团结感。仪式产生一种欢腾，在这种欢腾中，所有个体的感觉都不复存在，人民觉得他们自己作为集体存在于并贯穿于神圣的事物之中。但是，当氏族的人民分开之后，团结感便会慢慢消退，并且必须时不时地通过另外一次集会和仪式的重复而得到恢复，在这样的集会和仪式中，群体再一次重申自己②。”

---

① ［美］威廉·A. 哈维兰：《文化人类学（第十版）》，瞿铁鹏、张钰译，上海：上海社会科学院出版社2006年版，第393页。

② ［英］E. E. 埃文斯—普理查德：《原始宗教理论》，北京：商务印书馆2001年版，第75页。

伊斯兰教的传统宗教节日是穆斯林文化的重要载体和集中展示方式，它具有特殊的意义，它所承载的文化内涵会被周期性地反复发扬和强化并世代相传，成为穆斯林追求的一种崇高的精神境界。由伊斯兰五功发展演变来的传统宗教节日展示了穆斯林对伊斯兰文化的最大认同，并进一步固化了伊斯兰教信仰，使世俗生活神圣化。肉孜节和古尔邦节的会礼、加玛艾特的拜年活动以及亲戚邻里间的拜年凝结着穆斯林之间的手足情义和道德价值观念，以集体形式表达对安拉的信仰，加强了穆斯林的团结，体现了伊玛目和加玛艾特对村民宗教生活的关心，增进了邻里的了解，加强了血亲、姻亲之间的团结和关爱，增加了社区的凝聚力。

第四章　维吾尔族的宗教组织

为确保宗教经验的连续性和有效性建立的宗教组织是宗教构成的基本要素之一，它的建立是宗教社会性的表现。宗教组织将宗教信徒组织起来使宗教行为规范化、机构化和制度化，并使宗教教义、信条公众化和社会化。它对“宗教信仰者及其宗教观念、宗教体验和宗教行为起着凝聚和固结的作用，保证宗教这种社会现象作为社会结构的一部分而存在于社会之中。”[①] 宗教组织具有重要的意义，处于宗教核心地位的宗教意识通过宗教组织形成一个宗教的社会实体，宗教的其他构成要素以宗教组织为依托发挥着自己的功能。宗教组织维持着社会现状，捍卫了公认的社会秩序和生活方式，强化了传统道德标准和价值取向。

本章主要探讨宗教神职人员以及维吾尔族宗教生活中的一个特殊群体——加玛艾特在乡村社会中的意义和作用，以期进一步阐释维吾尔社会的运行机制。

第一节　宗教神职人员——伊玛目、买僧

在克村，伊玛目、买僧是核心的宗教职业人士，一个清真寺有一个伊玛目和一个买僧。

一、伊玛目的选任

伊玛目是伊斯兰教徒宗教生活秩序的维持者，主持清真寺内的一切宗教活动，如带领信众做礼拜、祈祷、念经，解释教义、教规，排解教民纠纷，

---

① 吕大吉：《关于宗教本质问题的思考》，载《中国社会科学》，1987 年第 5 期，第 94 页。

遇有婚葬之事为教徒诵经，维护社会和宗教秩序，执掌教法和主管寺内的财务和财产。伊玛目一般都受过专门训练，拥有较多的宗教知识，并且合法地独揽对宗教的解释权。在克村人们说到伊玛目时都用 aχonum（我的阿訇）一词，以示对伊玛目宗教学识的肯定与赞赏。

买僧是协助伊玛目处理宗教事务的人士，主要职责是呼唤信徒做礼拜和主持礼拜仪式开始等，此外，还兼管寺内杂务和对外联络。买僧的选任基于自愿与教民的推任。

就伊玛目的选任标准，笔者分别访谈了克村三个清真寺的伊玛目。一、二组清真寺伊玛目买买提艾合买提阿訇说：能背一卷《古兰经》，衣着整齐，不与妇女开玩笑。三组清真寺伊玛目亚森阿訇说：声音好、记忆力好、人缘好、宗教知识最多才行。四组清真寺伊玛目艾海提说：背三卷《古兰经》，并能读十五卷《古兰经》。

从三个伊玛目的回答中我们可以得知：做伊玛目的首要条件是在本村具有最高的宗教学识，同时要有良好的道德品质和整齐得体的衣着，他们要以自己特殊的生活方式和外表装饰来作为其神圣性的外部标志。我们也发现，年龄越大的伊玛目对宗教学识的要求越低，而对生活作风的要求越高。

二、克村的伊玛目和买僧

克村有三个清真寺，这样也就有三个伊玛目和三个买僧。本节重点介绍一、二组清真寺的伊玛目、买僧及清真寺会计的个人及家庭情况，同时兼及三组和四组清真寺的伊玛目，通过对这些宗教职业人士及其家庭的描写，展示克村宗教修持最为严格的个人和家庭的宗教情况。

（1）萨伊普斯马依，人们都叫萨伊普喀力木，一、二组清真寺前任伊玛目。1936 年 5 月 28 日出生于克村，其父 20 世纪 30 年代来到克村垦荒种甜瓜。萨伊普喀力木从 7 岁（1943 年）开始在巴扎麦提托乎提阿訇、卡马里定哈吉等处学习宗教知识。1951 年父亲去世，辍学。从 1951 年至 1984 年，从事一些宗教活动。现在能通读《古兰经》，背其中的三卷，但不能翻译。1984 年，开始主持清真寺工作，2004 年退休。他家承包了 11 亩地，种了 5 亩小麦，6 亩棉花。萨伊普喀力木每天做五次乃玛孜，做完后有空就读《古兰经》，每天读一卷，一个月通读一遍。晨礼在清真寺做，周五去巴扎做聚礼。在我做调查的那一年封了 30 天斋。斋月在清真寺做 3 次礼拜。统战部每月发 219 元生活费。

念赞珠的哈丽旦木老人

哈丽旦木艾合买提，萨伊普喀力木的妻子，1944年4月9日出生，上过8年学，她是访谈中此年龄段上学最多的一位女性。当年初中毕业考上和田师范，因家境贫寒而失学。从小跟父母学经。母亲宗教学识很高，是个毛拉，能读《古兰经》，外出戴面纱。如果谁家有人过世，其母去诵《古兰经》，诵读得非常好。其父也是伊玛目。2005年11月24日下午，去伊玛目萨伊普斯马依家访谈，伊玛目不在家，哈丽旦木艾合买提在家，正做小净，准备做晌礼。我对老人说："没关系，您先做乃玛孜，我在旁边坐一会儿。"老人客气了一下，采纳了我的建议，自己开始做乃玛孜。做完后，我们便开始聊。老人性格开朗，为人和善，我们很快就成了朋友。老人送我一串 tɛspɛj，并且说她有时间一定上巴扎买一顶 kiʧik tɛlpɛk[①] 送我。她再三嘱咐我回乌市时一定要告诉她，她要打 kaqʧa 馕[②]，送给我的母亲。

哈丽旦木艾合买提老人每天做五次乃玛孜，当年封了30天斋。她说，乃玛孜做得越多，善功越多。

哈丽旦木艾合买提老人告诉我，他们夫妇俩有亲戚关系，两人的母亲是 nɛwrɛ tuqqan（三代血亲）。1957年，15岁时萨伊普喀力木去于田接亲，他们共宴请了3次客人，一次是在于田女方家里，一次是在萨伊普喀力木父母家，一次是在自己的家里。老人说到这里很自豪。他们结婚已经40多年，夫妻关系很好，是一个值得称赞的个案。

他们有三个孩子。大儿子是乡里的兽医，在宗教修持方面要求严格，每天在家做晨礼，当年封了30天斋。老人不同意儿子在县城买楼房，那样离老人太远，现在儿子的房子和老人是前后院。第一个儿媳是买买提吐尔逊阿洪的妹妹，在生下第二个儿子六天后得产后风去世。大孙女由买买提吐尔逊阿洪的妈妈吐尔逊汗收养，小孙子由萨伊普喀力木收养。现在的儿媳是一个

① 一种小帽，维吾尔族中老年妇女戴在头巾外面，在新疆和田地区较为流行。

② 一种薄而宽展的馕，直径有50厘米左右，据说只有且末的维吾尔族的妇女能打出这样高水平的馕。

大毛拉的女儿，在家务农，她非常尊敬老人，两位老人对她很满意。

大女儿36岁，在乌鲁木齐做生意，有二男二女。女婿去年去世。女儿每天做五次乃玛孜，当年封了30天斋。两位老人都不愿意去乌鲁木齐市女儿家，主要原因是不习惯楼房里的坐式马桶，老人形象地把上厕所比喻为象骑自行车一样，实在是难受，解不出来。

二女儿因为事多，每天做晨礼，封斋也是断断续续。

孙子乃比阿洪，出生六天后失去母亲，现在已21岁，在县棉花厂工作。问他现在有对象吗，他说爷爷让他找一个老实、穿裙子、做五次乃玛孜的姑娘，他说现在这样的姑娘的确不好找。

萨伊普喀力木的家庭在克村是宗教功修比较严格的家庭，他家的姻亲也都是宗教氛围比较浓厚的家庭。像他大儿子这样一边工作一边维持这种严谨的宗教生活的年轻人在且末县也不多，这与父亲是宗教职业人士有直接关系。

（2）买买提艾合买提阿訇，现任克村一、二组清真寺伊玛目，出生于1949年。读过两年国民教育，4年宗教教育。20世纪80年代跟托乎提大毛拉、艾拜都拉哈吉学习宗教知识。除《古兰经》外他还读过四本宗教书籍。小时候能背六卷《古兰经》，现在只能背第一卷、第二十九卷和第三十卷了。能通读《古兰经》，但翻译不了，自己说最多只能翻译2%的内容。在清真寺做了20多年的qoʃ umʧɛ伊玛目[①]，做正式伊玛目3年了。每天做5次乃玛孜，晨礼在清真寺做，其他4次乃玛孜在家做。斋月期间，每天在清真寺做3次礼拜。他爷爷以前是于田的大阿訇、阿吉，带塔里甫，同时经商，于35岁时来到且末从事宗教职业。外祖父是商人，也是大阿訇。

克村一、二组清真寺的伊玛目

买买提艾合买提阿訇有1个女儿3个儿子。女儿22岁，离婚后于2005年12月再婚，丈夫每天做五次乃玛孜。大儿子吐尔逊江21岁，初中毕业，妻子是克村四组清真寺买僧的女儿，婚姻由双方父母包办，成婚的主要条件是相同的宗教修持。小儿子买买提敏，17岁，小学毕业。3个孩子都会做乃

① 协助伊玛目工作的助理伊玛目或副伊玛目。

玛孜，但不是很严格，不忙时做5次，忙时只做1次。

（3）亚森·阿不力米提，三组清真寺的伊玛目，1976年4月出生，是本村最年轻的伊玛目。1993年初中毕业，1993年和1994年跟一、二组清真寺的前任伊玛目萨伊普学经一年半。能背《古兰经》第一章和第三十卷，但不会解经，他对我解释说：阿拉伯语是世界上第一难学的语言，然后就是汉语。2003年，三组清真寺的伊玛目病逝，三组加玛艾特和村委会商量决定由亚森·阿不力米提担任伊玛目。2005年5月，在库尔勒参加培训，主要培训内容是党和国家现行的政策以及反分裂教育。自称1992年以前非常爱玩，不遵守教规。后来知道那样做是有罪的，便改邪归正，成为一名宗教人士。他的宗教学识和人品很好，得到了村民的认可。三组有40多户人家，在他担任伊玛目之前，三组的加玛艾特成员只有三四个人，而现在加玛艾特成员就有近20人。

（4）艾海提伊玛目，生于1963年，初中毕业。1984—1986年跟本村穆明阿訇学经，1987—1989年在县城跟乌斯满阿吉学经，能背15卷《古兰经》。1992年，在巴扎主玛清真寺参加了伊玛目培训班。妻子古丽孜莱汗，生于1980年，1998年与艾海提伊玛目结婚。妻子上过七年学，小时跟哥哥（喀力）学经。会做5次乃玛孜。在我去调查的那一年封了全斋。

艾海提于1996年，在前任伊玛目病重不能主持寺里的工作时担任了四组清真寺的伊玛目。任四组清真寺伊玛目之前家住一组，在一组清真寺做乃玛孜。2002年，在四组建房，搬了过来。2001年接任麻扎谢赫[①]。

艾海提是本村三个清真寺伊玛目中收入最高的人。他是城镇户口，每月有107元的低保；在麻扎专职往 sykɛ（偏洞）里安放尸体，然后为亡者念《古兰经》，念一夜经政府给他20元，亡者亲属能给20～40元钱；游坟的人因为不会经文请他去念经，这样每次也有2～10元的收入。当然生活非常贫穷的人也不给钱，他说给不给钱不是主要的，胡达会给功德的。他对妻子现在每天不能做5次乃玛孜是这样解释的：做乃玛孜的人一定要衣净，衣不净做乃玛孜是对胡达的不敬，现在小孩太小，经常把尿撒在妻子的衣服上，因此无法始终保持衣净，所以早晨净身换衣后只做1次乃玛孜。艾海提一边种地，一边承担着多种宗教责任，得到了村民的好评。

（5）伊斯麦提阿訇，一、二组清真寺的买僧，于1947年6月出生于克

① 伊斯兰教对教内有名望或有地位的长者、教师、学者的尊称。近代以来，已用以专指负责麻扎的管理者。在克村指在麻扎专职提供丧葬服务的宗教人士。

村。读过三年国民教育，经文是自学的，所以《古兰经》读得不是很流利，他有一本阿拉伯语的《古兰经》，每天有时间就读，但是也只是读而不知其义，他自己说这里懂经文的人很少。伊斯麦提阿訇担任清真寺买僧已经 17 年，清真寺大门的钥匙一直在他这里，他每天必须早早到清真寺，高声呼唤礼词，冬天还有生火的责任。他每天做 5 次乃玛孜，当年封了全斋。每逢周四，做完晨礼，喝过早茶[①]必去父母坟头念经祈祷，30 多年坚持不辍。他说以前女人不去游坟，因为控制不住自己而哭泣，这样是对胡达的安排不满意，对亡者不好。伊斯麦提买僧的宗教知识和水平在村里算高的，他知道清真言和台斯米的意思。他对我说自己在礼拜时感到一种压倒一切力量的圣威存在，而且从心底敬畏令人沉醉的神圣，礼拜时的愧疚、恐惧、臣服、归顺使他感到自己的渺小，自己仅仅是一个小小的生物而已。他也乐于为加玛艾特服务，如像冬天每天早晨去清真寺生火这一类的事。这两年因年纪大了，想让别人接替，但没人主动承担生火的义务。

清真寺的买僧

妻子在十多年前嫌家境贫寒离家而去。伊斯麦提买僧既当爹又当妈，辛苦拉扯大两个女儿。大女儿已经初中毕业，每天跟父亲学经、干农活，她每天做一次乃玛孜，当年封了全斋。二女儿正读高中，学习非常好。伊斯买提买僧于 2004 年，在村里加玛艾特的帮助下，与本村的艾丽姆汗结婚，后因为妻子与孩子相处不好，又离婚了。

（6）喀斯尔如扎洪，出生于 1958 年 8 月，2004 年成为一组清真寺的出纳。他于 1969 年从于田来到且末，1994 年迁到克村。起初在家做乃玛孜，后来伊玛目看他会读《古兰经》，就让他去清真寺做乃玛孜。在他家见到的《古兰经》已经被他读破，他几乎每天都要读，只有夏天实在太忙时才会停下不读。他告诉我，读《古兰经》善功很多，小时能背六卷《古兰经》，现在只能背两卷了。他是全村唯一一位拥有两本《古兰经》的人，一本是十

① 喝茶，维吾尔族人的喝茶不同于汉族人的喝茶。一般是用砖茶沏一壶滚烫的茶，边吃馕边喝茶，相当于一顿饭。在克村，村民们的一日三餐基本上是两顿茶一顿饭。农忙时有的人家两天做一顿饭，其余五顿都是喝茶。

几年前在巴扎上买的，八开本；一本是小女儿从库尔勒买回的袖珍本。他知道清真言的意思，但不知道台斯米和大赞词的意思。

从对克村所有伊玛目和一、二组清真寺买僧和出纳的调查访谈中，我们可以看出，和新疆其他地区相比，整个村子的宗教人士的宗教学识普遍都不高，但相对于村民来说他们是本村宗教学识最高的人群，而且他们的宗教修持也最为严格。

伊玛目的宗教学识在他们的宗教生涯中具有非常重要的作用，他们以自己的才华和魅力将信众和安拉联系在一起，构筑了安拉—伊玛目—加玛艾特这样一个信仰体系。在调查中发现伊玛目的宗教学识与人品直接影响村民的信仰行为。

克村一、二组清真寺每天只做一次乃玛孜与前任伊玛目的宗教学识有直接关系。在他执掌清真寺时期，加玛艾特成员最少时剩下 3 个人，但有一段时间加玛艾特成员较多，那是被村民们公认为宗教学识最高的阿拉帕特喀力木主持讲经的时期。阿拉帕特喀力木在小学还没有毕业时，就外出学经，长达十年之久。1993 年，回到村里后经常在清真寺、村民家里讲经，听课的人很多。我居住的村民艾合买提力提普阿洪家的儿子克里木阿洪就是在那个时候学到了很多宗教知识，而且每天都去清真寺做乃玛孜。2004 年前任伊玛目退休，由买买提艾合买提阿訇接任，加玛艾特成员又逐渐增加。

个案：克里木阿洪给我讲了这样一个例子，来说明宗教职业人士的宗教水平在职业生涯中的重要性。他说："就拿抽烟这件事来说吧，萨伊普喀力木说你们不要抽烟，抽烟有罪。凡是与教义相背的事，萨伊普喀力木就说这样做有罪。阿拉帕特喀力木是这样对我们说的：胡达要求我们不抽烟，因为抽烟首先对身体不好，抽烟的人容易得病；再说抽烟污染环境，使不抽烟的人很难受；抽烟的人做小净时不能洗净嘴里的烟味，带着烟味做乃玛孜是不行的。抽烟没有好处，大家还是不要抽烟。我们都爱听他上课。"

由此个案可以看出，宗教职业人士的个人观念、行为规范在宗教与社会相适应方面起着导向作用。他们具有凝聚信众的作用，他们以自己的宗教学识、德行，吸引信众聚集在自己的身边从事宗教活动。因此，学识和德行成为评判一个伊玛目是否称职的唯一标准。

第二节　信众中的特殊群体——加玛艾特

信教群众是宗教组织的基础，没有信众就没有宗教组织。在维吾尔族人的信教群众中有一个特殊的群体，他们就是加玛艾特。本节重点介绍加玛艾特这一宗教群体的形成、在克村的活动和所发挥的功能。

一、加玛艾特的形成

加玛艾特是信众以清真寺为活动圆心，以伊玛目、买僧及部分有威望的村民组成的清真寺民主管理委员会为核心，由信众在自发自觉的宗教活动中围绕伊玛目形成的一个非固定的区域性宗教团体，它是维吾尔族社会中伊斯兰教的载体与代表。

加玛艾特是一个群体概念，它没有严密的组织形式，结构非常松散，只要进清真寺礼拜就会成为加玛艾特的一员，因此加玛艾特成员的数目相对不固定。

田野调查期间，我曾多次数过克村一、二组清真寺的加玛艾特人数：2005 年 11 月 26 日，因为买买提吐尔逊阿洪这天为外孙女举行命名礼，所以来做晨礼的人比往常多，礼拜结束时我在清真寺门前数了一下，有 34 人，其中还有从乌鲁木齐来且末探亲的 3 人。11 月 29 日，有 21 人来清真寺做乃玛孜。12 月 1 日有 28 人，其中一位来自乌鲁木齐。2006 年 1 月 11 日，有 46 人来清真寺做晨礼，这天人多的原因是晨礼后加玛艾特成员要集体拜年。据伊玛目和村民们说夏天因为农忙，人数一般在十五六人，最忙时只有三四人。斋月是一年中人数最多而且持续时间最长的时期，大约每天都有 30 来人，斋月后加玛艾特人数又会逐渐减少。克村一、二组共有 196 户人家，人口数为 661 人。相对于这么庞大的数目，加玛艾特成员的人数偏少。买买提艾合买提伊玛目这样解释加玛艾特成员人数少的原因："加玛艾特成员一般都是年龄比较大的已婚男性。年轻人，特别是刚结婚的年轻人，他们晚上看电视，早晨起不来，所以不来清真寺做礼拜。"他把人少的原因归结为世俗生活对其所带来的冲击。有些村民认为加玛艾特人数少与伊玛目的宗教学识和人品有关。

在维吾尔族社会只要有一座清真寺，清真寺有伊玛目，并有一定数量的信教群众去礼拜，就会围绕清真寺形成一个加玛艾特。加玛艾特常以集体的形式参加在节日、婚丧嫁娶等诸活动中的宗教仪式。加玛艾特有共同的活动、一定的结构、共同的价值取向和规范，并具有较强的群体意识。他们通过宗教功修在村民中享有较高的威望。

二、加玛艾特的活动与功能

加玛艾特的价值取向和规范建立在以《古兰经》《圣训》为核心的伊斯兰文化价值观和规范的基础上。村民告诉我，清真寺只要有两个以上的人一起礼拜，就可以形成一个加玛艾特。“集体拜胜于单独礼拜二十七个品级。”“参加集体拜功的人超过在家或街上 1 个人礼拜的 25 倍。”① 伊斯兰教十分提倡人们聚众形成加玛艾特礼拜，认为集体礼拜而记的善功远远大于独自一人做礼拜，为去清真寺与加玛艾特一起礼拜而迈出的每一步都要记很大的善功，所以，注重功修的村民都积极去清真寺礼拜。

加玛艾特参加的活动主要有以下几类。

（1）克村加玛艾特在清真寺从事的神圣活动主要有：每天的晨礼，斋月的昏礼、宵礼和特拉维赫拜，还有殡礼。这一围绕伊斯兰教的共同信仰与宗教义务开展的神圣活动发挥着固化宗教信条、整合社会、维持社会秩序、稳定社会以及规范道德行为等多种社会功能。

加玛艾特的形成是以在清真寺集体从事宗教活动为首要条件，而集体参加村民的世俗活动是加玛艾特参与和融入社区生活的另一重要方面。

（2）加玛艾特积极参加多种人生通过仪式，维护着传统的文化习俗并巩固了民间习俗中以伊斯兰教为内容的仪式和活动。

他们参加的通过仪式有：命名礼、割礼、婚礼、葬礼等。

在命名礼上，婴儿的父母请本村清真寺德高望重的伊玛目为孩子命名，命名仪式在全体加玛艾特面前举行。主人给伊玛目一定的报酬，在克村，经济条件好的人家给 20 元，一般人家给 10 元，同时请参加命名仪式的加玛艾特一同参加宴席。

维吾尔族人在为自己的孩子做完包皮切割术后，举行一次如同婚礼规模大小的割礼，宴请村里所有的人。当日晨礼后，加玛艾特成员被请来入宴，

① ［阿拉伯］叶哈雅·脑威选编，穆萨：《穆斯林的修养——脑威圣训精华》，伊布拉欣，伊利雅斯合译，《伊斯兰教典名著译丛》编委会 1996 年版，第 201 页。

成为割礼上的首批客人，加玛艾特离席后，村里其他人才来入宴。

婚礼当天，晨礼后，加玛艾特被请来吃第一道婚礼抓饭。举行婚礼时，证婚词由伊玛目念。

伊玛目和加玛艾特必须参加葬礼和乃孜尔[1]，为亡灵念经祈祷。村里如果有人亡故，伊玛目和买僧等人最先去亡者家里帮助料理后事并对亡者亲属进行安慰，然后加玛艾特在离亡人故去时间最近的晨礼后集体去亡人家里做祈祷，安慰亡者亲属，并告诫他们不要号啕大哭。他们说：号哭表明不愿接受安拉的前定。他们帮忙准备亡祭，并按时参加殡礼，然后所有加玛艾特成员及亡者的男性亲属一同去麻扎埋葬亡人。安葬后的第二天早晨加玛艾特要去麻扎念经做都阿，祈求安拉饶恕亡者的罪责。乃孜尔的主要目的是布施，因此，每次乃孜尔都要举办宴席，在举行该仪式时，很多事务都要由加玛艾特成员一手料理。

在所有的仪式上，宴席的第一道抓饭一定是先招待加玛艾特，加玛艾特离开后，村里其他不去清真寺礼拜的男人们和提着礼物的妇女们才来赴宴。

加玛艾特的存在，不仅与伊斯兰教价值体系占统治地位有着密切的关系，更与伊斯兰生活方式主导世俗生活有密切关系，其根本原因在于伊斯兰教同世俗生活的紧密相连。

（3）加玛艾特参与调节民间纠纷、探望安慰病员、资助贫困人家和抚慰孤儿等各项世俗事务，加强和巩固了大卜穆斯林是一家的思想，为社会的稳定和发展做出了贡献。

个案 1：艾则孜因车祸去世，他也没有亲戚，留下遗孀和三个女儿。该过周年乃孜尔了，但家中经济困难，无法举行。加玛艾特商量决定清真寺出 200 元，阿吉自愿捐 50 元，买买提吐尔逊阿洪送了 10 千克清油，巴扎的宰夫捐了 300 元，其他加玛艾特成员又捐了部分资金，共筹集到 800 元钱，为艾则孜举办了周年乃孜尔，告慰了亡灵。

个案 2：孤寡老人买买提库万是 1952 年来到且末的。他生活非常困难，妻子因之与他离婚。年老时村里将他安置在养老院，村委会每年给他 1500 元生活费。他两年前去世，邻居、加玛艾特去为他洗尸，举行了殡礼和 razi

---

① 维吾尔族人纪念亡人的祭奠仪式。

qiliʃ [1]仪式，然后抬往麻扎安葬。后加玛艾特集资捐款为他过了乃孜尔。

在克村，村民如果得了重病，伊玛目率领全体加玛艾特前去探望，有时伊玛目领读，全体加玛艾特跟读，念经祈祷请求安拉赐予病人安康。村民们认为患者被探望的次数越多，病情就越会减轻，病就好得越快。他们说这样做是圣行，穆圣教育穆民如果教胞有病，一定要探望，探望患者可以获得真主的恩慈，同时探病能治人心病。因为人生在世，很多人追求名利而忘却敬主，探视患者，虽不能断却追求名利之心，但可以冲淡此心。

（4）加玛艾特在肉孜节和古尔邦节前往本村各家各户拜年，在拜年的过程中举行多种仪式，这些仪式充分证明了以加玛艾特为表征符号的伊斯兰教在维吾尔族人社区具有的社会地位和所发挥的整合社会的功能。加玛艾特的拜年活动强化了村民的伊斯兰教信仰，增强了村民的归属感。笔者在克村进行田野调查期间，全程参与观察了加玛艾特的拜年活动。加玛艾特在拜年的过程中，一对结婚15年之久的夫妇请伊玛目在加玛艾特面前为他们重念了尼卡，他们美满的婚姻得到了加玛艾特的祝福和见证。有一户人家请伊玛目在节日为自己出生20天的孩子命名，还有一家请伊玛目在加玛艾特面前为孩子改一个取自伟大的书[2]中的名字，这些活动在这样神圣的节日和公众面前举行，喻示着伊斯兰教在世俗生活中的神圣主导地位和村民对加玛艾特的尊重。

加玛艾特在村民中有相当的威信，其威信的树立不仅因为他们虔诚的信仰、严格的功修、规范的道德等方面的原因，更重要的是加玛艾特对该社区宗教事务的热心参与及对群众需求的尽力满足，体现了伊斯兰教这种宗教文化在维吾尔族农村占主导地位的特征。村民们经常用“他去清真寺做乃玛孜呢”这句话表达对一个人的宗教功修和人品的赞赏。加玛艾特中起组织作用的是伊玛目，因此，伊玛目的选任对加玛艾特威信的树立有至关重要的作用。伊玛目的信仰必须虔诚，能领拜五时拜和殡礼，宗教学识必须较其他信众高，要能以伊斯兰教的标准解答村民生活中遇到的各种问题并规范他们的生活行为，在生活、做人、处事各方面必须能严格按照教义教规行事，能够主持各种宗教仪式或活动。

---

① 在克村，指殡礼完后由阿訇主持举行的为亡人清理各种债务的仪式。在仪式上，亡人的儿子（如果没有儿子，由女婿、或亡人的兄弟代替）站在大众前面，阿訇会询问亡人有没有欠下的债，如果有，亡人的儿子会说：“由我来还。”还要问有没有得罪人的地方，要是有，就希望原谅。

② 这里指《古兰经》。

加玛艾特在社会上不仅享有较高社会地位，在家庭中也有一定地位，他的行为影响着家庭的每个成员，而且他们可以把伊玛目在清真寺的宣教带回家庭。在克村调查期间，加玛艾特在清真寺经常讨论的一个话题就是妇女念完 tɛlɛ[1] 后，是否可以接受礼物的问题。后来经过大家讨论分析，伊玛目宣布不应该接受礼物。加玛艾特回家后纷纷给自己的妻子讲了这件事，从此以后，念 tɛlɛ 的女人就再没有接受主人赠予的礼物。

加玛艾特就是通过给村民做各种善功提高了他们在村民中的威望，为他们实现社会控制奠定了基础。人们敬畏安拉，继而敬畏它的亲近者加玛艾特，这是加玛艾特实现社会控制的内在因素。

三、克村加玛艾特的宗教行为分析

克村一、二组共有加玛艾特成员 48 名，他们是经常去清真寺礼拜的男性村民。但通过前面的描述我们得知这个特殊的群体并非是每个成员每天都去清真寺，它是一个非固定的组织，参加礼拜的人也时多时少。以下所做的统计可以更清楚地了解维吾尔族社会中这个特殊的群体，见表 4－1，表 4－2。

（一）克村一、二组加玛艾特的总体情况

表 4－1　加玛义特成员的年龄结构（N＝48）

年龄段	18～29 岁	30～39 岁	40～49 岁	50～59 岁	60 岁以上
人数	7	8	16	9	8
%	14.6	16.7	33.3	18.8	16.7

表 4－2　加玛艾特成员的文化结构（N＝48）

文化程度	文盲	半文盲	小学	初中	高中
人数	9	5	14	19	1
%	18.8	10.4	29.2	39.6	2.1

① 在且末指女性穆斯林在教胞去世后去亡者家中数石念经、祈祷亡灵进入天园的一种宗教仪式。

（二）年龄、国民教育背景、宗教教育背景及社会和家庭环境对加玛艾特宗教行为的影响

克村一、二组加玛艾特宗教行为的基本状况如下（见表4－3）：

表4－3　加玛艾特宗教行为基本状况（N＝48）

	礼拜		封斋			宗教教育背景			
	一次	五次	不封	半斋	全斋	跟父母学	跟配偶学	从书中学	跟宗教人士或宗教学校学
人数	24	24	7	7	34	34	2	1	11
%	50	50	14.6	14.6	70.8	70.8	4.2	2.1	22.9

加玛艾特中内在型教徒[①]占1/2（见表4－4），内在型教徒数目远远高于普通信众的比例。

表4－4　加玛艾特中各类教徒的基本情况（N＝48）

教徒类型	附和性	外在型	内在型
	一次礼拜＋非全斋	一次礼拜＋全斋	五次礼拜＋全斋
人数	12	12	24
%	25	25	50

1. 年龄对加玛艾特成员宗教行为的影响

年龄对加玛艾特成员宗教行为有一定的影响，见表4－5。

表4－5　年龄对加玛艾特成员宗教行为的影响（N＝48）

	附和性		外在型		内在型	
	人数	%	人数	%	人数	%
18～29岁	3	42.9	2	28.6	2	28.6
30～39岁	2	25	1	12.5	5	62.5
40～49岁	1	6.3	7	43.8	8	50
50～59岁	6	66.6	0	0	3	33.3
60岁以上	0	0	2	2.5	6	75

① 有关教徒的分类详见第八章第一节。

克村加玛艾特的主体由中年人组成，这与其他地方“60 岁以上的人在 jamaat 群体中占的比例超过 90%”，“这一部分人就是构成 Jamaat 群体的主体”① 的情况不同。这主要是因为在克村 60 岁以上老年人比例很低，只占总人口的 5.2%。虽然在加玛艾特中老年人的比例不高，但是他们中内在型教徒的比例最高，他们的宗教功修比其他年龄段的人严格得多。

2. 国民教育背景对加玛艾特成员宗教行为的影响

国民教育背景对加玛艾特成员宗教行为的影响见表 4－6。

表 4－6　国民教育背景对加玛艾特成员宗教行为的影响（N＝48）

	附和性		外在型		内在型	
	人数	%	人数	%	人数	%
文盲	3	33.3	2	22.2	4	44.4
半文盲	1	20	0	0	4	80
小学	4	28.6	5	35.7	5	35.7
初中	3	15.8	5	26.3	11	57.9
高中	1	100	0	0	0	0

从表 4－6 我们得出这样的结论：国民教育对克村的加玛艾特的宗教行为没有明显的影响，并非是文化程度越高，宗教信仰越淡漠。

3. 宗教教育背景对加玛艾特成员宗教行为的影响

宗教教育背景对加玛艾特成员宗教行为的影响见表 4－7。

表 4－7　宗教教育背景对加玛艾特成员宗教行为的影响（N＝48）

	附和性		外在型		内在型	
	人数	%	人数	%	人数	%
跟父母学经	11	32.4	11	32.4	12	35.3
跟配偶学经	1	50.0	0	0	1	50.0
从书中学经	0	0	1	100	0	0
跟宗教人士或宗教学校学经	0	0	0	0	11	100

① 哈德江：《维吾尔族 Jamaat 群体研究》，载《西北民族研究》，2000 年第 2 期，第 201 页。

从表4－7可以知道克村人的宗教传承以家庭教育为主，48位加玛艾特成员中有34人都是父母对他们进行的宗教教育。这类人群中附和型、外在型、内在型教徒的人数相差不大，说明家庭宗教教育存在很大差异。

不同的宗教教育背景对加玛艾特的宗教行为有着不同的影响。在四种学经途径中，跟从宗教人士学经和在宗教学校学经的加玛艾特成员宗教信仰最为强烈，宗教功修也最为严格。

4. 社会环境和家庭环境对加玛艾特成员宗教行为的影响

社会环境和家庭环境对加玛艾特成员宗教行为的影响见表4－8。

表4－8 社会环境和家庭环境对加玛艾特成员宗教行为的影响（N＝48）

	附和性		外在型		内在型	
	人数	百分比	人数	百分比	人数	百分比
普通家庭	10	35.7	9	32.1	9	32.1
与和田有密切往来	1	20	1	20	3	60
家有宗教人士或祖辈宗教学识高	1	6.7	2	13.3	12	80
总计	12	25	12	25	24	50

社会环境和家庭环境与加玛艾特的宗教行为有着直接的相关性。社会环境对一个人的宗教意识有着很大的影响。和田地区宗教氛围非常浓厚，因此，与和田有着密切往来的家庭，他们的宗教意识相应也较浓厚。一个人的家庭成长环境对其宗教行为有着直接的影响，家有宗教人士或祖辈宗教学识高的家庭中成长起来的人，他们的宗教功修最为严格，表4－8清楚地表明了这一点。

从以上分析我们可以看出，年龄和国民教育背景对加玛艾特的宗教行为影响不大，直接影响加玛艾特宗教行为的因素是宗教教育背景及社会和家庭环境。

维吾尔族的宗教组织是穆斯林在共同的伊斯兰教信仰下，围绕清真寺形成的伊玛目主持教务、加玛艾特参与集体宗教活动的一种组合形式。这个组织既具有宗教性的一面也具有社会性的一面。宗教性的一面体现在同处于一个清真寺集体礼拜，社会性则表现为他们作为社区的一部分积极参与本社区的世俗活动，将个人与社会联系起来，个人作为整体的部分存在，随整体而行动，并接受整体的影响，从而形成一种社会间的情感。

加玛艾特这一特殊群体强化了伊斯兰教的威信，规范了群体的行为，而且全体一致地反复这种规范；他们集体遵守的宗教信条，维持了社会道德；他们公开、一致地执行神圣传统并使之得以保存与传承，在整合社会和延续文化中发挥了它积极的作用。

第五章　维吾尔族的宗教场所

宗教场所是宗教重要的组成要素之一，是宗教意识的物化现象，也是宗教得以确立的物质基础。宗教场所分为神圣性的宗教空间——清真寺和圣俗结合的场所——麻扎等。

第一节　清真寺——维吾尔族宗教活动的神圣空间

清真寺，是阿拉伯语“麦斯吉德”的意译，是广大信仰伊斯兰教的穆斯林叩拜真主、举行其他各种宗教仪式和社会活动的场所。清真寺的兴起和发展与伊斯兰教的创立、发展、传播有密切关系。伊斯兰教起源于公元610年的阿拉伯半岛，一千三百多年来，伊斯兰教在全世界广为传播和发展，与基督教、佛教并称为世界三大宗教，它创造了光辉灿烂的伊斯兰文化，在世界文明史中占有极其重要的地位。随着伊斯兰教传入中国，清真寺在发挥它的宗教凝聚功能的同时，建筑风格也历经了由简朴无华向复杂华丽的发展过程。清真寺融合了中阿两种建筑的特点，为中国建筑艺术增添了新的类型。

一、不同文化背景下的清真寺建筑

伊斯兰教自唐代沿两条线路传入中国。一是由水路进入，即从波斯湾绕马来半岛至中国东南沿海的商业城市；一是由陆路传入，自波斯湾经由我国新疆到达长安、洛阳等地。随着伊斯兰教在中国的传播发展，清真寺这一新的建筑类型在中国产生并发展起来。它以地域之不同而具有独特的艺术风貌：内地的清真寺建筑更多地融汇了中国传统建筑艺术，体现了中国传统建筑与阿拉伯建筑融合的特点；新疆的清真寺建筑主要表现了阿拉伯建筑的风格。

清真寺因伊斯兰教传入时间、地域以及信仰者文化的差异而具有不同的特点。新疆清真寺与内地清真寺相比有以下特点：

（一）建筑时间与阶段的差异性

（1）新疆清真寺建造时间虽早，但现存清真寺的建造时间较晚。新疆最早的一座清真寺是10世纪初建造于阿图什的“阿图什大清真寺”。但因是土木结构，由于自然力的破坏，原建筑已不复存在。现存最早的清真寺——喀什艾提尕尔清真寺建造于1442年。而内地清真寺建造历史较为久远。中国第一座清真寺始建于何时，目前尚无确切史料佐证。但据广州怀圣寺内保存的元至正十年（公元1350年）《重修怀圣寺碑记》记载：怀圣寺的光塔始建于唐朝。碑文中详尽描述的光塔形制与现存的形制完全相同。怀圣寺可以说是中国历史最为悠久的清真寺建筑之一。泉州的圣友寺，经中外学者对其寺门石墙上的阿拉伯文石刻的考证，被认为创建于回历400年（公元1009—1010年）。扬州的仙鹤寺建于宋德祐元年（公元1275年）。据《古教西来历代建寺源流碑文总序略》记载，北京牛街清真寺始建于宋代，经专家鉴定礼拜大殿后面的穹隆藻井彩绘“系出自北宋年间建筑画家”[①]。

公元10—11世纪，伊斯兰教传入新疆地区，伊斯兰教建筑风格也随之传入新疆地区。新疆清真寺的大量修建是在蒙元时期，在天山南部广大农村及边远地区建立，但很少遗存。11世纪维吾尔族大诗人玉素甫·哈斯·哈吉甫在其长诗《福乐智慧》中反映了当时的文化成就，现存的诗人陵墓——玉素甫·哈斯·哈吉甫麻扎位于新疆喀什市东南体育路，墓祠为穹隆顶，外镶嵌绿琉璃瓦，前有礼拜堂。但从墓祠的装饰手法看为后世重修之物。

（2）与内地清真寺相比，新疆清真寺建筑的发展没有明显的阶段性，而内地清真寺则发展脉络清晰，阶段划分明晰，经历了移植、形成、兴盛和衰落停止阶段。

从始建于唐、宋时期的广州怀圣寺、泉州圣友寺和扬州仙鹤寺遗存的考证来看，当时的伊斯兰教建筑布局不强调轴线对称，门、礼拜大殿、邦克楼多为砖石砌筑，用尖拱券或穹隆顶，造型为阿拉伯式样。它与中国传统木构架建筑规制迥异，表现出阿拉伯建筑移植时期的明显特点，但并未形成中国

---

① 佟洵编著：《伊斯兰教与北京清真寺文化》，北京：中央民族大学出版社2003年版，第220页。

伊斯兰教建筑的独特风格。

元朝时，信仰伊斯兰教的“回回”逐步成为中华大地上一个新的民族，这一时期的伊斯兰教建筑从规模、数量上都超过前一时期。史料记载仅元大都就有清真寺35座。从现存的几处重修清真寺的元代石碑及现存的元代重修的清真寺和墓祠建筑可以看出：元代的伊斯兰教建筑在平面布局、外观造型上仍保留某些阿拉伯风格和做法，但逐渐借鉴了中国传统建筑布局，采用了纵轴式院落形制，许多单体建筑也采用木构架体系，初步形成了中国特有的伊斯兰教建筑制度，开始了外来文化本土化的过程。

从明代初年至鸦片战争（公元1368—1840年），伊斯兰教在中国有很大的发展，形成了以内地回族为主的清真寺、拱北①和新疆维吾尔族等民族的礼拜寺、麻扎等两种形制不同、风格迥异的中国伊斯兰教建筑体系。此时内地清真寺均采用木构架制式，平面布局多以礼拜大殿为中心，采取纵轴式院落形制。

从鸦片战争到20世纪中叶的百余年间，由于西方列强的侵入，我国东南部地区许多伊斯兰教建筑遭遇不同程度的损毁，伊斯兰教建筑也处于停滞和衰退时期。西北地区由于战乱相对较少，此时修筑了许多规模大、装修华丽的清真寺，甘肃临夏八坊即为典型缩影。值得一提的是这一时期新建或重修的部分清真寺采用了钢筋混凝土结构和楼层式布局，最为典型的例证即上海小桃园清真寺和江西南昌清真寺。

（二）建筑体系与建筑形制之不同

（1）新疆清真寺和内地清真寺分属中国伊斯兰教建筑的两个不同的体系。内地清真寺建筑更多体现了中国传统建筑文化与阿拉伯建筑艺术的融合，一般采用木构架结构，平面布局多以礼拜大殿为中心，采取纵轴式院落形制，庭院数进，幽深肃穆，而在装饰艺术上多采用阿拉伯文字与花卉图案，保留了阿拉伯建筑的风格。例如，北京东四清真寺礼拜大殿后部的窑殿部分是无梁结构，形状及彩画图案具有明代建筑特色。西安的华宽寺清真寺为五重院落，礼拜大殿位于建筑群最后，高大雄伟，庄严华美。学者认为这种建筑艺术上的融合，实际上是“通过与汉族社会保持外在的文化一致，

① 阿拉伯文Qubba的音译，原意为“圆屋顶建筑”，盛行于阿拉伯和其他一些地区的一种建筑形式。在中国主要指门宦“教主”墓地或“教主”的修道处所修建的建筑物。

捍卫穆斯林生活的宗教价值内核”[1]。而新疆的伊斯兰教建筑，则按照当地的传统发展，较多地保留中亚一带的形制，并与当地的材料和建筑艺术相结合，形成了具有新疆地方特色的中国伊斯兰教建筑体系。礼拜寺不要求轴线对称，布局灵活，大多采用内外殿形式，多用木质密肋式梁架的平屋顶，也有以砖或土坯砌筑拱形屋顶，一些重要的清真寺都建有装饰性的高塔及尖拱形大门；麻扎建筑高大气派。如喀什的奥大西克礼拜寺和阿帕克和卓麻扎就是最好的例证。

（2）与内地清真寺建筑相比，新疆清真寺多无后窑殿之设，仅仅在礼拜大殿的后部墙面做一壁龛（也称圣龛），圣龛做法无定制，但以圣龛为中心，用色彩艳丽的石膏花饰和拼砖纹样装点圣龛，加强圣龛的标志功能。而内地清真寺为了突出后窑殿的重要性和宗教功能，礼拜大殿多分立后窑殿建筑，圣龛设立在后窑殿，多在龛前及龛的周围安装华美的木装修，如牌楼、垂花门、佛道帐等，并绘制精美的彩画。

（3）新疆一些清真寺与麻扎建造在一起。如 11 世纪中叶维吾尔族著名学者、诗人玉素甫·哈斯·哈吉甫麻扎前有礼拜寺；阿帕克和卓麻扎，是中国清代新疆伊斯兰教白山派著名首领阿帕克和卓及其家族的陵园，陵墓为建筑群的主体结构，麻扎内建有四座礼拜寺；位于新疆阿图什市逊塔可乡的新疆地区喀喇汗朝第一位信奉伊斯兰教的可汗苏图克·布格拉汗的陵墓、苏丹·苏图克·布格拉汗麻扎也有清真寺建筑；哈密王陵是新疆地区著名的伊斯兰教麻扎建筑，也建有礼拜寺；莎车县的阿里同清真寺与阿里同麻扎前后并置，同时于 1533 年建成。

（4）与内地清真寺相比，新疆绝大多数清真寺较为素朴，仅以能够满足教民进行聚礼、会礼的要求为基本原则。新疆大型清真寺多为阿拉伯风格与民族风格相融合的穹隆式建筑，如和田加满清真寺、吐鲁番苏公塔清真寺、莎车加满清真寺等；一般清真寺则与普通民居无大异，区别仅在于这类清真寺门楼两侧有塔柱，塔柱上有新月标志。这类清真寺广布于新疆南部的和田、喀什等地农村，在这些地区甚至出现这种情况：有的清真寺原本就是一间民居，因为常常在里面做礼拜，逐渐地该房屋的功能单一化，不再作为他用，专门用来做礼拜，后来就成了清真寺。

---

① 水镜君、玛利亚·雅绍克：《中国清真女寺史》，北京：生活·读书·新知三联书店 2002 年版，第 39 页。

（三）数量的差异

新疆清真寺数目居全国之首。1996 年，全国登记在册的清真寺共 34014 座，仅新疆就有清真寺 23331 座[①]。新疆有如此之多的清真寺原因有三方面。一是修建清真寺和到清真寺做礼拜是《古兰经》和《圣训》规定的。《古兰经》中说："一切清真寺，都是真主的"。"谁为寻求安拉的喜悦而修建了一座清真寺，安拉将为他在天园建造相等的建筑"[②]。在穆斯林看来，清真寺属于安拉，穆斯林的责任是建造和维护清真寺。二是新疆穆斯林人口多，分布广。新疆 160 万平方千米的土地，仅沙漠、戈壁面积就占 1/2 以上，人们分散居住在一个个相距较远的小绿洲上。清真寺在穆斯林的日常生活中扮演着重要的角色，每天的五时功可以在清真寺做，也可以在其他地方做，没有特别要求，但是主玛日的聚礼，开斋节、古尔邦节的会礼，以及为亡人举行的殡礼必须在清真寺举行。在新疆各地的城镇乡村，一般每个村庄至少有一至两个清真寺，可以说，凡是有穆斯林的地方，就有清真寺，以满足穆斯林群众开展正常宗教活动的需要。三是 20 世纪 80 年代伊斯兰教复兴的结果。"文革"期间，由于受"左"的思想的影响，新疆清真寺大部分被毁。"文革"结束后，纠正了对宗教的偏激做法，宗教自由政策重新得到贯彻落实。随着信教人数的增加，原有的宗教活动场所已经不能满足信教群众正常宗教活动的需要，穆斯林大力兴建清真寺，清真寺也就如雨后春笋般地出现于新疆广袤的大地。到 1982 年年初，全自治区清真寺由"文革"期间的 2929 座迅速增加到 12190 座。且末县的个案就是最好的例证。"文革"前且末县共有清真寺 46 座，"文革"期间全部被毁，"文革"结束后，纠正了"左倾"思想，伊斯兰教重新得到尊重，与此同时穆斯林大力兴修清真寺，到 1991 年，全县有清真寺 89 座。

（四）功能之差异

与内地清真寺相比，新疆清真寺承担的日常生活功能较少。在内地有在清真寺举行婚礼的习俗[③]，北京"穆斯林要在清真寺会礼、过宗教生活，就

---

① 米寿江、尤佳：《中国伊斯兰教》，北京：五洲传播出版社 2004 年版，第 125 页。

② ［埃及］穆·福·阿卜杜勒·巴基编：《圣训珠玑》，努尔曼·马贤译，北京：宗教文化出版社 2002 年版，第 112 页。

③ 佟洵编：《伊斯兰教与北京清真寺文化》，北京：中央民族大学出版社 2003 年版，第 18 页。

连穆斯林的婚丧嫁娶、宰牲、纪念亡人等社会生活也与清真寺密不可分”①。新疆穆斯林基本上不在清真寺举行婚礼，但阿訇一定要为新人证婚，念“尼卡”；一般也不在清真寺宰牲，但在宰牲时请阿訇念经。

（五）清真女寺的缺失

与内地清真寺相比，新疆没有清真女寺。清真女寺是由女阿訇主持的清真寺，是远离伊斯兰世界的中原穆斯林在适应主流社会文化过程中的产物，它为女性穆斯林提供了精神生活的场所。“据估计，中原穆斯林社区的女寺至少占男寺数的1/7，女寺数量呈增长趋势。”② 北京大部分清真女寺虽比较简陋，规模小，有的存在时间也不长，但其数量却居全国之首。新疆女寺的缺失，说明新疆女性穆斯林没有公共的宗教活动场所，也反映了男、女穆斯林在宗教信仰空间占有上的不平等。

清真寺建筑是中国建筑领域的一种独特类型，它集中展示了中国传统文化和当地民族文化与伊斯兰文化长期交融形成的中国伊斯兰建筑特点和风格，它的创建和发展因伊斯兰教在中国不同地域和不同文化背景中的传播而呈现不同特点。通过比较我们更清楚地了解了清真寺所展示的伊斯兰教建筑的高超建筑技术和艺术风采，进一步理解了清真寺所承担的社会功能，领略了信仰伊斯兰教的民族人民的聪明才智和精湛技术。

二、巴扎主玛清真寺

主玛清真寺指周五举行聚礼的清真寺。克村没有主玛清真寺，因此，村民要去巴扎主玛清真寺参加聚礼。巴扎主玛清真寺为砖木结构，清真寺大门、房顶具有浓厚的维吾尔族装饰风格，占地面积9亩多，建筑面积达1300多平方米。

巴扎主玛清真寺已有170多年的历史。寺址先后三次迁移，是且末县穆斯林群众从事宗教活动的重要场所。

该寺始建于1840年，原址在且末县且末镇曲格买牙沟溪（现且末县良

---

① 李保群、张妙弟、马中璞主编：《北京清真寺文化：画册》，北京：中央民族大学出版社2003年版，前言。

② 水镜君、玛利亚·雅绍克：《中国清真女寺史》，北京：生活·读书·新知三联书店2002年版，第39页。

种场场部范围），1877 年，因年久失修而倒塌。

同年，一位叫吾布力·艾山阿吉的人带领信教群众重新修建且末镇主玛寺，寺址在现在的古丽巴格市场，土木结构，占地面积为 5 亩，建筑面积为 1998 平方米。该寺在 1966 年以前一直进行宗教活动，有 89 年的历史，“文化大革命”时停止活动，于 1977 年“除四旧”中被拆除。

巴扎主玛清真寺院门

党的十一届三中全会后，各级党委和政府重新落实党的宗教政策。1980 年，且末县人民政府划地 5 亩，重新修建巴扎主玛寺，选址且末镇埃塔南路（原解放路），于 1982 年古尔邦节前建成使用。该寺坐西朝东，砖木结构，按照维吾尔族建筑风格建设，由夏礼拜堂、冬礼拜堂和净洗间三部分组成，总建筑面积为 1410 平方米，能容纳人数为 2800 余人，最多时可容纳 3200 余人。该寺先后由托乎提哈提甫[1]（原县政协副主席，1992 年去逝）、买买提库尔班·艾来木阿訇、阿不都克热木卡日阿吉（现任政协副主席、县伊斯兰协会会长）、乌斯曼卡日阿吉主持教务活动。乌斯曼卡日阿吉出生于 1938 年，1946 年至 1958 年在县宗教学校学习。1959 年至 1985 年在县粮食

① 达浦生：《伊斯兰六书》，北京：宗教文化出版社 2003 年版，第 171 页。

局工作。1987 年至今在巴扎主玛清真寺任伊玛目。该寺有民主管理小组成员 4 名，宗教活动管理有序。阿不都克热木卡日阿吉任哈提甫，乌斯曼卡日阿吉任伊玛目。在阿不都克热木卡日阿吉和乌斯曼卡日阿吉的带领下，发挥清真寺民主管理小组的作用，依法开展宗教活动，宣传党的民族宗教政策和各项方针、政策，大力开展宗教自养活动，建起了洗浴室、理发店和各种出租房屋，办起了文化室供信教群众学习文化知识。该寺每年自养收入达 2 万余元。该寺于 1992 年起，一直被评为县“五好”宗教活动场所，1999 年，被评为“全国五好宗教活动场所”，2005 年，被评为州五好清真寺。阿不都克热木卡日阿吉和乌斯曼卡日阿吉每年都被评为州、县“五好宗教人士”。乌斯曼卡日阿吉在 1998 年被评为自治区级“五好宗教人士”。

且末县非常重视清真寺的翻修工作。为加强清真寺翻修的管理和监督，且末县做到“五有”：一是有规划方案。在翻修前，必须有建设部门的危房证明，并符合建设规划大局。确保清真寺远离机关、学校和村委会，方可进行翻修。二是有专人负责。在翻修过程中，各乡（镇）场分管副书记和统战、宗教干事是直接责任人。三是有资金来源。乡（镇）场翻修清真寺的资金来源，主要通过信教群众自愿捐款和寺院创收来筹集。要求翻新清真寺绝不能豪华装修，不能搞摊派，更不能向信教群众“施压”，变相增加信教群众的负担。四是有专业规划设计图纸。为保证清真寺的翻修质量，保护信教群众的切身利益，避免翻修过程中发生各种不必要的冲突及摩擦，经县统战领导小组会议研究决定，由县建设部门拿出专业规划图纸及合理的预算方案后，由民宗局统一安排建设施工单位、统一规划、统一翻修、统一管理。五是有部门监督。在清真寺翻修过程中，努力完善县、乡、村三级监督管理机制，确保翻修工作顺利完成。

目前，且末县的八座主玛清真寺，正在县委统战部、民宗局、建设局及各乡、村统战工作分管领导的监督管理下顺利进行翻修。

三、克村一、二组清真寺

克村有四个村民小组，三个清真寺，一、二组共用一个清真寺，三组、四组各有一个。村里的三座清真寺都是普通清真寺，也就是说只能做平时的五时拜，村民要去巴扎主玛清真寺做聚礼。

（一）克村一、二组清真寺概况

克村一、二组清真寺始建于1977年，后来因为修路又改建，现在的清真寺占地面积为810平方米，建筑面积为81平方米，建筑结构为土木结构，准建号为96—28。

克村一、二组清真寺

克村一、二组清真寺包括礼拜殿、圣龛、宣礼塔、庭院。

礼拜殿是供礼拜的地方，是清真寺的建筑主体。礼拜殿以四根支柱托起屋顶，外围建有柱廊。殿内陈设简朴，东墙上挂着《宗教活动场所管理条例》《清真寺管理委员会责任》《“五好”宗教人士标准》，地面铺以地毯。

清真寺内景

圣龛在正向墙中央墙面，是一尖券圆门形壁龛，维吾尔语叫“米哈拉布”，是阿拉伯音译词。圣龛指示礼拜正向，也是阿訇、伊玛目站立讲经和领拜之地。它被认为是清真寺内最圣洁之处，因而装潢非常讲究。

宣礼塔是清真寺用于召唤穆斯林礼拜的高塔，是清真寺的另一个显著标志。它巍峨、颀长，外形多样，基本上可分为四方体、螺旋体、多棱体、圆柱体和双顶这样五种。克村一、二组清真寺的宣礼塔是圆柱体，在塔顶有新月标志。

克村一、二组清真寺的宣礼塔。凌晨买僧正登上宣礼塔准备呼唤礼词

村里的清真寺是封闭庭院，院落平面呈方形，整体建筑结构严整、质朴。

以前本村有三座清真寺，“文化大革命”时被拆毁。在“文革”期间，宗教被当作是封建迷信，清真寺被毁，村民们几乎不敢再做乃玛孜，只有个别年岁大的阿訇在偷偷做。在本村现存的清真寺没有修建之前，村民在自己家里做乃玛孜。已过世的阿布都拉阿訇当时就把家里的一间屋子用作清真寺偷偷做乃玛孜。

（二）清真寺里的主要宗教活动

克村一、二组清真寺举行的宗教活动主要有：

1. 每天的晨礼

加玛艾特每天清晨天亮之前在买僧的召唤声中去清真寺做晨礼，这是村里男性穆斯林最为重要的宗教功课。

2005年12月11日，古尔邦节的第二天。早晨7：00（新疆与北京有两小时的时差，此时相当于北京时间5：00），我在闹钟的铃声中爬起来洗漱完毕，去清真寺考察加玛艾特做晨礼。7：20分，与买僧伊斯麦提阿訇同时到达清真寺。冬季伊斯麦提阿訇每天比别人早来近一个小时为教友生火。炉子生着后，加玛艾特接踵而至。每人推门进寺时，都说一声："ɛssalam。"然后安静地进来跪在地上各自做着两圣行拜，没有人闲谈。7：40时，伊斯麦提阿訇上到宣礼塔高呼唤礼词，悠扬嘹亮的声音萦绕在寂静的村庄上空。8：15，开始集体礼拜。买买提艾合买提伊玛目上前领拜主命拜，全体礼拜者面向西方站立开始做乃玛孜。十分钟后，伊玛目面向大家，领拜三拜（durut）的圣行拜。此时有两人离去，4个年轻人离开礼拜的队伍坐到了火炉旁。事后问及此事，大家说，来得早的人先做完了圣行拜，集体做时可以不做。整个礼拜结束后，买买提艾合买提阿訇布置分组拜年和收羊皮等事宜，伊玛目安排完后征求大家意见，在没有异议的情况下，大家起立出寺。现任伊玛目买买提艾合买提阿訇、前任伊玛目萨伊普阿訇、买僧伊斯买提阿訇、其他加玛艾特依次走出清真寺，大家逐一握手致安道："ɛssalam。"问他们为什么出寺后要逐一互致问候，加玛艾特这样回答："一夜没见，明天生死未卜，感谢胡达，让我们今天相见。再就是我们是同一个清真寺的加玛艾特，这样可以增进感情，加强团结，所以一定要互致问候。"

握手完毕，加玛艾特在院中排成一条长队，集体向西方做都阿；然后转身向东方做都阿。礼毕，出清真寺大院，人们开始谈论生活中发生的各种新闻。

就晨礼后分别面向东西方祈祷，我询问了加玛艾特中的很多人，有人说是且末地方特色，也有人说和田也有这种仪式。据库尔勒市的穆斯林说，在库尔勒没有这种仪式。克村的加玛艾特认为集体向西方做都阿，是求主接受他们的礼拜，并祈祷天下所有穆斯林安康；向东方做都阿，祈求天下所有的人生活安康。

据文献记载，维吾尔族人的礼拜“包括迎日和送日的仪式”，“这可能不是伊斯兰教正统的乃玛孜，而是土俗的一部分”，“这种迎送太阳的仪式，是村落生活的礼俗之一，”可能“是受波斯的崇拜太阳礼仪的影响”。①

2. 斋月的昏礼、宵礼和特拉卫赫拜

平时加玛艾特在清真寺只做晨礼，其他乃玛孜在家里做。但是在斋月，加玛艾特每天在清真寺除做晨礼外，还做昏礼、宵礼和特拉卫赫拜。

在克村，加玛艾特到清真寺做完昏礼后，回家吃开斋饭。斋月中，村民特别是宗教修持高的人家往往请全体加玛艾特去家中集体吃开斋饭，然后大家一起去清真寺做宵礼，宵礼结束后礼特拉卫赫拜。

本村清真寺在斋月期间没有读一卷《古兰经》的规定，因为没有人能上前背诵全卷《古兰经》，每天的特拉卫赫拜就又成了读十节《古兰经》。

斋月的第二十七夜，相传该夜是安拉颁降《古兰经》之夜，这一夜加玛艾特在清真寺礼完宵礼后整夜不眠，在清真寺继续念经赞圣，祈求胡达的回赐。

3. 殡礼

殡礼是在清真寺举行的众人代亡者向胡达祈祷的集体礼拜，是感念真主使其脱俗返真之恩，并代亡者祈求真主赦宥罪过，赏赐亡者进入天园的仪式。殡礼一般是在掩埋的当天举行。亡者的尸体放到 ʤinaza（抬尸架）上，由亲人和邻里朋友送往清真寺。男性穆斯林前往清真寺参加殡礼。殡礼与其他礼拜不同之处在于：殡礼中以四赞代替颂、躬、叩、跪，四赞为四大赞“安拉至大”。

在克村，殡礼在晨礼后举行，由全县最大的两个阿訇奥斯曼喀力木阿吉或阿不都克力木喀力木阿吉主持，他们不在时，才由村里的伊玛目主持。伊玛目面对西方，众人分排站立，心中立意：“我诚意为主，随从领导者，以四个大赞词，进行殡礼。”以四赞举行殡礼，礼归真主，赏归亡人。《圣训》说参加殡礼的人超过 40 个，死者可以得到安拉的宽恕。在克村殡礼完后由阿訇举行 razi qiliʃ（清债仪式）仪式。razi qiliʃ仪式结束后，亡人立刻被抬往麻扎埋葬。

① ［日］佐口透：《新疆社会史研究》，凌颂纯译，乌鲁木齐：新疆人民出版社 1983 年版，第 628 ~629 页。

4. 清真寺每周讲两次卧尔兹

在克村，卧尔兹指晨礼后伊玛目讲宗教功课。伊玛目会根据时务讲相应的教规、教义。最近几年伊玛目基本上是根据中国伊协编写的《新编卧尔兹讲演集》讲述，主要内容有：在宗教生活中当谨守中道；做一个信仰完善的穆斯林；伊斯兰教的五功；肉孜节与古尔邦节的来历及意义等。

（三）本村清真寺的主要功能

穆圣云："参加集体拜功的人超过在家或街上一个人礼拜的二十五倍。"① 清真寺的功能在于：首先，它为穆斯林提供了一个宗教活动的最佳组合凝聚空间，它把"一处土地从其周围的宇宙环境中分离出来，并使得它们有了品质上的不同②。"清真寺将伊斯兰教信众、伊玛目和各种宗教仪式活动容纳和凝聚在一个特定的宗教意念空间中，为信众提供了最佳的宗教容身空间和最佳的宗教视觉空间。其次，在买僧悠扬的唤礼声中，加玛艾特应召入寺礼拜，使人产生一种应安拉感召的心理感受。最后，清真寺把宗教职业人士和信众组合在一起，通过共同的诵经、讲经和各种宗教礼仪活动，互相交流宗教经验，加强了穆斯林之间的宗教感情交流，使参与者有一种宗教神圣亲和的心理感受。

村民对清真寺是这样表述的：

清真寺是胡达的房子，进门要先问好。
表达对安拉的信仰的地方。
在清真寺做乃玛孜，祈祷容易接受。
政府允许进行宗教活动的场所，即合法进行宗教活动的场所。
清真寺是加玛艾特相互认识的场所。

村民的回答证实了清真寺作为伊斯兰教的神圣空间为信众提供了表达宗教信仰的场所，在进行宗教活动的同时凝聚信众，增加其感情，与此同时为伊斯兰教的生存和发展起到了积极作用。正如达浦生大阿訇所言："众穆

① ［阿拉伯］叶哈雅·脑威选编：《穆斯林的修养——脑威圣训精华》，穆萨、伊布拉欣、伊利雅斯合译，《伊斯兰教典名著译丛》编委会1996年版，第201页。

② ［罗马尼亚］米尔恰·伊利亚德：《神圣与世俗》，王建光译，北京：华夏出版社2002年版，第5页。

民，天命时至，各赴就近各区寺成礼，其义即令众穆民，日应五时赴寺成礼，借以互相把晤，而互生亲爱之心，加强团结互助之力。”①

（四）清真寺民主管理委员会

清真寺民主管理委员会是当地信教群众民主选举产生的，一般由 3 ~ 5 人组成，主要责任是商量决定清真寺的财务支出、清真寺宗教活动的安排以及参与寺众的一些与伊斯兰教有关的世俗活动等事宜。克村一、二组清真寺民主管理委员会的成员由五人组成：前任伊玛目萨伊普喀力木、现任伊玛目买买提艾合买提阿訇、买买提阿吉、亚森·阿不力米提、伊斯麦提买僧。但因为买买提阿吉生病已去和田很久，亚森·阿不力米提又去三组清真寺任伊玛目，萨伊普喀力木身体也不好，实际上清真寺管理委员会名存实亡。最近加玛艾特推选出一个作用与清真寺民主管理委员会相同的小组，它的成员是买买提艾合买提伊玛目、伊斯麦提买僧、艾外都拉阿吉、喀斯尔如扎洪和麦吐尔迪阿訇。他们集体商量清真寺的大事，比如，他们一起商量我到克村调查的那一年古尔邦节所收羊皮的出售价格以及羊皮钱中的 800 元钱如何分配给为清真寺做出贡献的伊玛目和买僧。

表 5 - 1 所示是本村清真寺的财务账：

表 5 - 1 克村清真寺财务账 单位：元

日期	存入	支取	余额	说　明
2005. 6. 26			1300	
2005. 6. 26		500	800	清真寺买地毯
2005. 9. 2		280	531	清真寺买地毯
2005. 10. 12	850		1381	卖木头的钱（木头是没钱的人交的扎卡特）
2005. 11. 2		1000	381	借买买提艾合买提阿訇给女儿办婚事
2006. 1. 6	2000		2381	亚森阿訇的女儿住院的借款
2006. 1. 14	2000		4383	古尔邦节的羊皮钱

清真寺管理委员会决定清真寺财务的支出，他们说这些钱主要是用作清真寺的维修和扩建。伊玛目和其他成员一再说，如果清真寺能攒够 3 万元，

① 达浦生：《伊斯兰六书》，北京：宗教文化出版社 2003 年版，第 171 页。

他们就向乡里、县里、州、自治区打报告，请求重建一座清真寺。清真寺的资金兼有济贫和借贷功能。村民亚森阿訇的女儿热孜宛古丽摘棉花期间生病，从清真寺借2000元去库尔勒看病。2005年，艾则孜喀萨普去世，留下两个女儿，清真寺出200元钱，其他加玛艾特又捐赠钱财，给他过了乃孜尔。

第二节 麻扎——从世俗通往神圣的多元文化聚集地

一、从世俗到神圣

《宗教大词典》是这样解释麻扎的："阿拉伯文 Mazār 的音译，意为'圣地''圣徒墓'，主要指伊斯兰教显贵的陵墓。一般由大门、围墙、庭院、墓室等建筑组成，有的还盖有拱北，供宗教活动用。有些地区还附设有清真寺和经文学校，拥有大量寺产土地。由谢赫、伊玛目、海推布、穆安津等掌管。"①

麻扎一词在克村专指穆斯林的陵墓，因为在且末没有麻扎崇拜，即没有为获得麻扎庇护而进行的诵经、礼拜、祈祷、祭祀等活动。我们在本章中加进麻扎这一节是因为麻扎虽是穆斯林世俗生活的重要组成部分，是穆斯林掩埋尸体之地，但同时它也是灵魂通向圣界，生者为亡灵祈祷祈福之空间，而这种祈祷完全是基于对安拉的信仰。

克村麻扎位于克村西南部，离村委会大约3千米路程，是本县最大的麻扎，县城和附近乡的穆斯林共同使用。2005年10月，铺好了从县城通往麻扎的柏油路，这条公路一直延伸到克村，方便了村民去麻扎送埋亡人和游坟。

目前麻扎有4人专门从事挖坟坑的工作，克村四组清真寺的伊玛目艾海提兼任麻扎的谢赫，同时负责尸体安放工作。三年前县民政局花1100元重修了一个可移动的铁房子，供穆斯林安葬完尸体后诵经用，麻扎还为穆斯林埋尸配有手推车、水泵、切割机和其他工具。

20世纪50年代，现麻扎处只有二三十个坟头，后来巴扎的麻扎、现粮食局所在地的麻扎、巴扎清真寺的麻扎、现银行处的麻扎以及农贸市场处的

① 任继愈主编：《宗教大词典》，上海：上海辞书出版社1998年版，第497页。

麻扎全部迁到这里，形成了规模宏大的克村麻扎。

简葬是伊斯兰教平等观念的体现，亡者不论贫富还是地位高低，墓穴都是深坑土穴，地面最多堆一土堆，不允许有其他的墓地建筑。约旦国王侯赛因归真后，有人以为陵墓一定很高大宏伟，结果前去参观时，才发现仅仅是一片平地，若无几根木棍和一条绿带围出的标记，根本看不出地下埋葬的是一位国王。伊玛目买买提艾合买提阿訇说："用砖、水泥修建坟墓没有任何意义。我们劝亡者的亲人不要这样修坟，有的人不听，坟墓修得很豪华。如果用这些修坟墓的钱帮助弱者、患者是有善功的。巴扎上有些人花很多钱修坟墓，是因为他们不懂《古兰经》，有钱乱花。"阿吉朝觐回来后也在宣传简葬的思想。他告诉大家："在阿拉伯有一个大麻扎，那里埋葬着我们的祖先。麻扎有很多坟墓，但每个坟墓只是一个小土包，上面没有任何装饰。"这些宗教人士和宗教威望较高的村民的宣传起了很大的作用，人们在对待简葬的问题上取得了一致的看法。

在克村如果父母过世，男性穆斯林每周四都去麻扎游坟，实在是身体原因去不了，可以在家诵《古兰经》祈祷。据说星期四这一天是天园休息日，亡灵从天园返回墓室接受人们的祈祷，游坟者的祈求可以直接为亡灵知晓，容易达到祈求的目的。

二、多元文化的集聚地

自有人类以来，就有生死的问题，因此围绕人生终结的仪式与事务必定遗存远古文化的成分，维吾尔族人的麻扎就反映了伊斯兰教文化与维吾尔族人原有文化的融合。

第一，麻扎作为丧葬场所和丧葬活动的集中地所表达的内容是以伊斯兰教为主的，其表现如下：

（1）亡人安葬后家人陪谢赫在坟头通读一遍《古兰经》，常常是念一天一夜，为亡灵祈祷。

（2）每次游坟必念经为亡灵祈祷，如果家中没有会念经的人，一定要请阿訇念经祈祷。

（3）麻扎中心建有清真寺。清真寺是专供加玛艾特和亲人在掩埋亡者后的第二天为亡者祈祷用的。

（4）坟头的标志上多刻有古兰经经文。

（5）树枝上挂包有古兰经经文的图玛尔①。

第二，麻扎遗留有维吾尔族的先民对树木崇拜的成分。麻扎的每个坟头都插有树枝，如果有成活的，这个亡灵就得到报偿。

古代突厥民族以万物有灵论为思想基础、以自然崇拜为内容的萨满教信仰的残余在维吾尔族穆斯林的日常生活中也表现出来。据元代虞集《道园学古录·高昌王世勋之碑》记载："……盖畏吾而之地有和林山，二水出焉：曰秃忽刺，曰薛灵哥。一夕有天光降于树，在雨河之间，国人即而候之，树生瘿，若人妊身然。自是光恒见者，越九月又十日而瘿裂，得婴儿五，收养之。其最穉者曰卜古可罕。既壮，遂能有其民人土田，而为之君长。"② 这一传说反映了信仰萨满教的古代维吾尔族人以树为对象的自然崇拜。佐口透在《新疆社会史研究》中写道："喀什噶尔东面赛义德·阿里·阿尔斯兰汗战死之地的玛杂尔的社殿，是由丛立的树木构成的，像游牧民族的鄂博③似的"，"它具有鄂博的性质和自然崇拜的一个方面④。"

喀什马赫穆德·喀什噶尔墓地旁的一棵古老的柳树，树枝上挂满了五颜六色的布条，神树下有一眼泉，据说祈拜此树可以得子、治疗耳聋及其他疾病，小孩触摸此神树可以实现自己的愿望

村民认为坟头插树枝是一种圣行。在克村有这样一个传说：圣人穆罕默德游坟时曾将拐杖插入地里，

① 即护身符。里面包有阿訇写的经文，形状多为三角形，挂在小孩脖子上、摇床上，或枕头底下，主要是为了防毒眼和毒舌带来的伤害。

② ［元］虞集：《道园学古录》，影印本，19？年（不详），第217～218页。

③ 鄂博即敖包，蒙古语音译词，意即堆子，多用石头或沙土堆成，也有用树枝垒成的。旧时遍布蒙古各地，今数量已大减。原来是在辽阔的草原上人们用石头堆成的道路和境界的标志，后来逐步演变成祭山神、路神和祈祷丰收、家人幸福平安的象征。

④ ［日］佐口透：《十八—十九世纪新疆社会史研究》，凌颂纯译，乌鲁木齐：新疆人民出版社1983年版，第631页。

结果插拐杖处便冒出水来，随之拐杖也生根发芽，长成了神树。因为这个传说，人们在肉孜节游坟时都带上树枝，插在亲人的坟头，希冀树枝能够生根发芽，给亡灵带来更多的善功。维吾尔族人朝拜麻扎时就有朝拜神树的习俗，祈求神树赐子赐福，消病免灾。

第三，动物崇拜的遗存。在克村麻扎随处可见挂于坟头树枝上的牦牛尾，个别坟头树枝上挂木刻的飞禽羽毛。村民在游坟时往坟头撒小麦、大米、玉米等谷物喂飞禽。人们认为如果飞禽吃了这些谷物，亡人就得到了报偿。但伊玛目告诉我，所有的这些做法与伊斯兰教是相违背的：挂牦牛的尾巴没有益处反而有罪；鸟吃了这些谷物，对亡灵没有任何好处。

动物崇拜在克村先民中早就存在。扎衮鲁克古墓出土的色彩鲜艳的有些帔巾上绘有形态各异、形象逼真的各种动物图案。扎衮鲁克古墓出土的编制精巧的尖顶帽或用细纺毛线编成的圆形、网格状平顶无檐帽，帽上均插有用以装饰的羽毛。编号为85QZM3：10的毛织品，用各色毛线织有体格健壮、并排行走的七只羚羊①。古墓中还发现有殉葬的羊头、牛角杯、马头和一条马腿。

坟头挂动物尾巴的习俗在文献中多有记载，清代林则徐在《回疆竹枝词》中写道："何独叩头麻扎尔，长杆高挂马牛牦。"《西极探险》中也有记述：穆斯林的"墓坑填满以后上面形成了一个长方形的土丘，在土丘顶上插了一根帐篷杆子，上面拴着一条阿尔达特打死的牦牛尾巴，这是穆斯林的共同习俗"②。"离岸不远处是一个圣人的墓地，他的名字叫哈兹莱特—伊—阿赫塔姆·莱兹·阿拉胡·安胡。圣地的标志是一座清真寺，由横梁和丁木材支撑，许多木杆上挂着狭长的旗幡和羚羊头骨。"③

第四，汉文化的融入。麻扎里也有一些建制宏伟的陵墓，这些亡灵的亲人受到汉文化厚葬的影响，为亡者修建豪华陵墓。当地的宗教人士对此非常不满，他们认为这有违伊斯兰教，罪过极大。达浦生大阿訇云："吾伊斯兰婚姻有制，丧葬有礼，悉本乎经典，凡吾穆民皆不能改其制而废其礼也。倘因袭各地风俗，无异任意违背经旨，罪莫大焉！"④

---

① 参阅克优木·霍加：《且末县扎衮鲁克古墓出土的珍贵文物》，安尼瓦尔·哈斯木译，载刘志霄主编：《中国维吾尔历史文化研究论丛》，乌鲁木齐：新疆人民出版社1998年版。

② ［瑞典］斯文·赫定：《西极探险》，王鸣野译，乌鲁木齐：新疆人民出版社2003年版，第114页。

③ 同上，第32页。

④ 达浦生：《伊斯兰六书》，北京：宗教文化出版社2003年版，第224页。

在克村原有的宗教观念和习俗并未因伊斯兰教严格的一神论而消失，而是通过注入伊斯兰教的内涵而存在下来。围绕麻扎产生的诸多表现比较充分地证实了这一点。按照伊斯兰教的教义，除奉安拉为唯一的神祇之外，反对任何人物或有形物的崇拜。但克村麻扎树枝上高挂的牛尾、马尾及其他饰物，都是原始宗教的遗留，而在麻扎进行的祈祷活动完全在伊斯兰教的规定下进行。

清真寺与教徒所居住和生活的空间分属于不同性质的空间，“教徒的生活离不开一个充满着神圣的环境”①。清真寺作为克村村民宗教生活的神圣公共空间，为村民提供了共同表达宗教信仰的场所，发挥着宗教的凝聚功能。它在发展过程中经历了从昌盛到灭绝到复兴的过程，而这一过程恰恰证实了伊斯兰教在中国的发展历程。麻扎虽是世俗生活中掩埋尸体的场所，但同时扮演着人生从世俗走向神圣的角色，游坟这一行为告诉人们“生命所来自的地方并不属于这个世界，生命最终将要离开这里并且将要抵达来世，并将以某种我们芸芸众生所不能体喻的方式继续存在于我们也不能接近的一个未知的地方②。”死亡并不是生命的终点，只不过是人类存在的另外一种模式。在麻扎这一圣俗交融的场所，克村先民的原有宗教观念和异文化有机地结合在一起，多元文化同时在场，既表现了伊斯兰教的统治地位，也再次证实了原有文化的顽强生命力。

---

① ［罗马尼亚］米尔恰·伊利亚德：《神圣与世俗》，王建光译，北京：华夏出版社 2002 年版，第 6 页。

② ［罗马尼亚］米尔恰·伊利亚德：《神圣与世俗》，王建光译，北京：华夏出版社 2002 年版，第 83 ~ 84 页。

下　编

世俗的实践

第六章 维吾尔族人的通过仪式

从一个群体过渡到另一个群体，从一种社会状态过渡到另一种社会状态，都被看作存在之天经地义的事情，由此人的一生变成了由一连串有着相似终点和起点的阶段所组成：出生、社会性的青春期、结婚、为人父母、提升到更高的等级、职业的专门化、死亡。这些事件中的每一个都有庆典，其根本的目的在于使个人离开一种确定的位置而转入另一种同样确定的位置。①

——范根纳普

通过仪式是人类学仪式研究的重要内容。“通过仪式”这个术语最早是由范根纳普（Arnold Van Gennep）采用，表示人生的“过渡仪式”。在本章中“通过仪式”主要指在人的一生中的决定性转折点上，借用一系列仪式活动以达到变更身份目的，跨越重要生命阶段的礼仪。它既是人生中一个角色向另一个角色的转变，又是人生中一个阶段向另一个阶段的过渡。

宗教在世俗生活中首先集中体现于人生的重要仪式中，伊斯兰教也不例外。维吾尔族人的通过礼仪包括命名礼、割礼、婚礼、葬礼等，它在本族群原有文化的基础上广泛吸收了伊斯兰教文化因素，使我们清楚地看到伊斯兰教不仅是一种信仰制度，而且是一种社会制度和生活方式。它把宗教精神根植于人们生活的各个方面和环节，从而演化成为众穆斯林共同遵守的生活习惯。

本章通过克村维吾尔族人所保持的世俗实践来分析伊斯兰教，以便了解伊斯兰教对维吾尔族人的世俗生活所增加的新的内容和对维吾尔社会产生的重要影响，进一步展示伊斯兰教在维吾尔社会中的生存状况和所发挥的

① 转引自［英］菲奥纳·鲍伊：《宗教人类学导论》，金泽，何其敏译，北京：中国人民大学出版社2004年版，第186页。

功能。

第一节 命名礼——穆斯林身份的确立

命名礼是维吾尔族人一出生就接受到的第一个社会化仪式。它为这个步入人生旅途的生命刻印了一个终身携带的符号，以供人们称呼并与其他社会成员相区别。命名确定了人一出生就是胡达的奴仆的身份，这是维吾尔族人信奉伊斯兰教之后，在思想、生活、社会习俗等方面所发生的巨大变化之一，但我们在具体的命名仪式中也看到了维吾尔族人信仰伊斯兰教之前的文化遗存，它呈现出伊斯兰教与其他信仰的混融性和历史的积淀性。

一、人名的选取

维吾尔族人信仰伊斯兰教以后，为更好地掌握和应用伊斯兰教教义、教规，人们加强了对《古兰经》和《圣训》的学习。《古兰经》是伊斯兰教法最基本的渊源，是穆斯林的生活指南和行为规范，它号召人们皈依安拉，走真理和光明之路。《古兰经》阐明了人与人之间与生俱来的平等关系，人无论贫富、愚智或种族，在真主面前一律平等，这使维吾尔族人在思想意识、社会习俗、生活习惯等方面都有了巨大的改变。维吾尔民族深深认识到《古兰经》是真主的经典，穆罕默德是真主的使者，这一切都影响到维吾尔人的生活，特别是在人名选取上产生了重要影响，维吾尔族人基本上使用《古兰经》中提到的安拉美称、先知的美称及具有伊斯兰教特色的词汇来命名。

维吾尔族人名的选择有两种情况，一种是绝大多数人从《古兰经》中直接选取，另一种是父母或其他亲人自己取《古兰经》之外的人名。

（一）根据《古兰经》选取的名字

（1）用《古兰经》中安拉的44个美称为孩子命名。如巴力、热合曼、热依木、哈力克、卡地尔、热扎克、吾甫尔等。

（2）为了表达对安拉的虔诚和敬爱，人们在一些阿拉伯词语后加上“安拉”一词命名。这种命名方式更加伊斯兰化。如艾米如拉（安拉的施令）、海如拉（安拉的恩惠）、热外都拉（指引正道者安拉）、那斯如拉

（安拉的援助）、艾比布拉（安拉的朋友）、帕提胡拉（安拉的援助）、孜亚吾拉（安拉之光）等。

（3）先知穆罕默德有22个美称，维吾尔族人常用穆圣的美称给孩子命名，表示对先知的尊敬。如安赛尔丁（援教者）、木海买提（被赞美者）、艾合买提（最爱赞美者）、沙迪克（忠实者、忠诚者）、木斯塔发（贞洁的、纯真的）、热西提（指引正道者）、木提依（顺从者）、那斯尔（胜利者、支持者）、那比（先知）等。

（4）为表示对先知穆罕默德的爱戴和尊敬，人们除以穆圣的名字命名之外，还在"穆罕默德"这一名字前或后加上其他词语构成新的名字。如木合买提艾力（被赞美者，优胜者）、木合买提依明（忠实的，被赞美的）、亚尔木海买提（以木海买提为伴，与被赞美者为伴）、努尔木海买提（木海买提之光）、木海买提尼亚孜（恳求、哀求木海买提）、木海买提图尔逊（木海买提在心中）、木海买提热依木（被赞美者，大慈者）等。

（5）用《古兰经》中提到的其他先知的名字命名。如艾沙、木沙、依斯热依里、达吾提等。

取名为艾山、玉山的双胞胎

个案：艾山、玉山是哈里发阿里和其妻法蒂玛（先知穆罕默德之女）的儿子。村民喀斯木阿洪的大儿子生了对双胞胎，喀斯木阿洪请来村里的伊玛目，给孙子起名为艾山、玉山，以纪念伊斯兰教史上的伟大人物。

(6) 用《古兰经》某章节的标题或《古兰经》中的某些词为孩子取名。如赛买提（永久、永远）、外力（关心爱护；朋友）、艾克拜尔（巨大的）、艾海提（独一无二）、亚森（人类；《古兰经》第三十六章的名称：精华）、热合木图拉（安拉的恩慈）等。

(7) 为表达对伊斯兰教的虔诚信仰，人们在一些阿拉伯词语后面加"din"（宗教）一词构成新的人名，来为孩子命名。如艾尔西丁（宗教的宝座）、艾吾斯丁（护教者）、加玛力丁（宗教之美）、安赛尔丁（援教者）、艾亚斯丁（支持宗教者）等①。

个案：白希罕老人这样解释她的孩子的名字："翻开《古兰经》直接找到的名字最好。小孙子穆罕默德江的名字是我丈夫起的，它是圣人穆罕默德的名字。我们是胡达创造的，起名时一定要用《古兰经》上的名字，这样在复活日叫名字时有好处。大女儿名叫麦迪乃姆汗，这是《古兰经》上的名字，当年就是请已故的托乎提阿訇起的，我们要求他从《古兰经》里取。有的人另起这样那样的名字，这和胡达的命令不符。起《古兰经》里的名字功德高。麦迪乃姆（麦地那）就是我们朝觐去的地方。"

总之，伊斯兰教对维吾尔族人的影响极深，人们从《古兰经》中为孩子命名的做法表明了维吾尔族人安拉独一、穆罕默德是安拉的使者的信仰，维吾尔族人的名字实际上是他们伊斯兰教信仰的象征符号，是宗教信仰在世俗生活中的具体表现。

(二) 父母或其他亲人给孩子取的名字

(1) 以日月天地等大自然存在物的名称来命名。如阿依古丽（月亮花）、坤（太阳）、阿衣（月亮）、尤丽吐斯（星）、库克（天空）、迪俄孜（大海）、尤力瓦斯（老虎）、阿尔斯兰（狮子）、布吾拉（公驼）、包卡（公牛）。这反映了维吾尔先民的生活习惯、生产方式、图腾崇拜和自然崇拜。

(2) 第一、第二胎的孩子夭折或连续生女孩的家庭，为后出生的孩子取名时常常选用动词"tur"的命令式取名，也有部分家庭生头胎时也取这样的名字，希望能保住孩子的性命。如吐尔逊、图尔贡、图拉、托乎提等，

---

① 参阅杜力坤·热外都拉：《伊斯兰文化与维吾尔民族》，载《中国穆斯林》，2002 年第 6 期。

都有“停下”“站住”之意。这些名字取给女孩时，在后面加“汗”或“古丽”。

(3) 选用一些矿物之名做孩子的名字，象征着孩子的珍贵或健康成长。如塔西（石头）、铁木尔（铁）、阿勒玛斯（金刚石）、阿勒同（金）、玛尔江（玉珠）等。

需要说明的是，现在维吾尔族人在起名时有这样一种趋势，即越来越多的人在起名时考虑名字的押韵①。生了女儿起名时，名字的第一个字母须与母亲名字的第一个字母相同，生了儿子起名时，名字的第一个字母要与父名的第一个字母相同；不论生男生女，所有孩子名字的第一个字母都与父名第一个字母或母名第一个字母相同，如父亲叫阿迪力，儿子则叫阿里木，女儿叫阿依努尔、阿迪莱，或母亲叫凯麦尔汗，儿子则叫库尔班、喀迪尔、凯依尔扎提，女儿叫凯迪叶、凯丽比努尔；不考虑父母的名字，只是让所有孩子名字的第一个字母相同，如村民吾布力艾山，妻子名字叫谢姆斯汉，他们给女儿起名为努尔曼古丽，儿子叫乃比江。对于这种变化当地人的解释是为了押韵，实际上我们认为是汉族和维吾尔族人共同相处、文化要素相互借用的结果。维吾尔族人是父子连名制，没有姓氏一说，名字的结构是自名＋父名，而汉族则有姓氏，汉族孩子名字的第一个字一定是父姓，只要是同胞所有孩子的姓都须相同。维吾尔族人在与汉族人的交往中，经常遇到“姓”的问题。他们受汉族姓氏文化的影响，产生了名字押韵的现象。这种现象虽然是异文化的直接产物，但其中保存了浓郁的传统文化内容。

个案1：吾布力艾山给自己的两个孩子起名时，既考虑到“押韵”的问题，又在名中体现了伊斯兰教的信仰。女儿的名字努尔曼古丽由三部分组成，nurimangyl = nur + iman + gyl，nur，“光”之义；iman，“对安拉的信仰”之义；gyl，“花”之义，一般加在未婚女子的名后。他在解释女儿的名字时给我一再强调 iman 的重要性。努尔曼古丽这个名字集中体现了维吾尔族人宗教意识中伊斯兰教的主导地位以及原始信仰的潜存。他儿子的名字是乃比江，“乃比”是穆罕默德的一个美称，“江”是维吾尔族人加在男性名字之后的尊称。

个案2：2005 年 6 月 11 日，前往县政协副主席吐尔逊肉孜办公室查找

---

① 这里所说的押韵，指押韵头，即名字的第一个字母都相同。

一些资料。期间问了一些有关且末历史的问题。他看我对且末历史很感兴趣，就叫来了且末县志翻译吐尔逊别克尔先生，我们聊得很投机。在互留姓名和联系方式时，我说：“您和吐尔逊主席的名字一样，只是姓不一样。”因为维吾尔族人是父子联名制，父名在后。如果借用汉族的姓的说法，实际上是说两个人的父名不同。这时吐尔逊主席说：“我们的姓是一样的，都姓‘穆罕默德’。我叫‘穆罕默德吐尔逊肉孜’，他叫‘穆罕默德吐尔逊别克尔’。”

以上两个个案反映了汉文化对维吾尔文化的影响，同时也反映了维吾尔族人在宗教上的认同。

二、临时命名

按照维吾尔族人的习惯，女人生孩子特别是生头胎一定要在娘家坐月子。一般在分娩前一个月父母就将女儿接回家中，这种做法有很多好处：首先产妇在分娩前后可以得到很好的休息，不会因为怀孕和分娩无法操持家务而受婆家或丈夫的白眼；夫妻双方的分离客观上使得夫妻间没有性生活，对胎儿和产妇的健康都有益处；女儿受到娘家的重视，提高了其在婆家的地位。

现在政府要求产妇在医院生孩子，孩子出生后正常情况下五六天就能出院。按照当地的习惯，婴儿出生 7 天时要请阿訇到家里命名，这只是正式命名之前的临时性命名，是一种应急举措。这次命名不请客，主人家做抓饭或煮肉招待前来命名的阿訇即可。

个案：村民哈斯木阿洪的大女儿海尔麦提汗要生头胎了，在离预产期还有一个多月时，父母将女儿接回家中静养等待分娩。海尔麦提汗于 2005 年 10 月 23 日，生下一个胖小子，第 7 天母子安康出院。父母将女儿接回自己家坐月子。当天请来本村的伊玛目买买提艾合买提给孩子命名，阿訇从《古兰经》中给孩子起名为喀米力江。

对临时命名的原因，海尔麦提汗是这样解释的：人一出生随时都可能走向来世，如果在没有命名前离世的话，他在来世就没有名字，到了复生日胡达审判时他会因为没有名字而被挡在天园之外。因此，看似不很正规的临时命名在维吾尔族人的生活中与正式命名具有同样的存在价值。

对出生 7 天时所起的名字，在举行正式命名礼时可以改变。

个案：哈斯木阿洪在外孙出生七天时，将本村的伊玛目买买提艾合买提阿訇请到家里，从《古兰经》中给孩子取了“喀米力”这个名字。2006 年 1 月 15 日，哈斯木阿洪给外孙举行命名礼，就孩子的名字与亲家交换意见时双方发生意见分歧。孩子的父亲要让儿子叫图尔逊江，哈斯木阿洪一家不太高兴，但为了避免矛盾，哈斯木阿洪没有坚持自己的观点，同意在命名礼上将孩子的名字改为图尔逊江。

三、正式命名——命名礼

在克村，正式命名一般在小孩出生后 40 天到 3 个月之内进行，这是一个人出生后经历的第一个公共仪式，它向众人表明这个生命具有了穆斯林身份，从今以后就成为穆斯林群体中的一员。有关名字的意义待孩子长大后还要讲给孩子听，这样就“将神圣的神话与传统有系统地教育青年，渐渐使他知道族中奥秘，使他见到神圣事物①。”

命名礼的过程是这样的，在命名礼的前一天用克日可水②洗婴，在命名礼的当天，主人家准备一大锅抓饭用来招待来宾，当然加玛艾特是第一批客人且是最尊贵的客人。命名仪式由阿訇主持。阿訇念唤礼词、入拜词，然后命名。命名完后将婴儿过筛子，再由英俊高大、聪明能干的年轻男子抱着孩子快速跑出家门。整个仪式过程象征着伊斯兰教的信仰意识和精神向婴儿心灵的注入，是一种“生为穆斯林，死也为穆斯林”的象征行为。

个案：2005 年 11 月 25 日早晨 10 点，我来到克村村民买买提吐尔逊阿洪家，第二天是他二女儿库万汗的儿子的命名礼。

家里客人很多，邻里亲戚们都来帮忙。妇女们在屋里切胡萝卜，男人则忙着架锅灶、烧开水、宰牛。村里最有威望的两个伊玛目、唯一的一个阿

---

① ［英］马林诺夫斯基：《巫术科学宗教与神话》，李安宅译，北京：中国民间文艺出版社 1986 年版，第 22 页。

② 即 40 天水，是在热水中加入羊油、黏土、金戒指、银戒指、铁刀、生肉等配制而成。

吉，还有村清真寺管理委员会的成员买买提老人也来到家中过问准备情况。

买买提吐尔逊阿洪本打算宰两只羊，但是在大家的怂恿下他宰了一头牛。买买提吐尔逊阿洪家是村中比较富裕的家庭。他靠自己的智慧勤劳致富，积累了一定的财产，家中有拖拉机，有七头牛、五六十只羊，银行还有一定的存款。他本人又很虔诚，每天去清真寺礼拜，并没有因为挣钱而耽误敬主拜功。这样的人在村里一般都享有较高的声誉，正因为如此，村里的宗教人士也很敬重他。

牛是买买提吐尔逊阿洪亲自宰的。七八个男人把牛绑好，压倒在地，买买提吐尔逊阿洪手持宰刀，口中诵经，一刀下去，牛血便汩汩而出。在宰牛过程中，我问了在场所有男性这样一个问题："买买提吐尔逊阿洪念的经文的内容是什么？"结果没有一个人知道内容。大家对我说："我们是穆斯林，宰牲时一定要念经，我们的祖先就是这样做的，他们教会我们怎么念，但我们不知道这些经的内容。祖先告诉我们念经宰的牲畜的肉我们才能吃，这样的肉是洁净的；不念经宰的牲畜的肉我们不能吃，那样的肉是不洁净的。"

事后我又专门访谈了买买提吐尔逊阿洪，问他宰牲时所念的经文的内容，他给我诵了一遍，然后解释说："奉至仁至慈的安拉之名。安拉至大！安拉至大！安拉啊！这头牛来自于你，现在归于你，求你接受它作为我的奉献吧。"

中午时分，家里来了一位名叫哈瓦汗的中年女性，虽然是初次见面，但我们聊得很投机。她来后没多久小孩就狠命地哭。哈瓦汗自己悄悄地对我说，她自己眼睛里有痣，所以有凶眼①。她拔下一撮头发，给了库万汗，库万汗从路上找来一些碎柴火，连同哈瓦汗的头发一起放到火铲中点燃，这时哈瓦汗用大拇指和食指在自己的两只眼睛上抓了一下，又在自己的嘴上抓了一下，甩到火铲中。大家用手一起向小孩的方向扇燃烧冒出的烟，这时母亲也开始给小孩哺乳。小孩渐渐不哭了，大家都说是熏烟术②起了作用。

---

① 维吾尔族人认为经期妇女、产妇、行房事的"不洁之人"、眼眶生痣和眼眶长毛的人，甚至一些灰眼珠的人都具有凶眼。现今的生活中很多维吾尔族人依然认为人们忌羡他物或忌妒贤能的眼光具有某种超自然的力量，它会伤害他所忌羡的人、物或所从事的事业。如凝视别人漂亮的孩子，会使这个孩子遭到不幸；灌面肺子时注视正在灌注的面肺子，肺子就会破口；凝视正在烤制的馕，馕就会落入馕坑；凝视纺织中的布料，布料就会断线。防凶眼致厄的手段主要有佩戴图玛尔、行熏烟术、用物阻挡（如在灌面肺子时在肺子上蒙上一块布，不让别人凝视）等。

② 点火熏烟，以防止小孩鬼魂附体和"凶眼"人致厄。点火熏烟的材料主要有骆驼蓬、路上拣来的柴渣、柏树、草果干等。这些东西点燃后，用烟熏小孩，小孩就不会受鬼魂和"凶眼"的侵害。

女人们在施熏烟术

其实我坐在旁边一直在观察。整个上午人来人往，小孩既没有得到很好的照料（包括及时喂奶），又没有得到很好的睡眠，中午时分小孩又困又饿，只能用哭声来表达自己的不满。但人们并不从这个角度去分析，却认为小孩是遭了凶眼哭个不停，而且认为是熏烟术止住了孩子的哭闹。

接受命名礼的小孩必须要从头至脚全部清洗。维吾尔族人非常讲究命名礼前孩子的清洗，洗婴时间选在聚礼前夕。她们在水壶里加入黏土、金戒指、银戒指、铁刀、生肉和羊油，兑好温水，然后给孩子清洗。清洗的方式同大净，只是不给小孩漱口和呛鼻。洗完后我问他们为什么在水里加那么多东西，孩子的外婆告诉我：加入黏土可使婴儿皮肤滑润，加入金戒指、银戒指可使小孩以后生活富裕，加铁刀实际上是加铁，是为了孩子的身体像钢铁一样强壮，加生肉可使孩子的皮肤不长疙瘩，加羊油可使孩子的皮肤润滑、不皴。

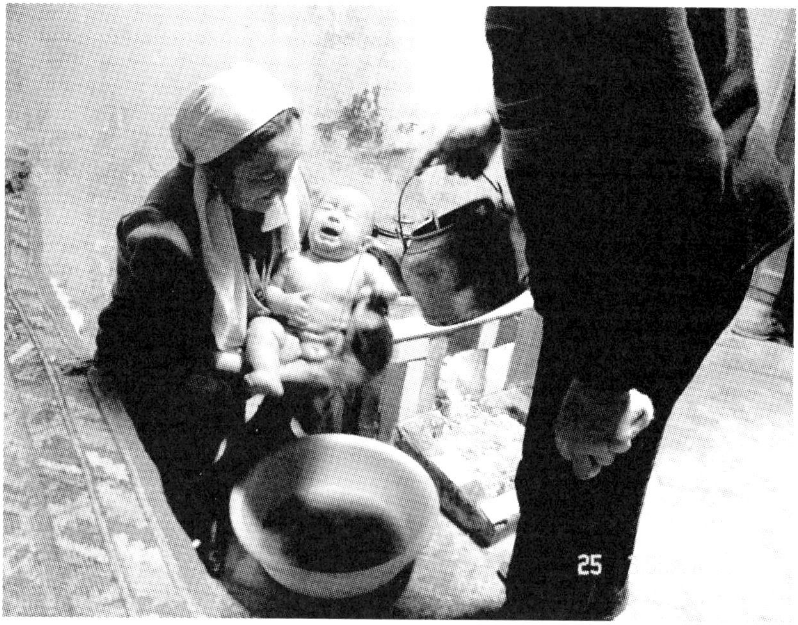

用克日可水洗婴

命名礼这天清晨，加玛艾特成员做完晨礼后直接来到买买提吐尔逊阿洪家，家中所有男性都站在大门口迎接，给每个加玛艾特成员倒水洗手，递上毛巾，然后请进屋落座。主人用热腾腾、香喷喷的抓饭招待完他们后，孩子的舅舅便将小孩抱进加玛艾特落座的屋里。现任伊玛目买买提艾合买提阿訇抱起婴儿，站在早已铺好的贾伊纳麻孜上呼唤礼词，念入拜词、清真言等，然后抱着小孩蹲下祈祷，接着又站立对小孩说："你右耳听着唤礼词，左耳听着入拜词，根据 subiχaniŋ tallaniŋ 的昭示，穆罕默德的圣行，imamu εzεm rεχmitulaniŋ 的建议，jibulajin χelillaniŋ illεtliri bilεn，由此处加玛艾特作证，向胡达降赐的穆罕默德玉素普阿洪这个名字表示祝贺！"说完，高呼孩子的名字。这时孩子健壮英俊、聪明能干的舅舅快速将孩子接过去，跑出屋外。

仪式后就仪式的一些细节访谈了村里的人，人们说，念唤礼词和入拜词的意思是把刚出生的婴儿由清真寺外呼唤到清真寺内，快速跑是为了让孩子长大后做事利索。

在有些命名礼上，阿訇念完经后要将小孩放到筛子里筛几下，说是像筛麦子一样把小孩脑袋里多余的水和渣子筛掉，让小孩头脑清楚、思维敏捷、有条有理，不得精神病。但在这次命名礼上取消了这一项目，问及原因时买买提吐尔逊阿洪是这样解释的：“这样做是不对的，因为一切是由胡达前定的，胡达决定了的东西，你是改变不了的。这人是瞎子聋子还是健康的人，只有胡达知道。再说孩子的父母没有精神病，小孩哪里会有精神病，那都是胡说，是和伊斯兰教相违背的，我们如果那样做，阿訇们会生气，所以我们不在筛子里筛孩子。”因为阿訇反对小孩过筛子，加之买买提吐尔逊阿洪自己宗教学识也高，所以在外孙女的命名礼上取消了这个仪式。

清晨来的客人中还有三小队和四小队的加玛艾特成员，他们都是在自己清真寺伊玛目的带领下集体来参加这次命名礼的。最出乎意料的是全县最大的阿訇奥斯曼喀力阿吉和阿布都克力木喀力阿吉也前来祝贺，使我有幸结识了他们。大阿訇们的光临证明了我的观点：对真主敬行拜功，履行穆斯林义务并勤劳致富的人更能获得人们的尊敬。

四、改名

在小孩举行完命名礼后，改名的事也常有发生，这主要是因为孩子在成长过程中经常生病或遇上大灾小难所致。近些年改名的情况与以前相比，呈下降趋势，人们说主要是牵涉户口登记的问题。就改名一事人们对不同的情况采取不同态度。以前的名字如果不是从《古兰经》中取的，现在改为《古兰经》中的名字，人们对此持赞成态度；倘若以前的名字是从《古兰经》中起的，因为孩子生病，父母要改名，这是不对的，是与胡达的意愿相违背的。

个案 1：买吐地阿洪有一女儿，1995 年生。原名阿比代，两年前改为佐日古丽。改名的原因是名字与孩子的脾性不符，小孩经常生病，改名后小孩身体一直很好，再也没有生过病。

个案 2：2006 年 1 月 11 日，加玛艾特拜年到村民艾合买提家时，艾合买提要求阿訇给自己多病的女儿改名，并要求从 uluʁ kitap（伟大的书）中取名。阿訇给孩子改名为茹克亚姆，伊玛目说茹克亚姆是穆罕默德那个时代时兴的名字。

女孩的原名叫 mɛŋzurɛm。因为小孩头上有个痣，痣在维吾尔语中称“mɛŋ”，所以出生后就起了这个名字，小孩自小身体不好，常常生病，家人认为是名字起得不好的缘故，因此决定改名。

1 月 19 日，再去艾合买提家访谈，问改名的效果如何，夫妇俩高兴地指着孩子说："你看，孩子胖了，这个名字和孩子非常相符。名字真的是不能乱取，一定要从伟大的书中取。"

在维吾尔族人中一个孩子出生后他仅仅享有一种物理存在，"正是在他出生后随之而来的仪式才给了这个婴儿一个真正'有生命的人'的地位，也只有借助于这种仪式，他才能融合于现有的团体中[①]。"通过对维吾尔族命名礼的考察我们可以看到名字这个语言符号所涉及的社会文化意义。名字这个符号的价值不仅仅在于符号本身，而在于它的意义，它在文化深层上反映了维吾尔族人对于主观世界和客观世界的调适，这个语言符号蕴含了群体和个体的生命价值、自然观念、信仰观念和亲族角色。命名仪式创造和再确认了族群的价值取向，通过命名过程将此价值取向在社会和社会成员中予以传播、强化，进而影响人们的感情和行为。就个体而言，命名礼是个体来到人间所接受的第一个文化事项，在这个过程中他（她）同时接受了文化定位，被社会接纳成为正式成员。命名不只是个体进入社会的事项，而且还为社会提供了文化认同、模仿、响应、社会整合和社会控制的空间。

维吾尔族人取名时虽然名字并不全是从《古兰经》中起名，但在整个过程中融入了极多的伊斯兰教成分，宗教人士对整个过程的主导、命名时加玛艾特的在场、宗教器物——ʤajnamaz 的使用、宗教礼拜语言的运用等，一再表明维吾尔族的命名仪式实为宗教身份的确定仪式。起名并非是个人的私事，而是群体的公共事务，在此仪式中再次赋予一个人的穆斯林身份，尽管穆斯林身份是安拉前定的。

维吾尔族人在选取名字时已经不同程度地受到汉文化的影响，这说明在汉文化这种强势文化背景下，少数民族不仅需要在政治、经济、教育等方面与汉族认同，而且还要在名字这样的个体指称符号方面与汉族沟通。孩子名字的第一个字母与父名或母名的第一个字母相同，或孩子们名字的第一个字母相同，都说明他们在取名时借用了汉族姓氏文化的成分。

在命名礼中我们可以看到象征意义在人类的宗教生活中起到一种决定性的作用。克日克水带来了新生——一方面旧有身份的消失，一方面丰富和增加了生命的潜在价值。因为克日克水的洗礼，旧有的形式和结构被瓦解和破

---

① ［罗马尼亚］米尔恰·伊利亚德：《神圣与世俗》，王建光译，北京：华夏出版社 2002 年版，第 107 页。

坏，一个新的创造物、一个新的生命随之出现。

在命名礼的整个仪式中原始宗教信仰依然存在。克日可水洗婴、遭凶眼以及熏烟术的治疗、命名完后的速跑及筛筛子这种模仿性巫术的存在，表明了维吾尔族人自古流传的传统文化的生命力。

第二节　割礼——穆斯林身份的强化

割礼，在维吾尔语中叫“synnɛt toj”，“synnɛt”是穆斯林必须仿效的“圣行”，“toj”意为“喜事”“庆典”等。且末人更多地说“χɛtmɛ toj”，“χɛtme”是阿拉伯语的借词，专指伊斯兰教的割礼。

一、什么是割礼

割礼指为割掉男孩阴茎包皮而举行的一种仪式。对于割礼，《古兰经》中没有严格具体的规定，但在《圣训》中明确谕示割礼是圣行[①]。它作为穆斯林内部的认同标志之一，是维吾尔族人在接受伊斯兰教时一并接受的，千百年来流行于民间，成为伊斯兰教信仰的具体体现和伊斯兰教信徒与其他宗教信徒的重要区别。《中亚蒙兀儿史——拉失德史》记载秃黑鲁帖木儿入教时：“人们大声欢呼，当天有 16 万人剪掉长发，皈依了伊斯兰教。当时，这位汗行了割礼。于是伊斯兰教的光辉驱散了不信的阴影，伊斯兰教在察合台汗国的这一整个地区传布开来。”[②] 按伊斯兰教教法规定，割礼应在 12 岁以前进行，一般选在春秋季，由专职人员来操作，维吾尔人崇尚单岁时举行割礼，民间有“单岁割礼，父亲积德；双岁割礼，母亲积德”的说法。同时割礼要请阿訇念经祈福，举行庆祝活动。

二、割礼的三个阶段

维吾尔族人把割礼看作一个人生命过程中如同婚礼一样重大的仪式，有

---

① 参阅［埃及］穆斯塔发·本·穆罕默德艾玛热编：《圣训》，穆萨·宝文安哈吉、买买提·赛来哈吉译，北京：中国社会科学出版社 2003 年版，第 236 页。

② 米尔咱·马黑麻·海答尔：《中亚蒙兀儿史——拉失德史》，新疆社会科学院民族研究所译，乌鲁木齐：新疆人民出版社 1983 年版，第 225 页。

的地方将割礼叫作“小婚礼”。割礼是维吾尔族人的成年礼。范根纳普在人类学的一本经典著作中分析了帮助个人度过他们生命中的重要关头的通过礼仪，如出生、青春期、结婚、为人父母以及死亡等。他发现把所有这些为生命关口准备的典礼分为三个阶段——分离（seperation）、过渡（transition）和融入（incorporation）是有用的。个人首先会被仪式性地从社会整体中排除出去，隔离一段时间，然后重新融入社会，获得其新地位。我们按照范根纳普的仪式理论，将维吾尔族人的割礼仪式分为分离、过渡和融合这样三个阶段，分析一位青年由童年过渡到成年而要入世所须经历的预备时期与隔离时期以及这个时期过去后才来的正式入世仪式。

第一个阶段——分离阶段，是与原来的状态、地点、时间或地位相分离的阶段。

在这个时期，即在进行割礼前，接受割礼术男孩的父母要给他准备新衣服、新被褥、新枕头，并准备足够的鸡蛋等。在施行割礼术前给孩子洗个干净澡，表明男孩与以前的生活决裂，做好了进入隔离期前的准备。

接受割礼手术儿童的父母，做好了物质上的准备后，然后选择一个吉日，如“主玛日”即礼拜五，请一位以施割礼术为职业的阿訇或宗教人士到家里进行手术。以前手术的“器械”极为简单，只有两样东西：一样是用好钢打制而成、被人们称作“吾斯土拉”的折叠式木柄小刀，即老式剃头刀；另一样“器械”就是被劈成两瓣，用刀刮得很光滑的芦苇秆。

以前由专门实施割礼术的人用锋利的吾斯土拉割去孩子的包皮，现在在克村，村民一般请医生来家里进行手术或去医院进行手术。

个案：2006 年 1 月 15 日，9 岁的阿里木江要做割礼术了。图迪阿洪和克里木阿洪被请来帮医生抓紧小孩。现在村民们已经不请阿訇割包皮了，因为 2005 年和田发生了阿訇割包皮时割断了小孩的小“鸡鸡”的事故，而且这件事在电视上被多次播放。主人请的是县医院退休外科医生喀斯木。喀斯木医生 57 岁，1973 年毕业于新疆医科大学。他在每个假期都要给五六十个男孩做割礼术，一个手术可以得到 50 元的手术费。阿里木江是他今天第 15 个手术对象。

喀斯木医生对我说：以前割礼都是阿訇做的。用芦苇秆夹住，然后用剃头刀割。一个剃头刀割很多人，有的甚至祖孙三代用的都是同一个剃头刀。没有消毒设备，有的阿訇就用盐水洗一下，如果刀子不快会在靴帮上蹭几下。割完后烧点儿棉花，用棉花灰止血。术后发炎的人很多，有的甚至得破伤风而丧命。

但即使是这样，所有的人还是一定要割包皮，否则不是穆斯林。

第二个阶段——中间阶段，即过渡阶段，这个阶段的人正处于转变状态中。

这个阶段施割礼术，操作程序如下：施行手术的阿訇或者宗教人士先用两个手指将男孩的包皮轻轻地揉搓一阵，边搓边给孩子讲故事，分散孩子的注意力，然后，用两片芦苇秆将包皮夹住，芦苇秆的上端靠里，下端朝外，略呈斜面，把要割去的部分突出在两片芦苇秆之外，并告诉孩子看看明天这样放行不行。这时阿訇或者宗教人士左手捏好芦苇秆，右手拿起在火上经过烘烤消毒过的“吾斯土拉”刀，趁小孩不注意，一声：“奉至仁至慈的真主之名”，往刀体上吹一口气，顺着芦苇秆的斜面，准确而迅速地一刀削去，随即将事先烧好的棉花灰粘在渗血的伤口上。这时，作为助手的成年男性把剥掉了壳儿的煮鸡蛋塞进因疼痛而欲哭的孩子嘴里，吃下一个再接着喂一个，避免孩子使劲哭喊导致伤口出血过多，起到止血、镇静的作用。一般孩子术后卧床休息一个礼拜左右就能痊愈。在施行手术过程中，不得有闲人在旁边观看，特别是不允许妇女在场或出入。

对于施行割礼手术的男孩，鸡蛋是不可缺少的。因为鸡蛋具有神奇的功效，是男孩子将来成为强壮男子汉的重要保证。老人们说割包皮时吃鸡蛋能达到补“蛋”（即睾丸）的目的。他们认为鸡蛋和睾丸不仅外形十分相似，而且都与繁殖密切相关。其实这正是“触染”巫术在割礼这一民俗中的具体表现。

接受割礼术的男孩手术后要在家静养 7 天，这段时间不许他下地，更不许他到外面玩耍，真正地将他与以前的世界割裂开来，使他处于非正常生活状态。每天都有亲戚带着好吃的或者新衣服来看望他，最好的小伙伴也会来他家陪他玩。他在这个阶段享受到了平时享受不到的待遇。

分离期一般延续 40 天左右，至割礼庆典举行为止。

第三个阶段——融合阶段，即一个人在施行完割礼术后被重新整合到社会中，但此时该男孩处于已经改变的状态中，他的地位和身份都发生了改变。融合是以术后 40 天举行的割礼庆典为标志。

庆典仪式主要是邀请加玛艾特、亲戚、邻里及好友来家中赴宴。主人一般准备一锅香喷喷的抓饭招待客人，客人也带来祝贺的礼物。庆典的中心人物——接受了割礼术的男孩身披红彩站在门口迎接客人，以示自己长大成人，成了一个真正的穆斯林。

个案：2005年11月12日下午，我来到克乡妇女主任哈丽旦木家参加她儿子麦尔旦的割礼庆典。实际上庆典仪式第二天才举行。当天主要是亲戚、朋友、邻里来帮忙做准备。

切胡萝卜的女人们

我来时已是下午6：00多了。男人和女人们分别从事着自己的工作。采购肉、胡萝卜、大米、清油等工作主要由男性亲戚帮忙完成，女人们则主要是帮着借茶碗和托盘、打扫卫生、布置房间、切胡萝卜等。像这样的庆典活动，一般要切100千克左右的胡萝卜。我到时，切胡萝卜的工作已经结束。切胡萝卜是维吾尔族各种仪式中对妇女们来说意义最为深远的一个项目，因为是否来切胡萝卜表明了一个人和主家的关系的远近，而且这种集体活动增进了女人之间的亲密感，同时也是女人们信息交流的主要场合。

黄昏时分，哈丽旦木上巴扎美发和给孩子买新衣服。按照维吾尔族的习俗，割礼庆典这天小孩一定要里外都穿新的，如果条件允许，母亲也要穿新衣服。哈丽旦木因为工作忙，孩子的新衣没能提前准备好，好在她家离巴扎很近，时间不长，她就给儿子买回了漂亮的新衣。

哈丽旦木是独女。父母离婚后，母亲吐尔逊汗带着她，没有再嫁。丈夫于4年前在车祸中丧生，自己独自带着年幼的儿子和老母亲一起生活。她泼辣能干，丈夫去世后，哈丽旦木买了一个有四间房屋的独院，后又请人加盖了两间。现在院子里葡萄成荫，干净舒适。

迎接客人的麦尔旦和伴童

哈丽旦木与丈夫结婚后，一直没有生育，夫妇俩便领养了一个男孩，名叫艾则孜。领养艾则孜一年半后她生下了麦尔旦。丈夫去世后，艾则孜又被哈丽旦木的公婆收养。我来她家的当天下午艾则孜也来到哈丽旦木家，因为他曾经是这家的孩子，而且与麦尔旦相处得很好，所以庆典仪式上他要做麦尔旦的陪童①。

麦尔旦患有先天性隐睾症，哈丽旦木当年夏天带儿子去乌鲁木齐手术治疗，顺便在医院做了包皮切割术，现在伤口已痊愈。

第二天凌晨5：00，大家早早地就起床忙了起来。男人们忙着帮大师傅做抓饭，女人们则忙着收拾屋子，清扫庭院，烧水沏茶。8：30第一批最尊贵的客人加玛艾特到来时，母亲早已给孩子们披上了红绸子，戴上了红花，两个孩子站在门前迎接客人。

---

① 按照这里的习俗，割礼时要找一个关系最好的伙伴一起披红挂花，迎接客人。

三、割礼的意义与功能

人类学家认为生命仪式中的身体手术，比如割礼中的包皮切割，是保证他学会和记住所有成年男子都应知道的知识的教学技巧，而且在他们的社会中“勇气和忍耐被认为是重要的男性美德，”“割包皮的痛苦有助于在成年礼中灌输这些东西①。”

割礼在维吾尔族人的生活中具有特殊的意义：

首先，割礼是一种宗教成人礼，“要想成为一个真正意义上的人，他必须终止他的第一个（自然）的生命，然后再次出生为一个更为高级的生命。这种生命既是宗教的同时也是文化的②。”维吾尔族人通过割礼仪式将年轻人引入宗教生活中来，他要脱离在凡俗世界里度过的孩童时代，迈入神圣事物的世界。割礼后这个男子就是一个成年男子，要承担起自己的宗教责任，开始履行自己的宗教功课：做乃玛孜、封斋、交纳天课等。村民们说不做包皮切割术不是穆斯林，因为不能很好地做净身。割礼再次强化了一个人的穆斯林身份。

其次，割礼表明一个男孩从举行仪式的这天起就成了一个真正的男人，他要在世俗生活中承担起一个男人的责任——养家糊口。

通过观察与访谈我们看到割礼的功能在于：宗教将生理现象变成社会过程，在生理成熟之上加上已经成人的意识，使年轻人尽义务、享权利、负责任，与安拉和圣人接近；使年轻人了解传统，知道族中奥秘；宗教性质的割礼仪式具有创造行为，这种行为不但使个人生活具有社会意义，而且个体在精神上发生变化，以对身体伤害的手段“将意义铭刻在人的身体上和思想里”③；表现维吾尔族社会里的传统的无上势力与价值，深深地将这种势力与价值印在每代人的心目中，并且极其有效地传延民族的风俗信仰，以使传统延续，族群固结。“行为在社会上的功用就在创造心理习惯与社会风俗，

---

① ［美］威廉·A. 哈维兰：《文化人类学》（第十版），瞿铁鹏、张钰译，上海：上海社会科学院出版社 2006 年版，第 404 页。

② ［罗马尼亚］米尔恰·伊利亚德：《神圣与世俗》，王建光译，北京：华夏出版社 2002 年版，第 108 页。

③ ［英］菲奥纳·鲍伊：《宗教人类学导论》，金泽、何其敏译，北京：中国人民大学出版社 2004 年版，第 175 页。

对于群与文明有不可测量的价值”①。

实施包皮术，除去宗教的意义外，确有科学道理。研究表明：男人割过包皮后，终生不患阴茎癌，而且做过包皮切割术的男子性器官发育得好，性能力提高，有利于婚后的性生活。也因为以上原因，现在在新疆很多汉族人家都给孩子割包皮。笔者同学、朋友的大部分男孩子都做了包皮切割术。2006 年，笔者儿子就读的乌鲁木齐市十三中初一（14）班，共有 22 名汉族男生，其中 12 人做了包皮切割术。文化的相互影响在这里表现得淋漓尽致。在汉族人知道包皮切割术的科学功用后，纷纷学习、模仿；反过来对割礼科学功能的诠释，又反流进原文化，一方面丰富了割礼的功能，另一方面也在逐渐消解割礼的原宗教意义。

第三节　婚礼——穆斯林家庭的组建

婚礼也以本身为目的，因为婚礼在男女之间创设超自然的赞许的结合，加在原本的生物事实之上：使男女终生结在一起，互相爱恋，共有经济，长养子女……宗教给单婚一个价值与赞许底印记，就是对于人类文化的另项贡献。②

——马林诺夫斯基

伊斯兰教的婚姻观认为，结婚是每位成年穆斯林应尽的义务，是安拉在他还没出生时就已做好了的安排。《古兰经》中对于穆斯林的婚姻从伦理道德、社会习俗等方面作了详尽的论述，阐明了伊斯兰教的婚姻制度及其观点。《古兰经》中这样谕示教民：“众人啊！你们当敬畏你们的主，他从一个人创造你们，他把那个人的配偶造成与他同类的，并且从他们俩创造许多男人和女人。”（4：1）“他从你们的同类中为你们创造配偶，以便你们依恋她们，并且使你们互相爱悦，互相怜悯。”（30：21）“真主以你们的同类做你们的妻子，并为你们从妻子创造儿孙。”（16：72）这些经文明确阐述了

---

① ［英］菲奥纳·鲍伊：《宗教人类学导论》，金泽、何其敏译，北京：中国人民大学出版社 2004 年版，第 175 页。

② ［英］马林诺夫斯基：《巫术科学宗教与神话》，李安宅译，北京：中国民间文艺出版社 1986 年版，第 24 页。

伊斯兰教婚姻的起因、基础和最终结果，目的在于使每一位成年穆斯林都明确认识到结婚是他们应尽的社会和宗教义务。

一、维吾尔族人的婚恋过程

在维吾尔族社会，一桩有效的婚姻必须以男女双方信奉的伊斯兰教为前提，在双方自愿、父母同意的情况下，举行特定的宗教仪式，婚姻才算成立。克村维吾尔族人的婚恋过程分为以下几个阶段。

（一）选择配偶

选择婚恋对象是缔结婚姻的第一步，维吾尔族人择偶的方式有多种，一是由父母或亲属从乡邻或外村异乡物色婚恋对象。父母选中后，再征求子女意见。二是通过媒人或朋友介绍婚恋对象。三是自由恋爱选择婚恋对象。男女青年在劳动、生活中，或在其他各种社交场合，相知相恋，从而确定恋爱对象。但在农村主要以父母、亲属、朋友介绍对象为主，这与乡村封闭的环境有关。

克村青年以选择本民族的配偶为唯一选择。一般由父母从亲友邻居或别处为儿子挑选对象，经儿子同意后，就可确定。或者由儿子自己选择，但一定要征得父母的同意，父母的意见起着决定性的作用。克村年轻人的婚姻现在依然是父母选择介绍配偶的占绝大多数。这也是本村年轻人离婚多的重要原因。在克村进行田野调查的 8 个多月的时间里，就有 3 个小家庭解体，其中的两个笔者还参加了他们的婚礼，可惜的是在不到 3 个月的时间里，他们就离婚了。

现在村里年轻人谈恋爱结婚都是按照国家法定结婚年龄进行的。在以前受伊斯兰教的影响，男孩 12 岁，女孩 9 岁就认为已经成人，可以成婚。102 岁的肉孜汗老人就是在 13 岁结婚的。

（二）说媒

不论是父母选择的对象还是自己选择的对象，只要一经选定，由男方父母出面委托几位女性长者带上餐单[①]包着的礼物去女方家说亲，经女方同意

---

① 餐单在维吾尔族人的观念中是给家庭带来幸福吉祥的灵物。每家都有多块餐单，有的是供进餐时铺的，有的是妇女用来参加各种仪式时包裹食物或礼品的。维吾尔族人不论是喝茶还是吃饭，一定要铺餐单，而且要铺平铺正，家庭成员围餐单而坐进餐。他们特别忌讳踩、跨餐单。人们常说“包着餐单去了”，意味着带着礼品去的，而餐单里往往包裹的是馕、砖茶和方糖。

后，亲事便可正式进行。

（三）议婚

男方父母和伊玛目、亲戚好友 30 ~ 40 人，其中每位女性都要带上餐单包着的礼品去男方家议婚。议婚的主要内容是商定聘礼和聘金。在克村，现在一般不送专门的聘礼，而是以聘金代替。聘金金额一般从 8000 元到 15000 元不等。聘金主要用于购买陪嫁品，如专为新娘买的衣服、鞋帽、头巾、首饰等物品及女方请客所需物品，如婚宴上所需肉、油、打馕用的面粉、大米、胡萝卜、盐、糖果及柴或煤等。

（四）定亲

男女双方家庭认为两个年轻人可以组建家庭了，就在婚礼前 7 ~ 15 天时，男方带着议定的聘金和 14 或 16 个餐单包着的礼品去女方家定亲，商议结婚日期。这次女方家要回敬餐单礼品。以前定亲之后，在婚礼前 1 天还要举行 paʧ toj。主要是送婚礼上的用品，如馕、茶叶、盐，做抓饭必需的柴火、肉、清油、大米、胡萝卜等。现在所有开支都算进聘金里，因此，也就少了一道程序。结婚日期定下来后，年轻人就可以到民政部门办理结婚手续了。

定亲仪式上男方家在展示餐单里的礼品

（五）婚礼

维吾尔族人婚礼的整个过程中掺杂着多种宗教因素。婚礼当天男女双方都宴请宾客，婚礼的第一批客人是本村的加玛艾特，加玛艾特去清真寺做完晨礼后直接去参加婚礼。男方娶亲时一定要带上本村的伊玛目或有崇高威望的宗教人士，到女方家展示完礼物后，新娘换上婆家带来的衣服，带上婆家送的金首饰，就该由阿訇念尼卡了。念完尼卡后，阿訇询问新郎、新娘是否同意结合，他们回答同意后，让双方吃浸泡过盐水的馕。吃浸泡过盐水的馕是维吾尔族人的传统习俗，表明新人从此成为一家人，同甘共苦，永远忠诚不渝。念尼卡的仪式结束后，大家都为新人做都阿祈福，然后由两人撑开一个方头巾，1 个人往头巾上撒大米，撒完后，拿到田里喂鸟。整个仪式结束后，娶亲的队伍就将新娘娶回男方家。

（六）ʧaj

婚礼第二天早晨娘家要为出嫁女儿送饭，一般是抓饭和薄皮包子。中午时分，女方父母和邻里亲戚五六十人带上亲戚朋友送给新人的礼物，去新人家走亲戚。男方父母准备好抓饭迎接亲家及其他客人。

二、克村婚礼纪实

2005 年 9 月 9 日上午，我来到克村卡德尔村长家。第二天，是他儿子吐尔逊江和女儿吉米莱木汗两人的婚礼。我提前一天入住村长家主要是为了完整地参与观察维吾尔族人的婚礼。这种儿子和女儿一进一出同时举行的婚礼在维吾尔语中叫“qoʃtoj”，可以译为“双婚”。

刚进村长的家门，我就惊呆了。十米长的大炕上围坐着 30 多名妇女，她们都是邻居和亲戚。这些妇女从家里带来刀子，帮主人切胡萝卜。切好的胡萝卜堆了满满一炕。村子里几乎各家妇女都要参加，除非与主人关系不好。如果在这种时候你去村子里的人家找女主人，家人会告诉你，她切胡萝卜去了。

这次婚礼共切了 120 千克胡萝卜。平均每人切了 4 千克。看起来每人切得不多，实际上这是一件很辛苦的事，因为维吾尔族人家不用菜刀，他们用的是小刀。用小刀切胡萝卜实在是一件很费力的事，笔者切了半小时手就痛得受不了了，但对村里的妇女们来说切胡萝卜是一件愉快的集体活动，大家边干边聊，谈着家里的事、村里的事，不时有人说一些笑话，引来满堂大笑。

中午时分，胡萝卜切完了，主人家做了满满三大盆（直径60厘米）汤挂面招待切胡萝卜的妇女们。大家就着馕，吃完汤面，带着各家的刀子回家了。

邻居们走了，主人家还有许多亲戚在不停地忙碌着。男人们似乎没有什么明确的大事要做，但他们进进出出也没闲着，早晨他们已经宰了一头牛，而且解好煮在锅里了。妇女们忙着和面、洗面筋，洗牛肺、羊肺，然后灌面肺，待明天用来招待新人的朋友。灌面肺时女人们始终都用布盖在肺子上，以防凶眼。在维吾尔族人的观念中，灌肺子时如果肺子遭了凶眼，就会破裂，面糊糊就流出来，做不成面肺子，而肺子免遭凶眼的最好办法就是用布盖上。

人们一直忙碌着，直到深夜两点才陆续入睡。我和村长要结婚的女儿、伴娘、化妆师等6人睡在一间屋里。因为人多，为了空气流通，房间的两个窗子敞开着。沙漠中的村庄，夜晚冷风飕飕，寒风直往屋里灌。我紧紧地裹在被中，就这样还是冻得直咳嗽，我只好用衣服把头盖住，不多时就睡着了。

凌晨五点，大家就先后起床了。新娘开始化妆，男人们生起炉灶，准备做抓饭。做抓饭的锅直径一米四，是我今生见过的最大的锅。这一锅抓饭够800人吃。婚礼上共做了两锅抓饭，招待了1500人。这两锅抓饭的用料是：胡萝卜120千克，牛肉70千克（一头牛的所有牛肉），110千克大米，20千克清油。

八点左右，第一批客人到了，他们是本村的加玛艾特，大约有35人。所有的人都放下手里的活，恭敬地站在一旁迎接。气氛非常肃穆。客人们洗完手后，进屋上炕，依声望的大小，由右向左顺序落座。男性"服务员"上茶、上馕、上抓饭，大家都低声说话，唯恐惊扰了他们。吃完饭，"服务员"收拾完餐单上的食物，由一、二组清真寺的伊玛目领拜，所有人一起做都阿。没有进餐的人也静静地站在原地做都阿。仪式完后，加玛艾特成员坐在院外的长椅上迎接客人，只有男性客人来时，他们才站起来握手，以示欢迎。

大师傅做婚礼上招待客人的抓饭

婚礼上加玛艾特迎接客人

在娶亲前，哥哥图尔逊江和妹妹吉米莱木分别在邻居家与朋友相聚。图尔逊江在邻居家的炕上静坐着，小伙子们则在乐队的伴奏下一边唱一边跳，甚是高兴。招待他们的是几盘面肺和凉粉，他们也喝几杯酒。吉米莱木穿上漂亮的婚纱，坐在邻居家炕角的地毯上，姑娘们在音乐的伴奏下，欢快地跳着交际舞和维吾尔族舞蹈。在整个婚礼过程中，图尔逊江和吉米莱木的朋友们载歌载舞，使婚礼沉浸在欢乐的气氛中。有趣的是，他们各自都只有同性朋友陪伴。

十一点我们带着两名阿訇，一个 3 人组成的乐队，还有新人的父母、亲戚大约 60 多人一起去阿拉尔乡娶亲。娶亲的队伍到了新娘家以后，喝了娘家敬的茶，吃了馕上的肉以后就进屋落座。

接下来是展示礼物的时候。由娘家的两位妇女一手夹着馕，一手清点礼品，主要是送给新娘的衣物和金首饰。礼物清点完毕，婆婆从衣兜里掏出 1000 元奶钱，送给娘家。但村民讲这钱实际上是给新娘的破红钱。

清点完婆家带来的礼物后，娘家人也向娶亲的人展示他们送给新郎的礼物。一件衬衣，一套西服，一双鞋，还有一顶帽子。礼物展示完毕后，大家就餐，主要食物是馕和抓饭。吃完饭，做都阿。

待出嫁的维吾尔族新娘

婚礼上展示礼物

接着进入婚礼最重要的程序：念尼卡。由男方带去的阿訇念，大家都静静地听着，也有人跟着低声念。念完尼卡，新人吃浸过盐水的馕。然后两人将一方头巾提着，放在新娘头上，另一人将小半碗大米缓缓倒向头巾，倒完后绑好由专人撒向田中。

到此尼卡仪式结束，新娘坐在地毯中由小伙子们抬上车，接回婆家。新娘的父母也去送亲。

婚礼上念尼卡仪式

婚礼上撒大米仪式

车到了婆家，新娘仍然坐在毯子上由小伙子们抬进屋。进大门时门口燃着一堆火，新娘必须从火上抬过。以前是新娘绕火盆转几圈，现在简化为直接从火上抬过。

揭盖头

送给伴郎的肉馕

新人进屋后，小伙子们在乐队的伴奏下兴奋地跳着麦西来甫[①]，一直跳到揭盖头时。要揭盖头了，新人每人喝一小碗稀饭，其中新郎喝的那一碗中有一枚戒指，戒指喝出来后，新郎悄悄将其戴到新娘手上。这时新郎一手拿一束塑料玫瑰花，一手用筷子挑盖头，一共挑三下。挑完盖头，陪同新娘一起来的老者将一个肉馕作为礼物送给伴郎，小伙子们一哄而上，抢食一空。

下午年轻人去巴扎[②]的宴会厅娱乐。五、六点时新人回到婆家，稍事休息，和婆婆、公公以及其他亲戚去女方父母家答谢他们，在女方家招待的饭仍是每人一碗汤挂面。吃完挂面，我们回到克村。

晚上客人走后，亲戚们留下来切胡萝卜，因为次日有“ʧaj”，十来个妇女在炕上围成一圈一边聊天一边切。不知什么原因，人们把话题集中到了躺在炕上睡觉的一个幼儿身上，大家都转过头去看那个小孩，这时有人说：“别看了，遭了凶眼怎么办？”大家立即转回了头，其中一个口中低语：“安拉至大。”看来当地人的意识中还是存在原始信仰的成分。

晚上婆婆烧好热水端进新人的房间，陪新娘一起来的老者给新娘讲一些新婚第一夜必须知道的性知识，忙碌了一天的人们也就陆续入睡了。

半夜女主人就起床发面，准备早餐。按照维吾尔族人的习俗，娘家要给出嫁的女儿送早餐。8：00时早餐已做好，由出嫁女儿的大姑妈送去。9：00左右新媳妇家的哥哥、嫂子也将早餐送来，是一个肉饼和一盘薄皮包子。

---

① 阿拉伯语借词，在现代维吾尔语中有“集会”“聚会”的意思，后作为民间娱乐形式被固定下来（参阅阿不都许库尔·吐尔地：《论维吾尔民间艺术麦西莱甫》，张宏超译，载《新疆社会科学》，1983年第1期，第58页）。

② 集市，这里指县城。

今天是 ʧaj，村长家又做了一大锅抓饭。用料是：30 千克大米，35 千克胡萝卜，20 千克牛肉，7 千克清油。请了 120 户人家。主要是自己家的亲戚，新媳妇家的亲戚还有新女婿家的亲戚。新媳妇家的亲戚给新人带来了礼物，并且在饭后一一展示。同时，新郎家的亲戚也向新人馈赠了礼物。

下午 3：30 分，我们又一起去琼库乡参加出嫁女儿的 ʧaj。

三、克村婚礼中的宗教要素分析

随着历史的发展和文化的演进，任何族群的文化都不可能维持一种纯而又纯的民族文化，一个族群的文化体系中即使能保持浓厚的民族文化特色，也仍然吸收了其他文化群体的特质。维吾尔族婚礼仪式中蕴含了多种宗教文化要素，这反映了维吾尔族人自古以来就受到多种宗教文化的影响，充分说明了该宗教文化的多元性。这一点在维吾尔族人的婚恋过程和婚礼仪式上表现得尤为突出。

我们先从配偶的选择说起。伊斯兰教婚姻观严格规定穆斯林男、女的婚嫁必须以信奉伊斯兰教为前提，这在《古兰经》中有明确规定："你们不要娶以物配主的妇女，直到她们信道。已信道的奴婢，的确胜过以物配主的妇女，即使她使你们爱慕她。你们不要把自己的女儿嫁给以物配主的男人，直到他们信道。已信道的奴仆，的确胜过以物配主的男人，即使他使你们爱慕他。"（2：221）这充分说明伊斯兰教为了维护宗教的纯洁性，对于传承宗教方式之一的家庭组成上的严格要求。对于一个穆斯林家庭，信仰伊斯兰教是组成家庭的基础，一个虔诚的穆斯林家庭承担着世俗的与宗教的双重职责，即它不仅承担生活和社会道德的责任，而且承担着参与和履行伊斯兰教宗教义务的责任和传承伊斯兰教的职责。

在婚礼仪式中，体现出的依然是浓郁的伊斯兰教色彩。首先，婚礼上的第一批客人即是本村的加玛艾特，他们在村民的各种庆典仪式和人生通过仪式上永远是最尊贵的客人。其次，念尼卡。这是婚礼庆典最为重要的仪式，没有了这个仪式，这桩婚姻便不被穆斯林社会承认，而主持仪式的是本村清真寺的伊玛目。

从配偶的选择到婚礼中念尼卡的仪式，是通过伊斯兰教信仰的神圣性，见证当事人进入人生的重要阶段，以宗教信仰的神圣性强化人生阶段的责任意识。

当然，我们也看到仪式中其他原始信仰的遗留。

第一，万物有灵观念的遗存。

婚礼仪式上新郎与新娘在伊玛目念完尼卡后抢吃泡在盐水中的两块馕，就是因为维吾尔族人认为盐和粮食与人一样具有喜怒哀乐之情，而且具有左右人生的灵性，所以新郎与新娘谁先把馕块儿抢到嘴里吃掉，在婚后的家庭生活中谁的话就有权威性，就会在家庭中处于显要的地位。学者认为这是一种借助盐来实现婚姻美满的求吉巫术的遗风[①]。

第二，婚礼仪式中早期原始崇拜——鸟类崇拜的遗留。

婚礼上念尼卡的仪式结束后，在新娘头上方撑开一个方巾，然后往方巾上撒大米，撒完后，方巾上的大米要拿到田里喂鸟，这是维吾尔族的先民对鸟类崇拜的遗留。维吾尔族的先民在早期就有对鸟类的崇拜，扎衮鲁克古墓出土的编制精巧的尖顶帽和用细纺毛线编成的圆形、网格状平顶无檐帽，帽上均插有羽毛。

第三，原始宗教——萨满教的遗存。

新娘接到男方家，进门时新娘要跳火盆驱鬼避邪，这是原始宗教——萨满教的遗存。也有学者认为是拜火教留下来的一种遗俗[②]。维吾尔族的先民在接受伊斯兰教信仰前就信仰萨满教，在且末萨满教直到 1950 年才消亡。扎衮鲁克古墓中发现了火把（火把上缠有红毛线），学者认为古代克村人中就有原始拜火现象[③]。

婚礼中还表现出传统与现代的并行。新娘穿上了婚纱，身体暴露在外的部分越来越多，这是违背伊斯兰教服饰禁忌的；婚礼上年轻人饮酒也是伊斯兰教所禁止的；年轻人聚在一起，放着现代流行的歌曲，翩翩起舞；陪嫁物品也越来越时尚，电视、冰箱、摩托、电烤箱等成为最流行的陪嫁品。

在克村的婚礼中多重宗教因素有机地融杂在一起，但对多个婚礼的观察发现，仪式中萨满教和原始信仰逐渐向伊斯兰教妥协。在克村居住期间，参加了多次婚礼，婚礼上念尼卡的仪式是绝对不能缺少的，而撒大米和跳火盆的仪式在逐渐消退，因为阿訇们说这是与伊斯兰教相违背的。因此，宗教要

---

① 参见刘志霄主编：《中国维吾尔历史文化研究论丛》，乌鲁木齐：新疆人民出版社 1998 年版，第 266 页。

② 谷苞：《民族研究文选》，乌鲁木齐：新疆人民出版社 1991 年版，第 203 页；陈国光：《伊斯兰教与古代新疆文化》，见郭泰山、李进新主编：《新疆宗教问题研究论文选编》，乌鲁木齐：新疆人民出版社 2011 年版，第 277 页。

③ 参见邵兴周、王博：《关于扎衮鲁克 M2 出土男女古尸的初步研究》，载《新疆文物》，1989 年第 4 期。

求严格的家庭，在婚礼时不举行这两个仪式，而宗教修持不是很严格的家庭，这种仪式依然存在。

第四节　葬礼——通往天园

宗教的一切源泉之中，要以死亡这项生命的最末关节，无上的转机，为最重要了。死亡是通于另一世界的大门，这不只是字面的意义而已。人类不能不在死的阴影之下去生活，凡与生活很亲而且享受圆满生活的人，更不能不怕生活的尽头。于是同死打了照面的人，乃设法寻求生命的期许，死与永生，那就是不死的欲求，像现在一样，永远都是人类预言的最动听闻的题目。人因生命而有极其复杂的情感，自然也要在死亡这一面找到相当的态度。不过在生命上伸展了很长的时间，借着种种的经验与事故来表现的，要在生命的终了紧缩成单独的关节，因而发动极强烈极复杂的宗教表现罢了。[①]

——马林诺夫斯基

伊斯兰教认为人在现世的生命是短暂的，人来自安拉，还要被召回安拉之处。人的死亡是今世生命的结束，后世生命的开始。而人的生死是由安拉决定的，《古兰经》云："我们确是真主所有的，我们必定只归依他。"（2：156）"凡有血气者，都要尝死的滋味。"（21：35）伊斯兰教对生死的认识还体现在教法对丧葬的规定上。丧葬与悼念的制度，在维吾尔族中执行得很认真。本节从丧葬和悼念两个方面描述和分析伊斯兰教在维吾尔族人世俗生活中的意义和功能。

一、伊斯兰教的丧葬原则

伊斯兰教非常注重慎终。主要表现在以下三个方面：

（1）临终时，其子女、朋友在身旁要不停地提念 iman（伊玛尼），使亡

① ［英］马林诺夫斯基：《巫术科学宗教与神话》，李安宅译，北京：中国民间文艺出版社 1986 年版，第 29～30 页。

者终于伊斯兰教之道。《古兰经》云："易卜拉欣和叶尔孤卜都曾以此嘱咐自己的儿子说：'我的儿子们啊！真主确已为你们拣选了这个宗教，所以你们除非成了归顺的人不可以死。'"（2：132）

（2）临终之人身旁的提念者诵念清真言，或对着临终之人的耳朵提念清真言，一定要使其领悟，最好能在咽气之时诵："万物非主，唯有真主！"

（3）咽气后，应内外保持肃静。因为此时人虽气绝，但心神恍惚，绝不可高声喧语和号哭呼叫，以避免扰乱亡者之心。

伊斯兰教的丧葬原则有三方面内容：土葬、速葬、简葬。

土葬就是指把尸体直接埋入土中，不用其他陪葬品，其意为人源于土，还于土，它是伊斯兰教丧葬礼仪的显著特征。速葬是指按伊斯兰教要求人死之后 3 日内就要入土，因为亡者尸体一腐，所有殡礼赐予的善功都将丧失。在伊斯兰教的观念中，人的死与生全都是安拉的安排，死不是人生的结束，而是人生的继续。因为人死后，将归于安拉处，如果亡者是虔诚的穆斯林，而且按照《古兰经》的要求去做了，那么亡灵将进入天园。简葬就是人死后，净身，用白布包裹埋葬，不陪葬任何物品。

个案：克村村民说：如果早晨去世，最好在当天晌礼后埋；中午去世的人，要在晡礼之后或者次日晨礼后埋葬，如果亲人在远方不能赶回，可以等一至两天，但一般等到第二天早晨；下午和晚上去世的第二天早晨埋。穆斯林绝对不会将尸体停留 3 天，一定要在 3 天之内埋葬，但禁止在 3 个时辰葬埋：①太阳升起的时候，升高后可以葬埋；②正午的时候可以葬埋；③日落的时候，日落后则可以葬埋。

维吾尔族从信奉伊斯兰教后一直遵循伊斯兰教的丧葬原则，这在斯文·赫定的《西极探险》中就有描述。1901 年 9 月，斯文·赫定同他的陪行者一起去西藏探险，在探险队伍中有维吾尔族人，途中一位名叫卡尔帕特的维吾尔族男子身亡。晚上到达目的地后，穆斯林们举行了仪式，遗体安放在帐篷中，穆斯林的同胞们将其洗净用白布裹好，在帐篷外面毛拉·沙大声朗诵了一段《古兰经》，然后把死者运往墓地放入墓穴，罗希·毛拉则向死者致辞："你是一个忠诚的穆斯林，你从未伤害过我们，我们将怀念你，我们将为你的离去而哭泣。你一直体面而周到地服侍着你的主人图拉（Tula）。”[①]

二、葬礼的程序

紧接死亡而来的丧仪，是“对于不死的信念，对于生命的继续与幽冥世界的信念，可以看作是信仰行为的原型[②]。”维吾尔族人的葬礼是一项隆重而又严肃的礼仪，葬礼仪式按伊斯兰教的礼仪进行，程序如下：

（一）整理亡人尸体

先是净身。净身一般有四人，给男性亡者净身时买僧要参加。其中一人持水壶，一人带着白布手套轻轻用棉花洗涤。其余两人帮助冲洗。在克村洗尸的程序是：先洗两手，用棉花蘸温水擦洗口齿、鼻孔，再洗面部、头部。然后洗两臂、胸部、腹部、侧面、后背、前便、后便，最后洗腿、脚。洗尸时要用白单遮住羞体，每个部位洗 3 次，顺序是从右到左、从上到下，边洗边念经做祈祷。需要指出的是，洗尸用过的棉花不能随便乱扔，要放在干净处保存；洗尸水也不乱倒，要挖坑倒进去埋起来。洗完后用两条毛巾分别擦干上身与下身，然后移到 kipan（克凡）上。下一个程序就是用 kipan 裹身，白色的 kipan 象征纯洁。男用 3 块 kipan 布——大服、衬服、裤服。衬服长自肩至踝，包到脖子。裤服从腰到脚。大服较身长两端各长出七寸，上包过头，下包过脚，然后两头绑起来。女用五块 kipan 布，大服、衬服、裤服与男子相同，另加裹胸和头巾各一幅。女性穿克凡时先裹胸。裹胸的布长 3 尺，中间垫铺于脊背下，两端系于胸前，以防乳房晃动。头巾用来束发包头。一般老年女性穆斯林都梳有两条辫子，洗尸时不解开辫子，洗净擦干后直接包头巾。女性与男性相同，kipan 要将亡者的头足全部包裹起来，两头绑紧。穿 kipan 时一定是右襟压左襟。在且末 1/10 的成年穆斯林知道如何裁剪 kipan，以前 kipan 的缝制需要 1 天，现在用缝纫机 5 分钟就解决问题。kipan 一般要用 8 米白洋布，非常胖的人用 9 米。kipan 包裹完毕后，亲人进来念经祈祷。后将尸体置于通风凉爽之处。

---

① ［瑞典］斯文·赫定：《西极探险》，王鸣野译，乌鲁木齐：新疆人民出版社 2003 年版，第 229 页。

② ［英］马林诺夫斯基：《巫术科学宗教与神话》，李安宅译，北京：中国民间文艺出版社 1986 年版，第 33 页。

（二）做殡礼

殡礼是众人代亡者向胡达祈祷的集体礼拜，是感念真主使其脱俗返真之恩，并代亡者祈求真主赦宥罪过，赏赐亡者进入天园的仪式。它既是生者对亡人的告别，又表示亡人启程走向来世。亡者的亲属到齐后，就将尸体放到ʤinaza上，送往清真寺。亡者亲人要请五功不缺的宗教人士为亡人举行殡礼。男性穆斯林去清真寺参加殡礼，女性穆斯林在亡者家念tɛlɛ。参加殡礼的人很多，因为今天为他人虔诚祈祷，获得胡达的赦佑，他日自己离世后，他人也会为自己尽诚心，求主饶恕。殡礼与其他礼拜不同之处在于：殡礼中以四赞代替颂、躬、叩、跪，四赞为四大赞“安拉至大”。

殡礼在晨礼后举行，这年的肉孜节和古尔邦节在县城主玛清真寺都有殡礼举行。村民们认为在主玛日、肉孜节和古尔邦节举行殡礼是亡者的幸福。

在清真寺，殡礼由伊玛目领拜。在巴扎和克村的殡礼由全县最大的两个阿訇奥斯曼喀力木阿吉或阿不都克力木喀力木阿吉主持，他们不在时才由村里的伊玛目主持。伊玛目面对西方，众人分排站立，心中立意：“我诚意为主，随从领导者，以四个大赞词，进行殡礼。”以四赞举行殡礼，礼归真主，赏归亡人。然后抬手至两耳处，抬手时伊玛目出声诵“安拉至大”。其他人一律不出声默念，后交手于肚脐之下。念入拜赞词：“安拉！我赞你超绝，我感谢你，你的尊名吉祥，你伟大高尚，除你之外再无主宰。”默诵大赞“安拉至大！”后念以下祝赞词：“噢！主啊！求你慈悯穆罕默德及其家属，犹如你慈悯伊布拉因及其家属一样，你确是尊大受赞的主。求你赐穆罕默德及其家属吉庆，犹如你赐吉庆于伊布拉因及其家属一样。你确是尊大受赞的主。”诵圣，如同拜中颂圣词。再诵第三次大赞“安拉至大”，诵祷词，即为亡人祈祷之词：“主啊！求你饶恕我们之中在世的、归真的，在场的、缺席的，幼儿与成人、男性与女性；主啊！你让我们谁活着，求你让他活在伊斯兰的道路上；你要我们谁归真，求你让他带着伊玛尼归真[①]。”最后诵第四大赞“安拉至大！”念祷词“主啊！祈求你的饶恕与怜悯，你是最怜悯的主。”[②] 后向左右两边道“ɛssalam”，结束殡礼。《圣训》中如此记述：

---

① 亡者是女性穆斯林，念以下都阿：“主啊！你让我们谁活着，求你让她活在伊斯兰的道路上；你要我们谁归真，求你让她带着伊玛尼归真。”

② 参见会利平、会立群、刘振勇捐印：《穆斯林手册》，中华回教博爱社编辑组2005年版，第75～80页。

"阿布胡赖勒传，圣人说：'谁服丧并为亡人礼拜，定一倍回赐于他；谁礼拜又送葬，定两倍回赐于那人。'"[①] 村民们说参加殡礼的人超过40个，死者可以得到安拉的宽恕。

在克村殡礼完后由阿訇举行 razi qiliʃ（清债）仪式。仪式结束后，亡人迅速被抬往麻扎埋葬。

（三）安葬

尸体运往麻扎时，使亡人头先脚后，如出生之状，意义为始终如一。送葬的人，主人在前，宾客在后，慢步缓行，无声无语，默思己过，并为亡者祈祷。到达坟墓时，将尸体抬出抬尸架，头先脚后、枕北蹬南送进墓穴[②]。穴中有两人接尸，捧尸入穴的同时，口诵："以真主之名，按圣道葬之。"安放妥当后，将亡人头部克凡解开，露出头面部来，并将脸朝向西方。埋葬时每人用坎土曼往坟里添进7次土。然后将坟墓用土堆成长二尺五寸，宽及长的一半即可。陵墓绝对不许用水泥抹、用砖砌，或写上名字。因为当地人认为这堆土经常被风刮起可以减轻死者的罪过，而坟墓周围的立墙可以阻止祈祷进入墓中。村里老人说，添7次土这种做法是胡达规定的，这样可以让亡人复活。据说，人死后的第一道关就是坟坑的考问关。门克尔和奈克尔两位天使专门负责坟坑中考问亡者。人们对我说，亡者在埋入坟坑的当晚，门克尔和奈克尔两位天使就对亡者进行考问："你是谁的奴仆？你当众宣布过信仰吗？你在世上做了什么好事、什么坏事？有罪吗？你的礼拜的朝向是哪里？在那个世界上有债吗？乃玛孜按时做了吗？封斋了吗？给弱者施舍了吗……"在问"你是谁的奴仆"时，进天园的人会回答："我是安拉的奴仆。"如果问三次回答不上，要挨30棒，然后下火狱。行善者如都能做出正确回答，就会顺利过关；作恶者则困难重重。当复生日到来的时候，他们将接受真主的总清算，他们跪在真主面前，逐一接受审判，然后通过架在火狱上的天桥。这座桥快如利剑，细如牛毛。生前信教者、行善者，可顺利通过，进入天园；生前不信主者、作恶者将掉入火狱。

尸体掩埋好后，将绑克凡的细绳系在插在坟头的树枝上，在亡者头顶方向的坟包处挖一水沟，用壶浇淋，这样做有善功，可以洗去亡者的罪过，但

---

① ［埃及］穆斯塔发·本·穆罕默德艾玛热编：《圣训》，穆萨·宝文安哈吉、买买提·赛来哈吉译，北京：中国社会科学出版社2003年版，第61页。

② 维吾尔族人的墓穴呈长方体，长2米，宽1米，深近2米，穴壁开洞，成长方体形状。

以后再做就没有任何意义。

亡者安放好后，是否解开克凡，有不同的解释。艾海提认为解开是错的，他说因为《古兰经》上说不可以解开。也有人说必须解开。

（四）祈祷

下葬完后，麻扎还要留喀力和亲人给亡者念经，要通读一遍《古兰经》。一般是念一天一夜。人们告诉我，这时诵经最好是看着《古兰经》念，因为眼、舌、心三部分都有善功；如果背诵，只有一个善功。说到祈祷的意义时，村民告诉我：我们要为去世的人做祈祷，替他向安拉求饶，祈求安拉宽恕他的罪过，在天园永享幸福。

伊斯兰教丧葬仪式简朴易行，体现了伊斯兰教贫富平等、纯正务实的精神。通过对丧葬仪式的描述可以看出在人们的心目中，安葬过程从宗教意义上表示了人的灵魂从生命世界进入精神世界的过渡，象征着灵魂从死亡了的肉身之中的解放；从社会意义上说，它是社会对死亡做出的一种反应和调适，使死这一专私的行为，变成一项公共的事情，即不仅亡者亲近的人永远要聚在一起，而且本地所有的人也要聚在一起。

三、乃孜尔

乃孜尔，是维吾尔族人纪念亡人的一种祭奠仪式。主要有 paris（3 天乃孜尔）、jɛttisi（7 天乃孜尔）、jigirmɛ qeqi（20 天乃孜尔）、qiriq qeqi（四十天乃孜尔）、jili（一周年乃孜尔）这 5 种仪式。其中 qiriq qeqi 最为重要。村民对每个乃孜尔都有说法：死后第 3 天要过 3 天乃孜尔，据说人死后 3 天内灵魂仍不会离开家；第 7 天过 7 天乃孜尔，是因为人死后第 7 天灵魂离开房间到了院子；满 40 天时死者的灵魂会在家与墓地之间徘徊；满 1 年时，死者的灵魂会升到第 7 层天，与安拉一起生活。

维吾尔族人对亡灵的祭奠观念来自伊斯兰教的生死观。对待死，穆斯林均认为是胡达的前定，“当他们的定期来临的时候，他们不得延迟一霎时，（当其未来临的时候，）他们不能提前一霎时。”（16：61）死亡是人生现世的终结，也是过渡到后世的开始。生者唯一可为的就是念经祈祷，恳请胡达饶恕亡人的罪过，拯救亡灵不要下火狱，而进天园。

通常的祭奠方式是亲人在乃孜尔时去麻扎念经祈祷；加玛艾特晨礼后到亡者家参加纪念活动：集体做祈祷；妇女则念 tɛlɛ。

当地人对我这样说：过乃孜尔时要做抓饭让人们吃、要念经做都阿，所有这些都是为了减少亡者的罪过。我们祈求胡达饶恕亡者，求胡达赐予他安宁，并使他能在坟中正确回答提问，安卧坟中，在复活日到来之时，能顺利清算生前种种行为，赐他永久之乐园。女人们念 tɛlɛ，善功多，因为女人弱，男子结实，所以过乃孜尔时，要请妇女们到亡者家中念 tɛlɛ。男人不一样，念经有善功，不念经有罪过。

二十天的乃孜尔

个案：2005 年 9 月 29 日，星期四，是我田野调查时居住的阿依帕丽大婶的妹妹麦莱穆汗去世后的 20 天乃孜尔。我非常想参加这次纪念活动，但我深知，穆斯林的葬礼或祭奠活动，带有浓厚的宗教色彩，一般不允许异教徒参加。在前一段时间，阿依帕丽大婶家已有两个亲戚去世，因为以上原因，加之他们对我也不是十分了解，我从未提出去参加葬礼一事，他们也从未邀请我参加。现在我已在大婶家住了近两个月了，每天帮他们洒水、扫院子、沏茶、做饭、洗碗、来客人时帮他们招待客人，更重要的是自己的行为举止都严格地按照当地人的习俗，也像维吾尔族的妇女一样，每天系着头巾，穿着长裙，还跟大婶学做祈祷，背诵经文，大婶已将我当作了她的女儿，我想在这种感情基础上提出这个要求，应该可以接受。于是我与大婶商量说："我参加过维吾尔族的婚礼，没有参加过维吾尔族的葬礼和乃孜尔，我很想参加，亲眼看一看整个过程，以便全面了解维吾尔族的文化。"大婶听了我的请求，思考片刻答应了。

9 月 28 日清晨，我们早早起床，准备去参加纪念活动的礼物。早在几天前阿依帕丽大婶和她的 3 个女儿及儿媳已去巴扎买好了头巾和布料。前一天我也特意回县城给阿依帕丽大婶买了一条白色的方围巾和送亡者家属的一板砖茶、两包方糖。按照维吾尔族人的习俗，在 20 天乃孜尔和 40 天乃孜尔时一般给亡者的中老年女性亲属送白色方围巾或布料，但多以送白围巾为主，同时要带用餐单包裹着的礼物。一般餐单里包的食物有：一板砖茶、两包方糖、馕、摊的薄鸡蛋饼、薄皮包子、抓饭、油饼等。在送自己烹饪的食品时，如摊的薄鸡蛋饼、薄皮包子、抓饭、油饼等时，上面一定要扣一个馕。

阿依帕丽大婶天还没亮就起床了，净身后先做晨礼。大约 15 分钟后，礼拜结束。大婶和好了面等面发后炸油饼。

中午时分，油饼炸好，大婶、大婶的大女儿吐尔逊汗、吐尔逊汗 3 岁的外孙女阿依尼咖和我一行4人乘摩托去吾西昆村，那里离阿依帕丽大婶家约有4千米的路途。

到了麦莱穆汗家，大婶的心情很悲痛，静坐在炕上，不停地流泪。她的两个妹妹、两个哥哥已经提前到了。大家都很悲痛，很少说话。大约到了黄昏时分，邻居妇女陆续来家中探望。大婶和她的妹妹们放声痛哭，边哭边唱着丧歌，各自诉说着亡者的美好品德，表达着失去亲人的悲痛心情。2005年5月，大婶因肺结核在乌市住院治疗了近一个月，前一段时间因过度悲伤身体极为不适，一连几天卧床不起。看到老人如此伤心，我也早已是泪流满面。担心老人家的身心不能承受如此悲伤，便前去劝说，节哀保重，但她仍然哭诉不止。我无计可施之时，一位女性长者念起了《古兰经》，哭声渐渐弱下来，直到消失，人们的情绪趋于平静，所有的人都在静静地聆听。长者的祈祷结束时，所有在场的人都一起捧手低语“阿敏”结束祈祷。

这是我第一次亲历这种场景，亲身感受了宗教给人心灵带来的安慰。类似的场景在第二天又出现一次。

维吾尔族人信奉伊斯兰教后，逐渐接受了伊斯兰教的来世观，认为人的死亡是今世的结束，来世的开始，对待死亡和灾难要能够忍耐，并认为亲人的痛哭会加重死者的痛苦，是对安拉的不满。但在现实生活中，人们还是认为不哭泣的人是没有良心和铁石心肠的人，舆论对这类人或多或少地加以指责，因此，折中的办法是女人哭泣哀悼，同时用念经止哭。

这天下午，阿依帕丽大婶和其他几位长者净身，一起做了晌礼、宵礼。

参加完乃孜尔的阿依帕丽大婶一家

第二天，即29日，天还没亮，人们就纷纷起床。厨师早已焖上了抓饭。老人们做完晨礼，家人便去麻扎祭祀亡灵。村里的加玛艾特是乃孜尔的第一批客人，他们来为亡灵祈祷。主人沏上热茶，摆上馕，端上热乎乎、香喷喷的抓饭招待他们。吃完抓饭，阿訇念经祈祷，其他人静默，最后做都阿结束。

所有仪式结束后已是中午时分，我们一家坐毛驴车回家。

四十天乃孜尔的 tɛlɛ

个案：2006年1月18日，是村民艾尼·托乎提的40天乃孜尔。艾尼·托乎提出生于1938年，因病多年卧床不起，于2005年12月19日去世。

这天是女性穆斯林念 tɛlɛ 的日子。念 tɛlɛ 的目的是祈求胡达饶恕亡者的罪过。而且念 tɛlɛ 的善功很多。全村共有25位妇女参加，女人们围坐在一间大房子的炕上，炕中间堆了1001个石头。tɛlɛ 由坎百尼萨汗大婶领诵，因此，也就从坎百尼萨汗大婶开始数石念经，念一遍清真言数1个石子，石子依次传递，每人要数完这1001个石头，也就是要念1001遍清真言，共念25025次。因参加的妇女很多，念了2小时20分钟。石头转了两圈多就念完了。tɛlɛ 结束后，主人答谢来参加乃玛孜的每位妇女，也就是给她们送礼物——每人两包火柴或1包方糖。我在克村居住期间人们经常讨论是否能接受这种礼品的问题，宗教学识高的人士认为不应接受，因为这种行为本身是一种善举，如果接受了礼物，等于出卖善举，就没有了功修。在讨论了一段时间后，伊玛目专门就此问题在清真寺做了解说，认为不应该接受这种礼物。加玛艾特回家后给家里的女人讲了此事，后来妇女们在念完 tɛlɛ 后再没有接受礼物。今天的 tɛlɛ 仪式结束后，主人端上来一大托盘火柴，大约30多包，但人们没有接受。主人一再解释说大家辛苦了，是自己的一点心意，无奈中领做 tɛlɛ 的坎百尼萨汗大婶又再次诵经祈祷，代表所有参加者接受了主人给的10元钱和两包方糖。

念 tɛlɛ 的女性穆斯林

tɛlɛ 在人死后安葬的当天早晨要念；40之内的每个星期四要念；周年祭奠时要念。女人到亡者家去念，男子则在清真寺晨礼后念。

四、游坟

游坟，是穆斯林悼念亡人的一种宗教仪式，即在特定的时间或日期前往麻扎为亡者念经祈祷。

麻扎，阿拉伯语音译，为参观（探望）之地，原指伊斯兰教苏菲派长者的陵墓，现主要指伊斯兰教著名贤者的陵墓。[①]

佐口透在《十八—十九世纪新疆社会史研究》中说，“玛杂尔是坟墓的意思”，也是家族用的礼拜寺，“人们在这里祷福、禳灾、祝天、告地。其他四季的礼拜，太阳的迎送，奉斋等时的诵经礼拜以及正规乃玛孜都在这种玛杂尔举行。”它认为玛杂尔是村落的礼拜所，而“麦及德是城市的礼拜堂”[②]，“玛杂尔作为伊斯兰教徒礼仪的中心”，“它的机能可能和麦及德一样”。[③]

《西域图志》把麻扎主要理解为圣人的坟墓。

事实上，在新疆民间的麻扎朝拜活动中，麻扎不仅仅指“圣徒之墓”，还“包括一些非伊斯兰教贤者的陵墓，例如，著名学者、无名女士、具有民间专项技能者的麻扎[④]。”“所谓麻扎朝拜，主要是为了得到圣徒佑助而进行的祈祷活动。”[⑤] 麻扎和麻扎朝拜是世界各地伊斯兰社会比较普遍存在的宗教社会形象，最早出现于伊斯兰教什叶派形成以后。什叶派除信仰安拉、《古兰经》和穆罕默德外，还拥护和信仰穆罕默德的堂弟、女婿阿里及其后裔，认为伊玛目是安拉确定的，具有超凡的神性，是不会犯错误的圣贤；被政敌杀害或暗杀的伊玛目是以身殉教的先烈。因此，为他们修建陵墓和拱北，并经常去参谒吊祭，缅怀他们的功绩，并为自己求得福泽。因而，伊斯兰世界开始出现了麻扎朝拜。除什叶派朝拜麻扎外，中亚和北非的神秘主义派别苏菲派亦盛行“圣徒”“圣墓”的崇拜。伊斯兰的苏菲派实行一种有组

---

① 《中国各民族宗教与神话大辞典》编审委员会编：《中国各民族宗教与神话大辞典》，北京：学苑出版社 1990 年版，第 610 页。

② ［日］佐口透：《十八—十九世纪新疆社会史研究》，凌颂纯译，乌鲁木齐：新疆人民出版社 1983 年版，第 628 页。

③ ［日］佐口透：《十八—十九世纪新疆社会史研究》，凌颂纯译，乌鲁木齐：新疆人民出版社 1983 年版，第 629 页。

④ 热依拉·达吾提：《维吾尔族麻扎文化研究》，乌鲁木齐：新疆大学出版社 2001 年版，第 13 页。

⑤ 同上，第 1 页。

织的师徒相传的导师制，导师是信徒宗教功修的指导者，信徒对导师的崇拜远远超过对安拉和先知的崇拜。因为在导师的指导下，他们对所信仰的神秘奥义和功修，或追溯到阿里，或追溯到阿布·伯克尔，然后通过穆罕默德与安拉直接联系起来。在苏菲派中对圣徒圣墓的崇拜几乎代替了对克尔白的朝拜。苏菲派对圣徒圣墓的崇拜，使麻扎朝拜在伊斯兰世界迅速传播和发展起来①。

新疆的麻扎朝拜与什叶派的影响和活动直接有关，南疆的和田、墨玉、策勒、民丰等地以十二伊玛目之名修建的麻扎证实了这一点。新疆的麻扎朝拜是在10世纪以来特别是在17世纪，中亚地区的苏菲派即依禅势力传入新疆之后发展起来的。② 新疆麻扎朝拜最为普遍的地方就是过去依禅派活动最为盛行的地方。

克村村民的游坟与普遍存在于南疆与东疆的麻扎朝拜活动有着巨大的差别。

在且末，麻扎指穆斯林的墓地，并非学者所说的“圣徒之墓”。

游坟起源于安拉的使者穆罕默德圣人。《圣训经》中记述说：伊本阿巴斯的传述：艾布胡莱勒传述：穆圣拜谒他母亲的陵墓，他哭了，周围的人们都哭起来。他说：“我请示真主允许我给我的母亲求饶恕，真主没有答应。我又请示真主探望她的坟墓，真主答应了我。所以你们可以游坟，因为游坟能教人警惕死亡。”③

在且末，游坟成为穆斯林生活中不可缺少的一个内容。每周四男性穆斯林去清真寺做完乃玛孜，回家喝完早茶，即去麻扎游坟。他们无须携带任何祭品，空手而去。到了亲人的坟头，跪坐念经祈祷“坟墓中的穆斯林先人们啊！祈求安拉赐你们平安，如安拉意欲我们将步你们的后尘；我为你们及我们向安拉求宽恕！”④

个案：2005年12月1日清晨，我的房东艾合买提力提普阿洪去清真寺做完晨礼回到家中，我们一起喝过早茶，骑车去麻扎游坟。大约15分钟，我们便到了麻扎他父亲的坟前。他指着坟前的脚印说：“我哥哥已经做完乃

---

① 杨策主编：《新疆纵横》，北京：中央民族学院出版社1991年版，第183～184页。

② 同上，第184页。

③ 陈克礼译：《圣训经》，内部印刷1994年，上册301页。

④ 会利平、会立群、刘振勇捐印：《穆斯林手册》，中华回教博爱社编辑组2005年出版，第84页。

玛孜走了。”他首先在父亲的坟头祈祷诵经，后去母亲的坟头祈祷诵经。诵经时间大约有5分钟。其父于1973年去世，至今已33年；母亲于1978年去世，至今也28年有余，艾合买提力提普阿洪祈祷诵经三十多年如一日，只要不是特殊情况，每周四都去麻扎祈祷诵经。他的三个哥哥也是如此。

问及为什么要每周四都去游坟，艾合买提力提普阿洪是这样解释的：“一个人的善功，一咽气就结束了。对亡者有善功的事，一是子女为父母做都阿，祈求胡达赦免其罪过，一是不断施舍。为了我们的先辈亲人能在复活日脱离火狱，进入永久的乐园，我们为他们游坟祈求安拉饶恕。”他的话让我明白了会礼时乞丐们答谢施舍者的话：“祈求胡达赐予你去世的父母同样的恩惠。”

喀斯木阿洪是克村的村长，他从不去给自己的父亲游坟，一是因为自己不会做乃玛孜，二是因为自己不是一个虔诚的穆斯林，不但不做乃玛孜，还常常做一些不合教规的事。这在穆斯林中影响非常不好。但他自己内心深处也非常痛苦，每当村里有人去世，他必定前往参加殡礼，而且抬着抬尸架，从不让别人替换，直到麻扎，而且每次都是失声痛哭，心中充满着悔恨。

个案：阿拉帕特喀力木说：不论何时去游坟，都要恭诵《古兰经》，以念《古兰经》中的法谛海、姆勒克、阿史叶、以赫拉斯等章为最贵，赏赐也益重。《古兰经》是判明善恶是非、功过赏罚的天言，读经可以思过改过，去恶从善。

克村村民每年还在以下3个时间必去麻扎游坟：

一是教历8月15日，必去麻扎游坟。这个夜晚叫拜拉特夜。相传这天夜晚是安拉决定人们一年的生死祸福的时刻。因此这天去游坟，祈祷安拉赐予亡灵好的命运。在这天夜晚，穆斯林守夜念经祈祷。当地人告诉我这一夜一定要做乃玛孜，否则一年的功修全部无用。有人说这源于这样一个传说。相传，穆罕默德在公元620年的这一天夜晚，独自前往麦地那的白格尔（今麦地那圣寺东南侧）墓地做祈求，事后对圣门弟子们说，这一夜胡达降临到距离世间最近的天体，并晓谕：凡穆斯林在这一夜诚意悔罪、祈福，都可以得到胡达的赦免和允准。又有人说，这一夜是天使更换记录每个人善恶行为的文卷并祈求胡达赦免罪责的夜晚，是忏悔之夜。还有人告诉我，此夜安拉亲临天园的最下层，巡视人间，决定人们一年的生死祸福。所以这一夜要主动多做乃玛孜，以求胡达赦免自己全年的罪过。

二是肉孜节和库尔班节会礼后男性穆斯林必去麻扎游坟。而且每次去都带树枝，插在坟头。

“如果说清真寺是他们完成拜功和接受宗教意识的场所，那么麻扎则是他们两世幸福的佑助者和保护者”[①]。在且末，游坟的意义有以下四方面内容：

（1）悼念已故亲人。成年男性前往麻扎，在坟头跪坐诵经，纪念亡人。诵经时心中默想着亲人，亲人的音容笑貌浮现眼前，好像再生于世。

（2）祈求真主饶恕亡者的过错，搭救亲人脱离火狱的痛苦，求主赐给亡灵天园的享受。

个案：克村村民这样说：游坟是穆斯林的一种副功。副功的回赐，只有在完成主命功课的前提下才能实现。因为主命功课的念、礼、斋、课、朝是穆斯林必行的义务，是一切善功的基础。特别是拜功，必须按时完成，不容许以任何借口推诿。子女的拜功，对父母的救济尤为重要，如果有人在拜后为父母求饶恕，安拉就会接受。但是流于形式的游坟即使上千遍，也不如虔诚礼拜一番。

（3）使生者见墓生感，多加参悟。游坟者触景生情，参悟人生，在缅怀亡人之际，畏主惧罪，最终明白现世生活中的荣华富贵不值得过分追求，人生短暂，惟抓紧短暂的光阴，多行善止恶，履行功课，才能获得两世吉庆。

世俗的生活使人们争夺名利，为了荣华富贵互相拼斗。人生一世如能“常游坟自省，其心自能归于恬淡”；“至于不肖之辈，视行善若登天，闻道义如避瘟疫，日陷于非为之阱者，不知凡几。若使之游坟，则恶念自息，善心自生，苟非丧心病狂者，必能自悟、自勉、自戒、自劝也!”[②]《古兰经》启示道：竞赛富庶，已使你们疏忽，直到你们去游坟地。（102：1～2）《古兰经》让人们去游坟，就是让人们警醒人生不论长短最终都要走进坟墓，今世是短暂的，后世是永恒的。游坟是对活人最好的教育。所以《古兰经》

---

① ［日］佐口透：《新疆穆斯林研究》，章莹译，乌鲁木齐：新疆人民出版社 2012 年版，引自本书《译者的话》，第 3 页。

② 达浦生：《伊斯兰六书》，北京：宗教文化出版社 2003 年版，第 238 页。

云：唯有理智的人，才会觉悟。（2：269）

游坟有着重要的意义，但是游坟不能取代今世的善功。一个人在后世的享乐或者受罚取决于他在今世的善恶行为，而不是决定于后人的游坟求饶和祭奠。为了避免后世火狱的刑罚，进入永久的乐园享受，必须在今世多做善事，不做恶事，特别是不能一味地贪图今世的享受而忘却后世的归宿，绝不可不以善小而不为，不以恶小而为之。只有在今世坚定信仰，行善止恶，才能有望安拉的恩慈，在后世得到天堂的享受。

个案：买买提吐尔逊阿洪就游坟的真实意义如此说：伟大的书是这样对我们说的，在来世谁也不能替任何人帮一点忙，再多的钱也没有用，说情对于谁都没有作用。所以一个人在后世的享福与受罪完全靠自己在今世的言行所为，要靠哪一个后人的游坟求饶，那是无济于事的，所以我们应该看到麻扎想想来世，增加对胡达的畏惧感。在麻扎做都阿时，心中默想墓中亡人生前的功过是非，对其好的美德，要学习效仿，继承发扬；对其生前的过错要引以为戒，小心提防。而且要仔细地反省自己的错误，认真忏悔，改过从善，时时警惕自己被抛入火狱，受痛苦的刑罚。

《古兰经》对此有详尽的谕示：“你们都只归于他，真主的诺言是真实的。他确已创造了万物，而且必加以再造，以便他秉公地报酬信道而且行善者。不信道者，将因自己的不信而饮沸水，并受痛苦的刑罚。”（10：4）“行善者自受其益，作恶者自受其害。然后，你们要被召归于你们的主。”（45：15）死亡是任何人都逃避不了的。赏善罚恶的安拉警示信众：“行一个小蚂蚁重的善事者，将见其善报；作一个小蚂蚁重的恶事者，将见其恶报。”（99：7～8）总而言之，一个人要想在后世免除火狱的刑罚，进入永久的乐园享福，就必须在今世多做善事，不做恶事才能实现。

（4）游坟的世俗功能。克村村民很注重今世的世俗生活。每周四去麻扎，祈祷念经，缅怀前辈，以此报答父母的养育之恩。这给后辈起了示范作用，维护了现世长幼秩序。

个案：阿吉这样说：“我母亲 1972 年去世，从那时起如果不是特殊情况，我每周四都去父母的坟头做都阿，祈求亡灵得到安拉的宽恕。我的所作所为孩子们看在眼里记在心上，在我们去世后，他们也会每周四去游坟。如果我们不去游坟，他们也不会去游坟。”

在克村有些村民不是很严格地执行伊斯兰教的教规，与伊斯兰教相违背的行为常有发生，有些甚至是见怪不怪。可是不遵守丧葬规则的事却不多。很多村民在青壮年时因种种原因，宗教功修常有疏忽，但到了一定的年纪后，就开始为后世着想了。这说明“两世说”在穆斯林内心深处是有相当地位的。而这种观念的形成，与丧葬制度的实行有着内在的联系，也就是说，在丧葬规则的背后，的确隐含着一种观念。凡参加过丧葬活动的人，在这一程序的执行中，都会受到一定的启发和教育。可以说通过丧葬活动认识死亡和正视死亡对于穆斯林的宗教教育作用甚至要大于其他活动。

葬礼是维吾尔族人通过仪式中伊斯兰教要素融入最多的仪式，从人弥留之际直到安葬、游坟整个过程几乎全是由伊斯兰教主导仪式。

丧礼上需要宗教的缘由，是因为人终有一死这个生命的关头，个人需要宗教与礼仪的安慰，以战胜极度的恐怖，因为任何人都不能免于一死，临终的仪式加强了人类的希望，使人相信有个来世，而且有个胜过今世的来世，群体的行为更是表现来世解救的希望与永生的希望。

丧礼的群体性表明了信仰的感染作用，群体共信共守的行为整合了社会，传承了文化，说明社会合作是执行信仰必需的唯一手段。

宗教在整个丧礼等一系列活动中的作用，使我们看到因对生命的欲求而来的积极冲动得以圣化。宗教仪式使人心得到安慰，精神获得完整，使人战胜了恐惧、失望、灰心等消极情绪，同时也使社会得以完整，使受了威胁的群体生活获得力量并重新统协。

第五节　摇篮礼和少妇礼

一、摇篮礼

摇篮礼，是维吾尔族人生礼仪中最具有历史文化积淀特征的一项重要礼仪，透示着人们潜在的，但更为实际、更为普遍以及更为久远的信仰心理与民俗意愿，那就是对生命价值的追求。

按照维吾尔族人的习俗，在妻子分娩前的一个月，丈夫要将妻子送回娘家，直到娘家为孩子举办完摇篮礼或命名礼后，男方的父母把准备好的“感谢礼”送给亲家，然后才能把儿媳和孙子（女）接回家。

维吾尔族人认为，孩子在母体里经过 9 月、9 日、9 时、9 秒后才能降临到这个世界，而孩子出生后40天内，都是在母亲的怀抱中生活。母亲在这期间既不能外出也不干家务。40天之后，母亲就要操持家务，孩子也就开始了自己人生的“摇床生活”。

按照维吾尔人的古老习俗，孩子出生40天时要举行摇篮礼，喜庆小生命的降临及欢送母子平安、健康地回到男方家。仪式的具体内容和程序是这样的：娘家首先准备好摇篮及摇篮上所需的一切物品，请来女性亲戚、朋友、邻居和40个小孩。还要准备一盆克日可水，40个小木勺、40个小油馕和一些“阿勒瓦”[①]。让40个小孩排成一排，每人发一个小木勺，小孩依次从盆里舀一勺水浇到脱光了衣服放在水盆里的婴儿身上，并叫着名字嘱咐说：“×××快快长大，长大后听父母的话，懂礼貌，勤劳善良。”等等。仪式完后，主人给每个孩子发一块抹上阿勒瓦的馕和一些糖果，孩子们拿上这些东西后，就高高兴兴回家了。

摇篮礼在克村以至且末县基本已经消失，在访谈中问到摇篮礼时人们会告诉我就是命名礼。但是在新疆其他地区这两个仪式是分别进行的。为什么摇篮礼在克村消失？笔者认为：

（1）摇篮礼的参加者均为女性和小孩，没有宗教人士和加玛艾特的参与。从妇女分娩前回娘家直到整个摇篮礼结束以至到送母子回婆家我们都可看出这一礼俗中具有的“明显的母系社会向父系社会过渡时期的遗俗特征”[②]。

（2）摇篮礼是基于“万物有灵论”的原始信仰的遗留，其中既有“触染”巫术，又有“象征”巫术。它们交融在一起，充分展示了维吾尔族文化的悠久和多元性，但它与认主独一的伊斯兰教信仰是相背离的。

（3）维吾尔族人非常注重人生礼仪，每个家庭在举行各种礼仪时，都要邀请亲戚、邻里、朋友参加，参加者多要送上表示自己心意的礼物。在社会生活越来越丰富、生活节奏越来越快的今天，过多的仪式对人们正常的生活造成了影响，因此，必定有一些仪式会被逐渐淘汰。

摇篮礼就是基于以上三点而在克村消失。在习俗的传承中，我们可以看到能强化族群认同和宗教认同的仪式越来越具有生命力，非此类者则逐渐式微。

---

① 一种自制的甜面酱。锅里放较多清油，烧开，加入面粉边炒边加入白糖，炒成糊状，抹在馕上吃。在克村阿勒瓦是一种待客食品，订婚时、念tɛlɛ后、命名礼后送女儿回婆家，婆家招待娘家客时都要上阿勒瓦。

② 刘志霄主编：《中国维吾尔历史文化研究论丛》，乌鲁木齐：新疆人民出版社1998年版，第261页。

二、少妇礼

少妇礼是维吾尔族妇女生了一两个孩子后，大约在30岁时举行的仪式。这个仪式由娘家父母操办，请一些女客参加。举行仪式时，将妇女的长发从中间分成两股，梳理成两条长辫，不留刘海，而且要开脸[①]，略施粉黛，穿上长袍，然后由两名妇女陪同向来客行礼，客人们向她祝贺并送上礼物。其父母和丈夫也要赠送首饰、新衣等贵重物品。举行少妇礼的意义在于这个仪式标志着这个女子不仅在操持家务方面，而且在步入社会方面已经完全成熟，正式进入了成年妇女的行列，是女子的成人礼。然而这个仪式在今天的克村已经消失，笔者在调查期间询问了很多年轻的村民，他们都说没听说过，只有个别老年妇女知道少妇礼，有的人自己也举办过。

个案：白希罕大妈65岁，患有不孕症，虽然没有生过孩子，但收养了两个孩子后，举行了少妇礼。当时一个老妈妈给她开脸，穿上了漂亮的长袍，这种袍子现在越来越少，在且末只有个别老年妇女穿着。

少妇礼和摇篮礼一样，在整个仪式过程中既没有成年男性的参与，也没有宗教人士的参与，同样它也遭遇了同摇篮礼一样的命运，在克村已经退出了历史的舞台。

穿长袍的阿依帕丽大婶

少妇礼是维吾尔族女性的成年礼，现已消失。然而维吾尔族男性的成年礼——割礼一直存在，并保持着旺盛的生命力，关键在于割礼承担着穆斯林身份再次强化的宗教功能。由此我们看到宗教与习俗结合在一起互生互存，宗教仪式演变为习俗，习俗又强化了宗教认同。

命名礼与摇篮礼都是生命初来人世之仪式。然而摇篮礼消失，命名礼犹存，再

---

① 即用两根线薅去脸上的汗毛。

次证明宗教在文化传承中的功能。

在对命名礼、割礼、婚礼和葬礼的考察中我们看到这些仪式对男人和女人都是开放的，两性都参与其中，这是社会作为一个整体在行动。而摇篮礼和少妇礼则与上述四个仪式不同，因为成年男性的缺失而在克村消失。最为关键之因素在于成年男性的缺失意味着这个社会中的宗教权威的缺失。摇篮礼和少妇礼的消失恰好证明了宗教在生活中的重要功能，以及在传统文化传承中的重要意义。

以上对维吾尔族人的通过仪式逐项进行了描述和分析，从中我们可以得出这样的结论：

（1）正如涂尔干所认为的那样，宗教的主要价值在于仪式，“它通过它们来激励和更新个人对群体的忠诚[①]。”这些仪式引起了对神的观念为形式的象征的需求。因而没有仪式宗教也就不能存在。通过仪式是维吾尔族人为了达到明确的文化目标而采用的手段，它们具有多重的意义，储存和传递着民族文化知识，具有精心、持久、高度重复的特征。这种从一种模式向另一种模式、从一种存在状况向另一种存在状况的转变表达了人类存在的特殊思想：“即当人类被生出时，他并不是完整的，他必须被第二次出生，这种出生是精神性的。他必须经历一个从不完美的、未成熟的状态转变到一个完美的、成熟状态的过程才能成为一个完整的人。”[②] 这意味着一种真正的本体论意义的重大改变。

（2）宗教为个体和集体的生活提供意义，为信教者提供了超越死亡的生存连续性。维吾尔族人信仰伊斯兰教后因对伊斯兰教的归属意识，使得该教在维吾尔族的社会中世俗化，强化了传统生活方式的宗教色彩，伊斯兰教成为全民信仰的一种意识形态；伊斯兰教的生活方式已经完全吸收并融合到民族核心文化体系之中，成为具有民族文化特质的重要组成部分，同时我们也窥见潜藏于民族灵魂深处的文化基因对其生活和行为方式的影响，并通过种种具体的行为表现出来。

（3）维吾尔族人通过仪式中多种文化融合共存。“麻扎往往用 tugh（旗）来装饰。这些旗是挂在竿子上的马尾或牦牛尾，是表示神圣的标志，

---

① ［美］包尔丹：《宗教的七种理论》，陶亚飞、刘义、钮圣妮译，上海：上海古籍出版社 2005 年版，第 143 页。

② ［罗马尼亚］米尔恰·伊利亚德：《神圣与世俗》，王建光译，北京：华夏出版社 2002 年版，第 104 页。

但其非是伊斯兰独特的，也不是佛教的，应该说是北亚萨满教的风俗。据知，以马为牺牲，将马尾绑在高高的竿头的风俗流行于阿尔泰突厥语民族之间。”[①] 作为维吾尔族人原始信仰的萨满教，有着异常深厚的基础，随着历史的发展、文化的变迁，萨满教依然顽强地传播着、发展着、变异着，并潜存于千百万人的头脑之中。当维吾尔族人接受伊斯兰教之时，便与伊斯兰教的信仰习俗混融重叠在一起，这在维吾尔族人的通过仪式中时有表现，说明多种宗教成分共同作用同一通过仪式的事实。伊斯兰教在传播过程中，也汲取了民间原生宗教的活动方式，当伊斯兰教完全占据统治地位后，原有宗教被冲击得只剩下一些残存成分，在不足以威胁伊斯兰教地位时和伊斯兰教形成一种并存局面。维吾尔族人的原有信仰萨满教，就是在伊斯兰教的冲击之下，无法完整地保存下来，只有一些元素在人们的心灵和生活中延续，共存于以伊斯兰教为主体的宗教生活中。

（4）维吾尔族人的通过礼仪具有厚重的文化积淀。维吾尔族人的生命价值意识不仅植根于原始信仰的深厚土壤中，而且在其发展过程中融入了伊斯兰教的信仰，仪式的发展和传承也因伊斯兰教要素的是否介入而发展和传承。伊斯兰教介入的生命仪式得以流传，伊斯兰教没有介入的仪式正在消失。同时，命名礼上孩子过筛子、割礼上吃鸡蛋、结婚时尼卡仪式上撒大米、新娘跳火盆等习俗的可有可无，说明生命仪式中与伊斯兰教相背离的习俗正在逐渐式微。

（5）通过仪式是一种“过程”的表演，它们标志着时间的延续、既往的以及文化的代代传承。传统对于社会有无上的价值，再也没有比社会成员遵守传统更为重要。只有严格地守着前代遗留的民俗与知识，才能维持秩序与文明。以上维吾尔族人的通过仪式都具有教育和传承文化的作用，无论是在个人的层面，还是在群体或社会的层面，它都成为情感表达的渠道、引导和强化行为的模式、恢复和谐与平衡的手段，它成为观察和组织社会的一种特殊形式，发挥着使社会完整和文化延续的作用，并使一个自成文化的群体随时彼此接触，互通情愫，增进团结。

① ［日］佐口透：《新疆穆斯林研究》，章莹译，乌鲁木齐：新疆人民出版社2012年版，第92页。

第七章　典型家户的宗教考察

当今社会，家庭这一社会基本单元在伊斯兰教的传承中发挥着主要的作用。这一章选取了五个非宗教职业人士的家庭，通过对每一家庭的描述展示伊斯兰教在农村的生存状况，分析不同的家庭在宗教文化传承中的作用及伊斯兰教在村民社会生活中的功能。

第一节　家庭——宗教传承的主体

热依汗苏皮，女，出生于 1904 年 9 月，2008 年 3 月 6 日无疾而终，终年 105 岁。2005 年，我在且末做田野调查时，老人家已是 102 岁的高龄，当时是克村的头号寿星，也是我的重点访谈对象之一。

抱着重孙的肉孜汗老人

2005 年 11 月 13 日中午，我来到热依汗老人居住的小儿子家。老人的小儿子吾拉木艾山当时是一个乡的人大主席，儿媳是且末县家喻户晓的宗教学识极高的已过世的一位阿吉的女儿。我去时老人的儿子、儿媳还没下班，只有老人的两个孙子在家。老人精神矍铄地坐在床上看电视。

热依汗老人的父母在 15 岁左右从于田来到且末，后生下热依汗。老人小时家境贫寒，八九岁时到地主家打工，看孩子、洗衣服，13 岁时嫁人，当时因为年龄太小，身体没有发育，公公（当时婆婆已去世）像对待女儿一样，让她先在自己的身边待了一年多，然后她才和自己的丈夫生活在一起。老人一生共生有 15 个孩子，头九个孩子因天花等疾病全部夭折。在小儿子吾拉木艾山不满 3 周岁时丈夫又去世。老人从小跟父母学做乃玛孜，自己有了孩子后，又教他们做乃玛孜。

老人有 2 个女儿 4 个儿子，6 个孩子小时都学会做乃玛孜，在成长的过程中，因为社会环境、父亲去世后生存压力等各种原因，孩子们放弃了做乃玛孜，现在已经忘记了背诵过的经文。小儿子对父亲没有什么记忆，长大后经常听村里人说他父亲是毛拉，就想如果自己宗教功修不好，别人会笑话他去世的父亲，所以重新学会做乃玛孜，早些时候每天在家做晨礼。老人告诉我："穆斯林不做乃玛孜是不行的。孩子小时，我丈夫去世，生活非常艰苦，为了活命每天拼命劳动，孩子们也很辛苦，没有时间做乃玛孜。"

老人自己在宗教功修方面要求严格，以前没生病时每天做 5 次乃玛孜，从 1995 年起，老人因为轻度小便失禁，每天只做一次乃玛孜。5 年前老人的病情加重，因为不能清洁地做乃玛孜，老人完全停止了每天的礼拜。尽管身体欠佳，3 年前老人还是每年封全斋。2003 年因为生病住院，没有封斋。2004 年，老人封了 15 天斋，在牧区工作的小儿子知道了，就劝她年事已高，身体虚弱，不要封斋了。老人听从了儿子的建议，因此，后面的半个月就没有再封斋。2005 年老人感觉自己身体羸弱，没有封斋。问及老人清真言和作证词的维吾尔语意思时，老人说不知道是什么意思。

从这个个案中我们可以看到家庭在宗教文化传承中的作用。维吾尔族人中伊斯兰教的传承与发展主要依靠上辈向下辈的言传身教。

第二节 羊肥，钱肥；钱肥，智慧肥

克村的买买提吐尔逊阿洪家是本村生活富裕、宗教修持严格的人家之一，在村里享有很高的威望，因勤劳致富，被选为县人大代表。

买买提吐尔逊阿洪家共有 9 口人，母亲、夫妇二人还有三儿三女。

吐尔逊汗，买买提吐尔逊阿洪的母亲，1930 年 6 月出生，2005 年已 75 岁高龄，身体健康，思维清晰，夏天还去地里做农活，在家里也是不停地帮儿媳妇做家务。宗教功修非常严格，每天做 5 次乃玛孜，年年封全斋。

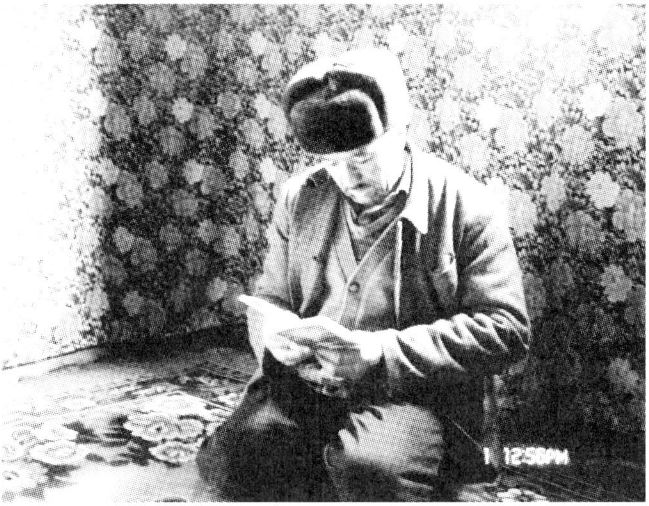

在阿吉家读经的买买提吐尔逊阿洪

买买提吐尔逊阿洪出生于 1955 年 1 月，小学毕业。读书时学的是新文字。通行文字改老文字后，又改学了老文字。小学毕业回家务农期间跟本村伊玛目萨伊普喀力木学经。家中有一本《古兰经》识读课本，还有一本阿拉伯文的《古兰经》。他认为读《古兰经》、教孩子学经有很大的善功，因此每天早晨比别人早起一小时读《古兰经》，然后去清真寺做晨礼。他要求孩子既学汉语、学农业知识，又要求他们学《古兰经》。他是本村为数不多的几位年轻时就开始做乃玛孜的村民，他告诉我年轻时做的乃玛孜的善功要比年老时做的乃玛孜的善功多。他每天雷打不动地做 5 次乃玛孜，年年封全斋，每次斋月都请加玛艾特来家里吃开斋饭。

买买提吐尔逊阿洪在平时的生活中，很注意宗教修持。他与本村的艾外都拉阿吉是邻居，同时也是好朋友。2005 年 12 月 1 日，我在阿吉家访谈时，买买提吐尔逊阿洪来串门。看到放在我们面前的《古兰经》识读课本，他就认真地朗读起来，我和阿吉则继续我们的谈话。他读完后，把课本放在餐单上，又捧起双手做都阿。并给我解释说：“这是伟大的经典，读完不做都阿是不行的。”

妻子艾木拉汗出生于1959年4月，小学毕业，上学时学的是新文字，通行文字改为老文字后，妻子没有再学老文字，现在不能读老文字的书籍和报刊，成为文盲。艾木拉汗和买买提吐尔逊阿洪结婚后，在宗教方面严格要求自己，每天礼拜不辍，斋月必封全斋。

6个孩子中有5个已经初中毕业，小儿子在读初三，2006年考高中。在克村已经没有几家人愿意供孩子上高中了，他们认为上高中对农民来说除去花很多钱外，没有任何好处。即使高中毕业能考上大学，也没有用。因为大学毕业后既找不到工作，也不愿做地里的活。但买买提吐尔逊阿洪不这样认为，他说一定要供他的小儿子好好读书，人只有有知识才能长本领，才能在社会上有所作为。

除小儿子外，其余5个孩子每天都做晨礼，今年的斋月即使是在农活最重的时候（摘棉花），孩子们在父母的影响下每人都坚持封了15天的斋。

据推算，买买提吐尔逊阿洪的爷爷大约是在19世纪90年代来克村的。到克村后靠人力开荒种田，以后又养了很多牛羊，成为宰夫，爷爷也就因此有了图拉洪喀萨普①的外号。买买提吐尔逊阿洪说：当共产党与日本鬼子打仗时，他爷爷的马、牛都给共产党帮上了忙。到成立合作社时，他家有80亩地，当时他们家的马、牛也都给合作社用了。

买买提吐尔逊阿洪是本村的养殖大户，有5只和静羝羊，7头牛，50多只麦盖提羊。这两年他为清真寺和村民做了很多善事。他认为在本地做善事，比如帮别人耕地、修桥、修路等给他人带来好处的事和去麦加朝觐所得的善功是相同的。2005年，清真寺铺水泥地面，他买了7袋水泥送给清真寺，后来水泥不够，他又出拖拉机帮着拉回买好的水泥。当年9月，村里修路时，要修两个涵洞，他和阿吉出车拉回管道埋好。2004年，地里收了71袋小麦，他拿出7袋给了伊斯买提买僧、因车祸去世的艾则孜的妻子和孩子、还有1位孤寡老人。2004年12月24日，是艾则孜的周年祭奠，他出清油10千克。村口有一涝坝，用于自来水停水时人、畜饮用，他看到平时牲畜随便饮用，感到很不卫生，于是出木料在涝坝的四周修好了栅栏。这样的善事他做了很多，村民们对他有口皆碑。

买买提吐尔逊阿洪在世俗生活中随处以穆斯林是一家的思想帮助亲戚、邻里。

---

① 图拉洪是他爷爷的名字，喀萨普是维语kassap（宰夫）的音译。

本村除艾外都拉阿吉家外，收入高的也就算买买提吐尔逊阿洪了。每年他都借钱和粮食给生活贫困者，因之别人就欠他很多债，但他从不去索要，他相信人们如果生活好了，会还给他的，他说只有真心助人善功才会多，来世的品级也才会高。

2004 年，本村买僧伊斯麦提阿訇因生活贫苦，与前妻离婚近 20 年都没能续娶。买买提吐尔逊阿洪借给他 1000 元钱，又组织加玛艾特捐赠 1000 元，给他撮合成了婚事。2006 年 1 月 19 日，笔者在他家访谈时他又有了新的计划，他和阿吉已经商量好，当年夏天他出 500 元，阿吉出 500 元，清真寺出 500 元，其他加玛艾特成员再出一些钱，给伊斯麦提买僧翻建房屋。因为买僧的屋子不到 10 平方米，又矮又小，加上伊斯麦提买僧为大家也做了很多善事，比如每天早晨呼唤礼词、打扫清真寺卫生、冬天生火等，买僧为村民的宗教生活付出了艰辛的劳动，加玛艾特要给予回报。

2005 年 11 月 29 日晚，去买买提吐尔逊阿洪家访谈时，一家人其乐融融地正在看县委奖励给他的关于科学种田和科学养殖的光碟。这是我在克村半年多的时间里从未遇上的事。问他为什么要这样做时，他的回答是：“羊肥，钱肥；钱肥，智慧肥。”

2006 年 1 月 4 日下午，再次去买买提吐尔逊阿洪家访谈时，他有点感冒，正躺在炕上一边休息，一边读《古兰经》。相映成彰的是小女儿坐在她父亲身边拿着一本《汉语对话》，正在自学汉语。买买提吐尔逊阿洪对我说：“科学知识不学不行，宗教不学也不行。两个都学的话，头脑才能丰富。学宗教以后知道什么事可以做，什么事不可以做，这样就有道德。当别人问路时，好好回答、带路，这样有很多的善功。孩子要好好做宗教功课，但也要好好学汉语，不学汉语，生活的圈子太小。比如，如果不会汉语，去库尔勒和乌鲁木齐连厕所也找不到。再就是去巴扎买东西，不会汉语没法和汉族商人交流。汉语在当今社会太重要了。”他的孩子在村里也是有口皆碑的，每天帮父母喂羊、喂牛，在地里干农活，夏天到巴扎去卖自家种的水果等，是家里的劳动能手。

买买提吐尔逊阿洪的宗教功修极为严格，不仅严格修持每天的五功、每周的聚礼、每年两次的会礼，而且在世俗生活中随处以穆斯林是一家的思想帮助亲戚、邻里。他以自己对宗教的深切体会和对子女的严格要求，把宗教传承给了后代，圆满地完成了穆斯林家庭传承宗教的社会和历史使命。

买买提吐尔逊阿洪通过自己的实践和其经典话语“羊肥，钱肥；钱肥，智慧肥”对伊斯兰教的两世吉庆观做了最好的注释。

第三节　心灵的慰藉

提力曼阿洪一家有5口人，夫妇俩和三个孩子。

提力曼阿洪出生于1957年6月，1974年高中毕业，在村里除20多岁的年轻人外他是学历最高的一位男性。他的爷爷来自于田，是个裁缝，当年来且末时带来了一架缝纫机，因此，一家人有玛西尼其①的绰号。他的父亲有一定的宗教学识，能读《古兰经》。提力曼阿洪高中毕业时就患有气管炎和哮喘病，从此生活在求医疗病的奔波之中。高中毕业后去了伊犁他的姨妈家治疗3年，1979年又去和田治病，效果都不明显。现已发展为肺气肿。他尤其不能感冒，一感冒，病情就加重，不停地咳嗽，指甲发黑，心脏缺血，有时甚至会失去知觉。

提力曼阿洪是在高中毕业后去伊犁治病期间开始学经的。当时他跟一个大阿訇学经，因为病情加重，不到一个月便中断了学习，但此时他已学会读《古兰经》。回到克村以后，他经常请教村里的伊玛目，加之自己文化水平高，可以自学宗教知识，在不间断的学习下，他的宗教学识在村里名列第二。他主动承担斋月敲鼓的任务，为本村穆斯林服务。每到斋月提力曼阿洪不到5点起床，沿街敲鼓，清脆的鼓声呼唤着人们起床封斋履行斋功。2006年，他的身体状况实在不允许他继续做这件善事，他就让儿子去做。只因为他的儿子在巴扎学理发，每天回家很晚，所以早晨不能按时起床，这一年的鼓也就敲得时断时续。在村里访谈时问到有些人为什么没有封斋，很多人说这年没人敲鼓叫醒他们了。可见提力曼阿洪的鼓声在克村村民生活中的重要性。

提力曼阿洪每天做5次乃玛孜，2006年斋月封了10天斋，后因哮喘厉害，中止了斋功。他清楚地知道如果封不了斋就要给 pidijɛ（补斋捐），但当年家里收成太少，只给了50千克麦子，为此他很内疚，唯一可以获得心灵安慰的是斋月期间自己在家每天读一卷《古兰经》。

他对因身体不好不能很好地完成宗教功课感到非常不安。有一天，他去伊玛目买买提艾合买提阿訇家对伊玛目说起此事，伊玛目说："你有病，虽然有时不能做乃玛孜、封全斋，但在身体状况允许的情况下你还是一直坚持

---

① maʃinitʃi 的音译，意为"操纵或拥有机器的人"。

做乃玛孜，即使不封斋，你获得的品级也比我们高。你生病30年有余，一直坚持做乃玛孜，从不抱怨自己的疾病；生活贫穷，你仍然感谢胡达给你的生活。你对胡达的安排非常满意。圣人说1个人得17年的病，就能获得高的品级，你得了30年的病，修的品级更高。”伊玛目的话给他带来了极大的安慰。

提力曼阿洪有时在做乃玛孜时会激动得放声大哭，他说：“胡达是一个时时处处都在的神灵，他知道每个人的行为和思想，也知道谁遵从他的命令、谁不遵从他的命令。这些命令要求穆斯林为人诚实、节制各种尘世的欲望和履行礼拜和斋戒这样一些信仰义务；否则，在不可避免的末日审判之际，全能全知的胡达将根据每个人的行为来审判他或她。根据胡达的判定，每个人复活的躯体将被接纳进乐园或者火狱。胡达是公正的，也是悲悯的，有罪的人只要真诚而及时地忏悔，就有加入乐园的可能。但是如果到了可怕的审判日再忏悔就来不及了，无论是谁为他求情都救不了那些违背胡达命令的人。”“我的病是胡达给的，这是我的命。我每天做乃玛孜感谢胡达。如果一天不做就会像一天没有吃饭一样难受。胡达就在我们身边，我们就在胡达眼前。”

他的妻子佐热姆汗出生于1963年5月，初中毕业，体弱多病，6年前得了子宫肌瘤、胃炎、胆囊炎，最近又查出有胆结石。家中没有一分钱的存款，从亲戚和邻居处凑了1000元去和田治疗，但凑的钱不够手术费，只好保守治疗了一段时间回到且末。她对胡达的信仰非常虔诚，每天做5次乃玛孜。因当年生病，没能封成全斋。

他们大女儿海丽且姆，出生于1982年7月，初中毕业，2005年6月结婚，10月离婚，现在家侍奉父母，父母劝她改嫁，她说自己改嫁后父母没人照顾，并且坚信自己怎样孝敬父母，胡达就会怎样回赐自己。她也是本村年轻人中为数不多的每天坚持做5次乃玛孜中的1个。她说，做乃玛孜有善功，对父亲的病有好处。在克村念 tɛlɛ 的女性穆斯林群体中，唯一一位年轻人就是她。

儿子买买提2005年初中毕业，现在巴扎学理发。每天做晨礼，周五参加聚礼。

他们的小女儿正在读初一，学习非常好，经常得到老师和学校的表扬。2005年，秋季拣棉花时，她利用课余时间拣棉花挣了60元钱，学校集体拣棉花时，她因为表现突出获得奖金15元，这样她也就有了买学习用具的钱，她学习好又懂事，一家人都为之骄傲。

提力曼阿洪家的生活非常贫苦。家里只有 10 亩 8 分地，2006 年地里的收入是 2000 多元，加上政府给农民的 500 元的农业补贴，家庭总收入近 3000 元。提力曼阿洪常年卧床不起，妻子也体弱多病，家里收入的绝大部分都用于医疗，因而他家是村里的 13 个困难户之一。有时家里连炒菜的油都没有，好心的邻居经常接济他们。但他谈到这些情况时，那种平静的心态让我为之震撼。感谢安拉，因为安拉的存在，让这位病魔缠身的人没有抱怨命运对他的不公，反而在宗教的支撑下自尊而坚强地生活着。“宗教在这里所尽的使命，乃是保障了传统与文化来战胜失败了的本能只在消极一面的反应。”①

“宗教的对象是在人生旅途中被烦恼所困扰，又不知道如何排解的人群。”② 汤因比在《一个历史学家的宗教观》序言中指出，“逆境的加剧会使人回想到宗教”③。提力曼阿洪父女俩在伊斯兰教的神圣领域中寻求到的心灵的安抚和精神支柱，消解了他们心灵上的痛苦，让我们再次见证了宗教的精神调节功能。

第四节　宗教——文化认同的符号

布玛利亚姆汗家住清真寺的对面。丈夫艾合买提力提普阿洪，1951 年出生，小时跟父母学会做乃玛孜，但年轻时非常喜欢玩，是村里有名的玩家。十年前他发生了很大的变化，每天去清真寺做晨礼，星期五去巴扎做聚礼。变化的原因在于：妻妹和妹夫都是阿吉，他们经常来且末看姐姐，因此对他影响很大。其次是因为家门正对清真寺，不去清真寺做礼拜实在是说不过去。第三是因为得了肝炎，医生警告他要注意饮食和生活方式。第四是年龄大了，要考虑来世的问题了。于是，他改变了自己的不良生活习惯，每天去清真寺做晨礼，每周五去巴扎主玛清真寺做聚礼。1973 年其父去世，1978 年其母亲去世。从那时起，他每周四都去麻扎游坟做都阿。肉孜节和

① ［英］马林诺夫斯基：《巫术科学宗教与神话》，李安宅译，北京：中国民间文艺出版社 1986 年版，第 35 页。

② ［日］西村惠信：《禅学教你无悔的活法》，白立文译，哈尔滨：北方文艺出版社 2012 年版，第 44 页。

③ ［英］阿诺德 · 汤因比：《一个历史学家的宗教观》，晏可佳、张龙华译，成都：四川人民出版社 2003 年版，第 1 页。

古尔邦节分别纳天课5元，斋月给清真寺纳天课12元。这几年因为患有胃病、十二指肠炎等没有封斋。1923年，他父母与他的伯父一起从于田县来到且末克村安家。他兄妹5人，妹妹嫁到了勒村，3个哥哥都在本村。

布玛利亚姆汗，1960年出生。经邻居介绍，16岁从于田县来到且末，与艾合买提力提普阿洪结婚。虽孤身一人来到异地，但不感到寂寞。因为夫妇俩互敬互爱，日子过得红红火火；再加上担任村委会妇女干事的工作，事情很多，整天忙得不亦乐乎。她有一个妹妹在和田，妹夫现定居阿拉伯国家，做生意。妹妹2005年去麦加朝觐回来。姐妹俩联系很多，每年布玛利亚姆汗都要回和田看望妹妹，女儿就是跟母亲去和田探亲期间学会做乃玛孜的。

布玛利亚姆汗1994年7月加入中国共产党，1998年被评为巴州“先进妇女宣传员”；1999年获得农民技术员称号；2000年、2001年连续两年被克乡乡党委评为优秀共产党员。2005年被评为自治区先进个人。布玛利亚姆汗的家像村里的俱乐部。每天早晨来村里上班的村干部们，一进村先到布玛利亚姆汗家“报到”。夫妇俩将屋子烧得暖暖的，骑摩托早已冻得浑身冰凉的姑娘、小伙子们，一进屋围坐在火炉旁，喝着沏好的热茶，吃着馕，聊着工作生活上的事，甚是惬意。

她的小女儿告诉我，如果没有特殊原因，母亲每年也封斋。

她家共有16亩地，9亩地以2500元的地租租给别人。种了两亩棉花，卖了2500元。5亩小麦收了50袋麦子，卖了1000元，剩下的小麦做口粮和饲料。家里养了25只羊，主要供应自家的肉食；牛3头，一头留下准备为儿子结婚时宰食，另外两头每年下牛犊后卖牛犊，这样每年有近3000元的收入。养有2头驴，主要用于农活。家中有一台拖拉机，艾合买提力提普阿洪驾驶，从事一些农机服务工作，诸如犁地、打场等，平时抽空去苏塘挖柴火，除留下自用的外，还出售，这样拖拉机每年的收入有10000元左右。另外布玛利亚姆汗每年有2500多元的工资收入，她家的生活与其他村民相比很是富足。

他们的大儿子克里木阿洪，1976年出生，中专毕业后在且末没能找到工作，到库尔勒31团承包了30亩地棉花。

他们的大女儿阿依帕丽，1983年出生，小学毕业，去和田看望姨妈时学会做乃玛孜，以前每天做5次乃玛孜，现在去31团拣棉花，乃玛孜也停做了。

他们的小女儿买热耶姆古丽，1991年出生，小时在和田跟姨妈的女儿学做乃玛孜，9岁时学会做了一年时间乃玛孜，后来学校不允许学生做乃玛孜，就再没有做。她自己说如果政府允许学生做乃玛孜她就做，因为姨妈和姨夫都是阿吉，父母也在做乃玛孜。问她有没有胡达，她说不知道。

买热耶姆古丽有一头漂亮的长发，常常辫成两根让人羡慕的辫子拖在背后，问她这么漂亮的辫子，如果不戴围巾，露在外面，多漂亮。她说，不戴围巾不行，一是对阿吉不尊重，影响他们的声誉；二是我们维吾尔族女人都戴头巾，不能把头发露在外面。

梳着漂亮长辫的买热耶姆古丽

布玛利亚姆汗的家庭在当今社会非常具有典型性。

首先，她非常妥当地处理了公领域与私领域之间的关系。布玛利亚姆汗是一名优秀的共产党员，在村民中享有很高的声誉，因为她起早贪黑，一心一意为村民服务，尽职尽责地做好妇女主任的工作，同时非常尊重自己民族的文化，尤其是宗教文化，从来都是穿长裙，戴头巾，见面打招呼时总是用“ɛssalam ɛlɛjkum”。我曾和她开玩笑说，把头发剪了，烫一下，年轻漂亮，她说如果这样村民会说她的，认为她当了干部，就忘了自己民族的传统文化。她在生活中严格遵守着本民族的社会规则和秩序，她用富有深刻含义的宗教文化符号表达着自己的民族感情和对宗教价值的承认和尊重，她也正是通过这些符号与村民取得文化上的认同，与他们交流思想、共同参与社会活动。田野调查期间我在她家居住了5个月，她每天早起晚睡，家里的事料理得有条不紊，村里的事尽心尽力。她完美地处理好了私领域与公领域的关系，身体力行了伊斯兰教两世吉庆的思想。

其次，艾合买提力提普阿洪思想与行为的转变说明伊斯兰教具有规范行为和教育教民的功能，也说明了亲族之间宗教信仰和行动的相互影响，家庭成员虔诚的宗教信仰和严格的宗教行为对整个家庭产生强烈的辐射作用，影响家人坚持严格的宗教功修。

由此我们可以看出，伊斯兰教对信仰同一宗教群体或同一族群具有文化认同的功能。

第五节 神圣与世俗的较量

买买特库尔班阿洪家，是我田野调查期间居住时间较长的人家之一，居住时间长达 3 个多月。从入住的那天起两位老人就将我视为家庭成员，对外人介绍时总说我是他们的女儿。

买买特库尔班阿洪，户主，1940 年出生。其父精通《古兰经》，曾是经文教师，在世时教过很多学生。买买特库尔班阿洪自幼同哥哥一起从父学习经文，八九岁时上过一年多的经文学校。他勤劳能干、善良宽厚。哥哥宗教知识丰富，现是清真寺的伊玛目。

买买特库尔班阿洪每天早晨去清真寺做晨礼，星期五去巴扎主玛清真寺做聚礼。2006 年的斋月正是秋收农忙季节，要摘棉花、打包谷、给枣树施肥，葡萄还要埋枝过冬，农活非常繁重。但老人坚持封斋。到 10 月 17、18 日时因为身体不舒服停斋两天。

19 日，老人又开始封斋。这天天气很热，太阳高照，我和两位老人装运院里的苞米棒子，大约有 40 袋之多。我和阿依帕丽大婶往袋子里装，大叔负责把装好的苞谷背进存放粮食的屋里。整个上午老人又热又累，多次躺到院里的床上休息。我被老人对真主的虔诚信仰打动。中午时分，因为大叔

在小儿子家拜年时的情景

封斋，我和大婶进屋吃馕喝茶休息，下午我们又干了近两个小时，才收拾完院里的苞谷。大叔接着又去果园里拽葡萄秧，干了两个多小时。看着老人半个月来逐渐消瘦的脸颊，不忍心老人受苦，就劝他农活太重，这几天就不要封斋了，否则会累倒的。老人说："我们是穆斯林，必须封斋。"

20 日、21 日，老人连续两天没有封斋，我想我的劝说还是起了一定的作用。21 日中午，他在喝茶时对四女婿说："这几天活太重，我没有封斋。"

剩下的十几天时间老人再没有封斋，的确是农活太重，身体受不了；再者他听从了我的劝说，放弃了封斋。

阿依帕丽，1942 年出生，家里的女主人，文盲。她干练、有主见，家中的事主要由她做主。自幼跟父母学做乃玛孜，是全家唯一一位每天做 5 次乃玛孜的人。她对二女儿和三女儿要求很严，一定要她们每天坚持做晨礼。两个女儿都很听母亲的话，也很勤快，一直坚持做晨礼。

夫妇俩有七个亲生子女，除老小外，其他全部成家。另外还有 1 个养子和 1 个养女。

1. 大女儿家

吐尔逊汗，排行老大，1962 年出生，因弟妹多需要照看，既没能读成书也没能学会做乃玛孜。

阿不都阿洪，大女婿，1959 年出生。虽上完小学，但因为当时学的是新文字，现在改用老文字后又成了文盲。他头脑灵活且有着强烈的好奇心，什么事都愿意一试。跑过很多地方，在当地农民中眼界算是比较开阔的。他非常注重世俗的生活，勤劳能干，家里有一台拖拉机，配有农具，雇司机专门做诸如犁地、播种、脱谷、运输等农业机械服务。家里有 20 亩地，其中 9 亩地以 4000 元的价格出租给别人耕种，剩下的地种了 8 亩小麦，3 亩苜蓿。养着 3 头牛、30 多只羊、200 多只鸽子，被乡里评为养畜生产能手，家庭被他经营得红红火火，是村里最富有的人家。

阿不都阿洪不会做乃玛孜，但非常尊重宗教人士，也很遵守村规民约。每年肉孜节和古尔邦节都去巴扎主玛清真寺做会礼。我问他不会做乃玛孜如何做会礼，他说关键不在会不会做，只要参加就行，别人怎么做自己就怎么做。

他家有两个女儿，大女儿在乡里当农机员，女婿在另一个乡的派出所工作。二女儿在新疆医科大学读大专。两个女儿都不会做乃玛孜。

2. 二女儿家

康拜尔汗，排行老二。1964 年生。小时学会做乃玛孜，嫁给达吾提阿洪后，每天做晨礼。

达吾提阿洪，伊玛目的孩子，宗教修持比较严格，既做礼拜又封斋。他是四个女婿中唯一一个每天早晨去清真寺做晨礼的人。

二女儿家有3个孩子。老大18岁，女，在县城三号小区做清扫工作。老二，男，15岁，读初中。小女儿读6年级。3个孩子全部不会做乃玛孜。

3. 大儿子家

满力特阿洪，排行老三，1967年生。家里种有9亩棉花，2亩小麦，还承包了40亩甜瓜。家中买了一辆卡车兼营运输，收入不菲，在村里他家生活属中上水平。他以前学会了做乃玛孜，但结婚后不再坚持做，媳妇满勒特汗也不做乃玛孜。两个孩子还小。

4. 小儿子家

买吐地阿洪，排行老四，1970年生。家中唯一一位大学毕业生。1987年，在新疆财经学院上本科，1992年，毕业后分配到县财政局工作，2003年，担任镇长助理。月工资1700元。

阿依尼萨汗，1970年生。1992—1995年新疆工学院汉语专业大专毕业。在本乡小学任汉语教员。月工资1400元。

两人都自称不会做乃玛孜，只会做饭后都阿。

有1个女儿，1997年7月出生，读小学二年级。

5. 三女儿家

阿瓦汗，排行老五，1973年生。读过一两年书。是一位非常能干的维吾尔族女性，与吐尔逊江结婚后，生有两个儿子。在二儿子一岁多时两人因感情不和而离婚。后嫁给一宗教人士，学会读阿拉伯文，后又离婚与吐尔逊江复婚。她每天做晨礼，从未停过。因为2005年和2006年的斋月正是摘棉花的季节，所以这两年她没有封斋。

吐尔逊江，三女婿，文盲，不会做乃玛孜，也从不封斋。喜欢抽莫合烟[①]，不爱做农活。

他们自己没有土地，租种了别人的35亩地，全部种了棉花。2005年的收入是3万多元，肉孜节前花15000元买了新房，又花4000元买了一辆旧手扶拖拉机。

---

① 莫合烟是一种由黄花烟草的茎和叶碾碎后掺和晾晒而成，外观呈颗粒状，是较为粗糙的烟草制品。最早由维吾尔族的先民种植，是我国的烟叶品种之一，烟劲较大。新疆人常用二指宽、两寸多长的烟纸，卷上一小撮烟粒，用口水封住，点着抽。

两人因离婚将小儿子过继给阿依帕丽，现在虽然复婚，但只有大儿子库尔班江在身边。

6. 四女儿家

麦特拉姆汗，排行老六，1976 年生，读过小学。每天做晨礼。

喀斯木阿洪，四女婿，比妻子大四岁。现在县开发公司做合同工，每月 600 元工资。自称不会做乃玛孜。2006 年肉孜节去巴扎主玛清真寺做会礼，问他不会做乃玛孜如何做会礼，他说学着别人的样子做。

家里种有 8 亩棉花，4 亩小麦，农活主要由麦特拉姆汗做。

7. 阿依努尔，排行老七，1982 年生

2000 年，高中毕业考入新疆广播电视大学汉语专业大专班，2003 年，毕业回到且末，在家待业一年，2004 年，安排在且末镇政府做临时工。观念很现代，穿着时髦，平日里不戴头巾。阿依努尔不会做乃玛孜也没封过斋。

8. 阿依尼莎汗，1989 年出生

其实她是阿依帕丽妹妹的女儿，阿依帕丽的妹妹有多个女儿。因为阿依帕丽的大儿媳不能生育，所以阿依尼萨汗出生后过继给阿依帕丽的大儿子满里特阿洪。后满里特阿洪与其妻离婚，阿依帕丽跟儿子商量：自己年岁大时，家里无人照顾，提议将阿依尼萨汗过继给自己。儿子同意。阿依尼萨汗小学毕业时，因阿依帕丽得肺结核，家中无人做家务，所以辍学在家，帮阿依帕丽做家务、种地。她非常勤劳，每天没有片刻空闲。家里的清洁工作全部由她承担。每天早晨 8 点起床，整理床铺，洒水、扫院子，然后就去喂牛、喂羊。早晨喝过茶又去地里劳动，拣棉花期间中午不回家，带一个馕在地里吃，晚上回家后，仍然要喂牛、喂羊，洗碗。2006 年肉孜节，阿依帕丽给阿依尼萨汗买了一副 300 元的金耳环，并且送给她一件红色的内衣，声称是阿依尼萨汗的妈妈送她的。她不会做乃玛孜，说学做乃玛孜很难，在七八岁时容易学会，现在大了，学不会。当问她想不想学时，她摇头。

9. 克里木江，1993 年出生

三女儿阿瓦汗的二儿子，从小过继给阿依帕丽，正读初中。

买买特库尔班阿洪家是当今社会的一个典型的维吾尔族家庭：父辈宗教功修严格，重视宗教生活；子辈多忙于世俗生活。他们生养的 9 个孩子中，只有 3 个女儿做乃玛孜，老大不会做乃玛孜是因为小时要照看弟妹，长大后要劳动，没有时间学经。最小的四个孩子不会做乃玛孜，现代传媒对他们影响较大，孩子们见缝插针地打开电视看节目。其他 3 个女儿小学毕业，在家

务农，每天做乃玛孜，母亲也经常过问。子女的6个配偶中只有1个做乃玛孜。孙辈中没有1个会做乃玛孜。世俗生活已深刻影响到族群的宗教生活。

本个案也反映出对伊斯兰教的信仰程度因年龄、教育背景和性别的差异而不同：年龄越小信仰的人越少；教育程度越高信仰的人越少；信仰人群中女性多于男性。

以上对五个典型家庭宗教生活的描述从不同侧面展示了伊斯兰教在维吾尔族社会中发挥的心灵慰藉功能和文化认同功能，说明了家庭这一社会单元在伊斯兰教的传承中发挥的重要作用。伊斯兰教通过家庭影响着孩子们的社会化过程，间接地提供老人关于子女抚养和教养的社会规范，同时，揭示了伊斯兰教在当今维吾尔族农村的生存状况。

第八章　克村村民宗教行为分析

本章以具体的定量调查数据和深度访谈为研究资料，分析克村村民的宗教行为，证明国民教育背景、宗教教育背景、年龄、社会和家庭环境及性别对宗教行为的影响，揭示克村的宗教现状及其成因。

第一节　教徒的四种类型

蒋丽蕴在研究当代新疆农村维吾尔族宗教行为时，提出如下假设，即维吾尔族村民信仰伊斯兰教的教徒有附和型、外在型和内在型三种。他认为附和型"以肤浅的、拘泥的思想方式为特征，结果产生对日常生活作简单的遵从主义取向，其中包括持续、有规律、定期地去参加有组织的宗教活动和实践"。外在型"也具有一种制度化倾向，但带有一定程度的个人自愿因素"，内在型"基本上认为信仰本身就是最高价值"①。并把"不具备任何宗教行为的村民大概可以排除在教徒之外"②。笔者在分析克村村民的宗教行为时，将信教者分为四种类型，隐匿型、附和型、外在型和内在型。隐匿型教徒指虽心中有信仰，但没有外显的宗教行为的人；附和型教徒是指"遗传"了族群的宗教信仰，有不严格的宗教功修，对信仰不进行理性探究的人；外在型的教徒指在宗教功修上较附和型严格，对自己有较高的宗教要求，但对信仰也不进行理性探究的人；内在型教徒指将宗教信仰本身作为最高价值，严格履行宗教功修的人。虽然后三种采用了与蒋丽蕴相同的术语，但赋予的内涵有所不同。

---

① 蒋丽蕴：《当代新疆农村维吾尔族宗教行为分析》，载《西北民族研究》，1999 年第 1 期，第 74 ~ 75 页。

② 同上，第 76 页。

一、反映宗教行为的变量

任何一种宗教都包括宗教观念和宗教礼仪两部分。宗教信仰是通过宗教行为表达的，宗教行为的多少表明了宗教信仰的强弱。伊斯兰教的信仰通过制度化的五大功修来维持和强化，在这五大功修中，念功是人人都修的，从一出生到生命终结每个穆斯林都无数次地通过念功表白自己对安拉的信仰，只要有念功就被社会认同为是一个穆斯林，因此，念功不能作为区分信仰强弱的变量。天课是伊斯兰教以安拉的名义向教徒征收的一种宗教税，捐赠的多少不单纯与信仰程度的高低有关，也与经济状况有着直接的关系。伊斯兰教也明确规定按照收入的多少交纳天课，收入少的人交纳得少，收入多的人交纳得多，因此，交纳天课的多少也不宜作为区分教徒类型的变量。克村一组的提力曼阿洪就是一个典型的例子。他是本村宗教功修严格、宗教学识高、宗教意识非常强的村民，是一个完完全全的内在型教徒，但他每年交纳的天课最少，因为他家是本村的贫困户之一，入不敷出。我们不能因为他交纳的天课少，就认定他宗教信仰不强。朝功更是如此，受到经济和社会多种因素的影响，不去朝觐的人并不意味着信仰不强。是否打算让孩子上经文学校也不能成为检验信仰的标尺，因为它受政府和社会其他因素的制约。因此，在当代维吾尔族社会最能反映宗教信仰程度的宗教行为应该是礼功和斋功。每日是否做 5 次礼拜，每年是否封全斋是检验一个穆斯林宗教信仰的最好的标准。这与前人的研究中反映宗教行为的变量有着很大的区别。

因此，我们将附和型教徒的变量设计为每日做 1 次乃玛孜，不封斋或不封全斋；将外在型教徒的变量设计为每日做 1 次乃玛孜，封全斋；将内在型教徒的变量设计为每天做 5 次乃玛孜，封全斋。隐匿型教徒是不具有以上外显行为的村民。蒋丽蕴所说的“不具备任何宗教行为的村民”实际上是有念功的，伊斯兰教认为只要有念功，就是穆斯林，因此，他们不应该被排除在教徒之外，这些人有信仰而没有外显的宗教行为，因此，笔者认为将这些人另立为隐匿型教徒较为合适。

二、统计资料的搜集与整理

统计资料的获得是在笔者进驻克村很长时间以后，村民们对笔者已经比较了解，既认同了笔者的人品也认同了笔者的研究后进行的。

资料获得的过程是这样的：首先进行“人口普查”。我把调查点确定为克村一、二组。首先，去乡派出所得到了一、二组每户人家的人数，然后逐户入户调查，删除掉过世和迁出的人口，最后得到克村一、二组村民的准确人口是670人。其次，对每一户每一人进行调查，调查内容有：国民教育背景、宗教教育背景、礼拜次数、封斋天数、与和田往来是否密切、家族是否有宗教人士或有宗教学识高的人及家中是否有中国共产党党员等。在调查的过程中随时进行访谈，了解原因，所有资料都是笔者自己调查所得，因此具有充分的可靠性。

第二节　克村村民宗教行为状况与原因分析

我们的调查对象原则上限定在18岁以上，共458人。克村一、二组有7位18岁以下的村民在做乃玛孜。为了更全面地掌握克村村民的宗教行为，我们将其列入调查范围，全部调查对象共有465人，其中男性有230人，占调查总数的49.5%，女性有235人，占调查总数的50.5%。调查对象的年龄、文化结构分别见表8－1和表8－2。

表8－1　　年龄结构（N＝465）

	18岁以下	18～29岁	30～39岁	40～49岁	50～59岁	60岁以上
人数（%）	7（1.5）	192（41.3）	116（24.9）	70（15.1）	45（9.7）	35（7.5）

表8－2　　文化结构（N＝465）

	文盲	半文盲	小学	初中	高中	高中以上	在读
人数（%）	52（11.2）	24（5.2）	150（32.3）	219（47.1）	12（2.6）	6（1.3）	2（0.4）

按照我们的假设，信教群众的信仰程度应该有高低之别。其中隐匿型信仰程度最低，附和型次之，外在型较强，内在型最强。由此，根据我们的观察，克村隐匿型宗教行为最多，附和型次之，但较外在型和内在型为多，而内在型最少。调查结果基本证实了这个假设，见表8－3。

表 8－3 信教村民宗教行为基本状况（N＝465）

	礼拜			封斋			宗教教育背景			
	不做	一次	五次	不封	半斋	全斋	跟父母学	跟配偶学	从书中学	跟宗教人士或宗教学校学
人数	179	207	79	261	68	136	256	9	7	30
%	38.5	44.5	17	56.1	14.6	29.2	55.1	1.9	1.5	6.5

按照我们的分类标准，对克村信教村民进行分类，不同类型的信教者的人数如下（见表 8－4）。

表 8－4 各类信教者人数分布（N＝465）

	隐匿型	附和型	外在型	内在型
	不礼拜不封斋	一次礼拜＋非全斋	一次礼拜＋全斋	五次礼拜＋全斋
人数（%）	179（38.5）	142（30.5）	65（14）	79（17）

由表 8－4 可以看出隐匿型教徒最多，占总体的 38.5%；附和型的有 142 人，占总体的 30.5%；外在型最少，有 65 人，占总体的 14%；内在型的有 79 人，占总体的 17%。各类信教者的人数分布排序：隐匿型 > 附和型 > 内在型 > 外在型。

克村村民宗教行为主要受以下因素的影响。

一、国民教育背景对村民宗教行为的影响

国民教育背景对村民宗教行为的影响见表 8－5。

表 8－5 国民教育背景对克村村民宗教行为的影响（N＝465）

	隐匿型		附和型		外在型		内在型	
	人数	%	人数	%	人数	%	人数	%
文盲	15	28.8	10	19.2	9	17.3	18	34.6
半文盲	4	16.7	6	25.0	3	12.5	11	45.8
小学	61	40.7	43	28.6	28	18.7	18	12.0
初中	88	40.2	78	35.6	24	11.0	29	13.2

续表

	隐匿型		附和型		外在型		内在型	
	人数	%	人数	%	人数	%	人数	%
高中	7	50.0	4	28.6	0	0	3	21.4
高中以上	4	66.7	1	16.7	1	16.7	0	0
总计	179	38.1	142	30.5	65	14.0	79	17.0

从表8－5我们可以看出，文盲和半文盲中隐匿型宗教行为最低，随着文化程度的提高，隐匿型宗教行为增多，其中小学和初中文化程度的村民中各有40%的人不做乃玛孜和封斋，高中文化程度的村民中有50%的人、高中以上文化程度的村民中66.7%的人不做乃玛孜和封斋。这是因为当代维吾尔族农村社区中伊斯兰教的传承主要由家庭承担，个体随着文化程度的提高，在家庭中生活时间减少，与外界的联系增多，他们会把更多的时间用于世俗生活。与此同时，他们的自主行为能力也随文化程度的提高而提高，更少盲从行为。文化程度越低，内在型信教村民越多，文盲中34.6%、半文盲中45.8%的人都是内在型教徒，由于他们没有或很少接触现代科学知识，对人生的思考往往是从宗教的角度考虑，因此，有更多的宗教行为。在高中文化程度的村民中内在型教徒的比例比初中和小学文化程度的村民要高，这是因为随着文化知识的增加，民族意识和宗教意识也会增加，他们会更多地思考和探究，在信仰程度上更为强烈。

二、宗教教育背景对村民宗教行为的影响

在465名被调查者中，没有学过宗教功课的有163人，跟父母学的有256人，跟配偶学的有9人，从经书中学的有7人，跟宗教人士或在宗教学校学的有30人。

表8－6　克村村民宗教教育背景（N＝465）

	没学	跟父母或祖父母学	跟配偶学	从书中学	跟宗教人士或宗教学校学
人数（%）	163（35.10）	256（55.1）	9（1.9）	7（1.5）	30（6.5）

在新中国成立前和新中国成立初期，维吾尔族的宗教教育是由家庭和宗

教学校共同承担的。20 世纪 60 年代至今，宗教学校逐渐减少，宗教传承绝大部分由家庭承担了。克村村民中，跟随宗教人士或宗教学校学习过宗教知识的人共有 30 人，其中 1/3 都是 60 岁以上的村民，绝大多数村民都是跟父母或祖父母学做乃玛孜，这部分人共有 256 人，从书中学会做乃玛孜的 7 人中绝大多数都是年轻人，他们有文化知识，这是他们自学经文的有利条件。宗教教育背景对村民宗教行为的影响见表 8 －7。

表 8 －7　宗教教育背景对村民宗教行为的影响（N =465）

	隐匿型		附和型		外在型		内在型	
	人数	%	人数	%	人数	%	人数	%
跟父母学	12	4. 7	130	50. 7	61	23. 8	53	20. 8
跟配偶学	0	0	3	33. 3	0	0	6	66. 7
从书中学	0	0	3	42. 9	2	28. 6	2	28. 6
跟宗教人士或宗教学校学	4	13. 3	6	20. 0	2	6. 7	18	60. 0

从表 8 －7 我们可以看出，不同的宗教教育背景对村民的宗教行为有很大的影响。通过家庭“遗传”的宗教接受者中，隐匿型和附和型教徒最多，这与家庭传承宗教有很大相关性。家庭传承了伊斯兰教的生活方式，后代学会了做乃玛孜，家庭具有监督作用，但这部分信教者没有系统的伊斯兰教知识，也很少思考宗教问题，因此隐匿型最少而附和型最多。在跟配偶学习宗教的人中，内在型教徒最多，这是因为夫妻双方行为的互相影响和监督。可以预测，如果没有特殊因素的影响，这部分人的后代宗教意识会较“遗传型”家庭中的后代的宗教意识更强。跟宗教人士学或在宗教学校学习过宗教的村民，绝大多数信仰程度高，60% 的人都是内在型教徒，主要原因是他们较其他村民接受了较为系统的宗教教育。

三、年龄对村民宗教行为的影响

年龄对村民宗教行为的影响见表 8 －8。

表 8－8　年龄对村民宗教行为的影响（N＝465）

	隐匿型		附和型		外在型		内在型	
	人数	%	人数	%	人数	%	人数	%
18 岁以下	0	0	3	42.9	3	42.9	1	14.3
18—29 岁	105	54.7	59	30.7	16	8.3	12	6.3
30—39 岁	39	33.6	45	38.8	15	12.9	17	14.7
40—49 岁	18	25.7	16	22.9	16	22.9	20	28.6
50—59 岁	13	28.9	13	28.9	8	17.8	11	24.4
60 岁以上	4	11.4	6	17.2	7	20	18	51.4

年龄对克村村民的宗教行为也有很大的影响。从表 8－8 中可以看出，18～29 岁的村民中隐匿型教徒最多，占这个年龄段人口的 1/2 以上，而且这个年龄段的人中内在型教徒最少。因为宗教利益与该年龄段的村民关系不是十分密切，加之他们受世俗教育的比例较高，而且正值成家立业繁衍后代的阶段，繁忙的世俗生活使得他们没有足够的时间用来从事宗教活动。他们更为注重今世劳作，宗教功修往往被忽略。随着年龄的增长，越来越多的人开始考虑来世问题，宗教意识不断增强，这时他们的闲暇时间也较多。这就是越来越多的老年人从事宗教活动，祈求换取来世幸福的缘故。在克村 1/2 以上的老年人都是内在型教徒，他们每天雷打不动地做 5 次乃玛孜，只要身体健康，斋月必定封全斋。

四、社会环境和家庭环境对村民宗教行为的影响

社会环境和家庭环境对村民宗教行为的影响见表 8－9。

表 8－9　社会环境和家庭环境对村民宗教行为的影响（N＝465）

	隐匿型		附和型		外在型		内在型	
	人数	%	人数	%	人数	%	人数	%
普通家庭	173	50.4	108	31.5	37	9.9	27	7.9
与和田有密切来往	2	6.3	13	40.6	6	18.8	11	34.4
家有宗教人士或祖辈宗教学识高	4	4.5	21	23.9	22	25.0	41	46.6

社会环境和家庭环境对村民的宗教行为影响非常大。从社会环境看，和田地区是新疆宗教气氛浓厚的地区之一，且末县西与和田地区民丰县接壤，而克村先民基本来自和田。在克村，谁家与和田来往密切，谁家的宗教气氛就比较浓厚。从表 8－9 可以看出，与和田有密切往来的家庭中，隐匿型教徒非常少，内在型教徒比例较高。从家庭环境看，有宗教人士或祖辈宗教学识高的家庭，隐匿型教徒最少，内在型教徒最多；而普通家庭中 1/2 以上人都是隐匿型教徒，内在型教徒所占比例最低。在克村有七个 18 岁以下做乃玛孜的人，这些人全部都是受到家庭影响而做乃玛孜的。这说明，在克村宗教行为家族化的现象非常明显，并且表现出两个特点：

1. 家庭宗教氛围与社会环境有直接的关系

从和田来且末的时间越晚，家中宗教氛围越浓。

个案：阿布都维力家因为在于田没有土地，1985 年，从于田举家迁来且末，现在在克村拥有土地 35 亩，另外还有 13 亩自己新开垦的荒地。老两口和 7 个孩子全做乃玛孜。老两口是跟父母学会做乃玛孜的，孩子们全是从书中学的，因为他们有文化，这与老一辈有很大的区别。女主人艾吾汗·买提司和小儿子每天做 5 次乃玛孜，2006 年封了全斋。家中其他成年人，每天做晨礼。老二肉孜·阿布都维力和媳妇肉孜汗 2006 年封了全斋。这是很不容易的事。因为这一年的斋月正是摘棉花的季节。每天头顶烈日，滴水不进，在农田摘一天棉花的确是对每个封斋者的严峻考验。女儿的婆家也是从于田迁来的，家住 1 组。

与和田的联系越密切，家中宗教氛围越浓厚。

个案 1：玛依穆汗夫妇俩，每天做 5 次乃玛孜，2006 年封了全斋。玛依穆汗，50 多岁，是村里女性宗教活动的积极参与者。承担着洗尸、念经治病和诵 tɛlɛ 的任务。她娘家在于田，而且娘家人都很虔诚，有很高的宗教功修。她有很高的学经热情，来到且末后，苦于没有人教经，曾找过一、二组清真寺的伊玛目和四组清真寺的伊玛目，请他们教经，但他们都不答应。在无可奈何的情况下，她去于田找哥哥学经，在哥哥家住了两个月，学会了读经。笔者在访谈期间在她家看到她用新文字写下的一本经文，她每天背记，已背会了 1/2。

个案2：古丽阿依姆汗，1958年出生，小学毕业，在于田长大。7岁时，母亲对她说女孩子要在7岁开始学经，这样到9岁就可以做乃玛孜了。她听母亲的话，到9岁时就开始做乃玛孜，至今不辍。24岁时，随父母一起来到且末。结婚后在勒村的一个阿訇处学读《古兰经》，学了6个月学会读《古兰经》。她在礼功上非常严格，只有在实在没有办法的情况下才停止功修。她是村里唯一一个有《古兰经》的女性穆斯林。

古丽阿依姆汗每年去和田一至两次，亲戚都在那里。她说那里的小孩都做乃玛孜，他们一边上学，一边学经，两不误。和田那边父母送孩子到阿訇处学经，所以那里的小孩很多都会做乃玛孜。

2. 家庭宗教氛围的浓淡与家庭环境有着直接的联系

家中父母或祖父母越是信教、宗教功修越是严格，后代信教的比例越高、做乃玛孜的越多。

个案：坎百尼萨汗，出生于1939年，是本村威望最高的女性宗教人士。每天做5次乃玛孜，封全斋。tɛlɛ仪式如果没有她，就开始不了。因为再没有可以领做的人。她也是村里极少的几个会做洗尸后都阿的人之一。她有4个孩子，其中3个孩子都会读《古兰经》。阿拉帕特喀力木是他的二儿子，为了让他学经，夫妇俩承担起所有的农活和家务，不让儿子插手，以便他集中精力认真学经。女儿每天做5次乃玛孜，封全斋。她认为给他人教经在来世有善功，所以她经常给他人教经。

老人信仰非常虔诚，每天早晨5点起床，念经修行。她有专门用来念经计数的100颗小石子，每天清晨数石念清真言1000次。念完清真言做祈祷，祈祷内容是："让我儿子成为伊玛目；让我儿子心中有经，成为好人；死的时候不要让鬼与我为伴；不要因为信仰而惩罚我；赐我裙子和白头巾；让我能读经；不要让我为天园而担忧；胡达！渴时让我有水喝，热时赐我于树荫，让我事事顺利。"祈祷完后做晨礼。如果白天忙，比如摘棉花期间因为地里没有干净的水可以做净礼做不了乃玛孜，晚上回家后等孩子们都睡了一定要补做。老人只要有时间就念tɛspɛj。

二儿子阿拉帕特喀力木在且末读小学时，老人就让他边读小学边学经。读到五年级时，儿子已经读了3年经文。然后送到于田学经13年，库尔勒学经3年。1993年，才回到家乡结婚成家。她在解释送儿子学经的原因时是这样说的："在这个世界上我们劳动就有馕吃，但在来世我们无能为力。

一切都是胡达安排的。为了死后进天园送他学经；为了在末世获得一个比较高的品级送他学经。”

五、性别对村民宗教行为的影响

性别对村民宗教行为的影响见表 8 - 10。

表 8 - 10　性别对村民宗教行为的影响（N = 465）

	隐匿型		附和型		外在型		内在型	
	人数	%	人数	%	人数	%	人数	%
男	104	45. 2	64	27. 8	27	11. 7	35	15. 2
女	75	31. 9	78	33. 2	38	16. 2	44	18. 7

性别对村民的宗教行为有影响，但不是非常大。在维吾尔族社会中女性多依附于男性，因此她们更多地考虑社会影响而尊崇传统，这就是女性中隐匿型教徒少于男性，附和型、外在型、内在型教徒多于男性的原因。但是我们也应该看到，女性内在型教徒虽然比男性多，但是女性更多的是严格的功修，在宗教功修的理性思考方面要少于男性，克村 9 户人家拥有《古兰经》，8 户都是男性读《古兰经》，只有一户是女性读《古兰经》。

第三节　克村宗教现状及其成因分析

我们在上节对克村村民的宗教行为进行了定量的分析，本节结合上节的定量分析及个案探讨克村的宗教现状，并对其原因进行分析。

一、克村的宗教现状

从对克村村民的宗教行为的定量分析和自己的田野观察我们可以得出克村宗教氛围比较淡漠的结论，这基于以下事实：

（1）在克村有 179 名隐匿型教徒，这就意味着 18 岁以上村民中近四成的人不做乃玛孜，不封斋。这比新疆地区其他维吾尔村庄不具备任何宗教行为的村民占总数的一成左右[①]的普遍情况高出三成。

（2）宗教学识普遍偏低。在且末县只有三四个大毛拉能解经，克村3个清真寺的伊玛目没有一个可以解经的，全村也没有一个可以通篇背诵《古兰经》的，除四组清真寺伊玛目艾海提能背15卷《古兰经》以外，其他伊玛目只能背诵三四卷而已，这与新疆其他地区宗教人士的宗教学识有很大的差距。在吐鲁番担任村里主玛清真寺的伊玛目条件是“通晓13本大学经典；熟悉教法、教义；能胜任教授大学学生”[②]。村民们说在整个且末县可能只有两三个宗教人士能达到如此水平，在克村没有一个具有如此高的宗教水平的人。

（3）对教义教条的理性探索少。在克村有9户人家拥有《古兰经》，人们认为读《古兰经》有功赏，因此宗教意识强的村民有空就读《古兰经》，但基本上只是诵读而不懂其义，村民除读《古兰经》外几乎没有人读其他伊斯兰教书籍。

个案：2005年10月25日下午，阿依帕丽家的劳动力摘了一天棉花回家了，大家都聚集在生了火的屋子里。阿依帕丽在家里做了一天的家务，下午已经是非常疲劳。昏礼的时间到了，她做完小净，回到屋里做礼拜。她做礼拜时大家继续聊天，有意思的是她也不时停下乃玛孜插话。在做霄礼时，自己说：实在是太累了，就不做小净了，坐着做吧。果真没有做小净，坐着做了礼拜。

在伊斯兰教中，如果举手诵戒词之后，“一切寻常之行为，皆成犯禁之行为也！”[③]“谨防拜中的左顾右盼，因为拜中左顾右盼确是一种损失”[④]。但在克村有为数不少的人认为做拜功交还主命是关键，只要做乃玛孜就有善功，至于具体动作等细节问题可以随其所欲。

（4）在新疆很普遍的一些宗教活动在且末没有，其中最为典型的就是

① 参阅蒋丽蕴：《当代新疆农村维吾尔族宗教行为分析》，载《西北民族研究》，1999年第1期。

② 刘萍：《麻扎阿勒迪村维吾尔人的亲属制度》（博士学位论文），北京大学，2004年，第11页，国家图书馆藏。

③ 达浦生：《伊斯兰六书》，北京：宗教文化出版社2003年版，第157页。

④ ［阿拉伯］叶哈雅·脑威选编：《穆斯林的修养——脑威圣训精华》，穆萨，伊布拉欣，伊利雅斯合译，《伊斯兰教典名著译丛》编委会1996年版，第314页。

在新疆其他地方，婚前有念一天《古兰经》的宗教活动，而在且末没有这种宗教活动。很多村民根本没有听说过这种事。

（5）没有麻扎崇拜。在全且末县不存在麻扎朝拜，人们只是去麻扎游坟奠祭自己的亲人。这里的人每星期四都去麻扎纪念亡灵，并认为越是有良心的人去得越多。县宾馆的服务员吐尼萨古丽告诉我，她奶奶已经去世两年多了，她爸爸不管刮风、下雪，每星期四都去麻扎奶奶的坟前做都阿，从没有间断。姊妹几人多次劝父亲年岁已高，天气不好就不要去了，但老人不同意。人们都说这是有良心的表现。

（6）饭后都阿也日渐消失。饭后都阿是穆斯林感念安拉之恩赐的一种宗教行为，应该每餐后必做。但在克村甚至整个且末，饭后都阿日趋减少，也只有在以下场合存在：①有客人在家吃饭，饭后做都阿。②各种仪式上饭后做都阿。命名礼、割礼、婚礼、葬礼、乃孜尔、肉孜节和古尔邦节时都做都阿。③家中有人去世，来家中慰问的人喝茶后都做都阿。④强调自己的维吾尔族身份时，饭后做都阿。

个案1：萨拉买提汗是我1990年来且末学维吾尔语时认识的好朋友，多年来我们一直保持联系。这次我来且末做田野调查，他知道后非常高兴，请我去他们家吃抓饭。饭端上来后，他说我是来研究维吾尔族风俗习惯的，那我们就用传统的方式吃抓饭。我欣然同意，因为15年前我就学会用手抓着吃抓饭了。滑稽的是：最后只有我1个人在用手抓着吃，其他人全用勺子吃。

吃完抓饭，大家都离开了餐单，我提醒说还没做都阿呢，萨拉买提汗就又把大家叫回餐单前，做了都阿。以后我多次去他家吃饭，只要没有老人或外人，吃完饭一般不做都阿。他们的生活方式越来越世俗化、简约化。

个案2：2005年6月3日，克乡党委副书记奥斯曼带我去麦库尔班大叔家，介绍我入住，阿依帕丽大婶摆上大大的薄馕，沏了一壶滚烫的热茶招待我们。吃完馕，喝完茶以后，大家一起捧手做都阿。从那天起我在麦库尔班大叔家住了3个月，结果发现并非每顿饭都做都阿，只是在有客人时才做。

（7）青年人更多地追逐时髦，抛弃传统的生活方式，宗教信仰群体老龄化。

个案1：阿依努尔，1982年生。2000年高中毕业考入新疆广播电视大学汉语专业大专班，2003年，毕业回到且末，在家待业一年，2004年，安排在且末镇政府做临时工，工资每月只有300元，喜欢吃穿，工资远远不够自己的开支。观念很现代，穿着时髦，平日里从不戴头巾，下班回家后换上粉色的棉制睡衣、睡裤，这在以前的维吾尔族人的农村很少见到。她的对象是一名复员军人，两个人几乎天天中午回家吃午饭，吃过饭后两个人就进屋休息，有时晚上还送阿依努尔回家。阿依努尔不会做乃玛孜，问她是否想学，回答是不愿意。她没封过斋，说自己忍受不了。前段时间她的姨妈去世，按习俗亲属要戴40天黑头巾。在过完20天乃孜尔时，她问其母，是否可以不再戴头巾了，其母没有同意，所以坚持戴了40天。

个案2：尼沙汗老人收养了她的孙子亚森，亚森今年25岁，在亚森小时老人教会了他做乃玛孜。以前每天做晨礼、封斋、参加聚礼，但慢慢地随着年龄的增长，自主性增强，渐渐不听奶奶的话了。现在既不做晨礼，也不封斋。每到周五，老人要求他去参加聚礼，他都很痛快地答应，实际上他根本不去，出去转一圈，看时间差不多了再回家。现在只要没事，就去打台球、玩扑克牌，晚上很晚才回家。老人已经无能为力了，说这是罪过。世俗生活对年轻人的影响远远大于老年人对年轻人的影响。

（8）现实生活中宗教权威在公共领域逐渐弱化。生活中邻里有矛盾时，村民们不再像以前一样找伊玛目或加玛艾特解决，而是更多地依靠乡村政府解决。

个案：买买特库尔班大叔的4亩瓜地被邻里浇地时给淹了，造成4000元的损失。老人家找到村支部书记阿不来特阿洪解决问题。双方在村书记的协调下，达成协议，由大叔的邻居赔偿800元，秋后卖完棉花付款。我担心秋后不一定能兑现，就问大叔，如果他们不付款怎么办，大叔说到时再找村委会，村委会解决不了，就找乡司法所。在村民生活中，家庭中的矛盾、邻里之间的纠纷基本上已经不再找宗教人士解决，而是更多地依靠国家权威得以解决。

二、对克村宗教现状成因的分析

造成克村以至且末县宗教氛围淡漠的原因有：

1. 前辈们的宗教学识较低

且末人的前辈80%来自和田地区于田县，这些人当年在于田时，基本上都是没有土地的农民，他们在于田无法维持生存，不得不背井离乡来到且末谋生。这些人在于田时没能接受到宗教教育，因为当时在于田读宗教学校的人每周要交半秤子①的麦子做学费，因此，“只有少数富家穆斯林子弟才具有经济能力师从当地寺院阿訇、伊玛目学习一点阿拉伯文以及一些必要的社会、宗教知识②。”村民说：“穷人交不起学费，学不了经，抱着孩子来到且末，而毛拉们都留在和田。”民国六年且末“全县有人口5900余人”③，在此之前人口更少。且末荒地多，在于田无法谋生的人就来到且末开荒种地。他们在于田时是生活于社会底层的人，几乎不占有任何教育资源，对宗教的理解和掌握也只能是家庭传承一些。因为宗教学识的缺乏，宗教的代际传承也十分有限，这是且末宗教氛围淡漠的主要原因。

2. 政府宗教工作的影响

且末县统战部把民族、宗教工作作为统战工作的重点，把宗教活动与综合治理工作相结合，并且纳入了各乡镇场综合治理考核的内容。全县大力开展民族团结教育、“五观”④ 教育、意识形态领域反分裂斗争再教育，把依法治教贯穿于整个工作的始终，狠抓宗教活动、宗教活动场所、宗教事务等三个环节的管理。对宗教人士、清真寺民主管理小组成员进行了全面的考察，及时补充高素质的宗教人士，对宗教人士的政治思想、宗教修养、联系信教群众、遵守国家法律法规、参与经济建设、开展自养和社会公益事业等方面进行综合考核和民主评议，使宗教人士严格按政策法规开展宗教活动。

3. 宗教文化传承的断裂

伊斯兰教根植于维吾尔族人的生活后，就成为他们世代确认和传承的一种传统文化。

---

① 一秤子约相当于20市斤。

② 秦惠彬主编：《中国伊斯兰教基础知识》，北京：宗教文化出版社1999年版，第61页。

③ 且末县地方志编纂委员会编：《且末县志》，乌鲁木齐：新疆人民出版社1996年版，第70页。

④ 指马克思主义的国家观、民族观、历史观、宗教观、文化观。

伊斯兰教的传承主要依靠宗教教育。宗教教育有两种形式：一是家庭、亲友中进行的实用性教育；一是礼拜寺、经文学校的系统教育。家庭教育中，主要是父传子受，家长教孩子念清真言、作证词和做乃玛孜，这些实用性教育一般均无系统可言，很多人不解其意，但因其范围广大，而且来自于血缘、亲情，在强化“我是穆斯林”的意识上所起的作用非常大。

经文学校是维吾尔传习伊斯兰教功课和培养宗教人才的场所。新疆最早修建的经文学校是在喀喇汗王朝时期。公元 10 世纪由萨图克・布格拉汗在喀什噶尔兴建了“沙吉耶麦德里斯”[①]，其宗旨是传播伊斯兰教学术文化，培养伊斯兰教高级教职人员、学者、教法官和行政官员。这所经文学校因其规模和藏书驰名新疆和中亚地区，它为喀喇汗王朝培养了大批著名宗教学者和文学家，《福乐智慧》和《突厥语大辞典》的作者玉素甫・哈斯・哈吉甫与麻赫穆德・喀什噶里等著名学者曾在这里学习过。另一所著名的经文学校是由萨图克・布格拉汗之子穆萨创建的“罕勒克麦德里斯”[②]，后多次扩建，专供汗室和达官贵族学习之用。

随着伊斯兰教的发展，经文学校开始遍布全疆。19 世纪以前，信仰伊斯兰教的维吾尔族人的教育完全是宗教教育，因而经文学校十分盛行。在喀什噶尔沙吉耶麦德里斯废墟上兴建的马思忽惕亚麦德里斯（建于 1253 年左右）、和田吾依巴阿达教经院（建于 1854 年）、墨玉县吾巴阿麦德里斯（建于 1879 年）等都是具有一定规模的教经堂。

这些经文学校在教授伊斯兰教知识的基础上，增加了符合维吾尔族社会生活的内容，形成了较为完备的体系，为伊斯兰教在维吾尔族人中的传播和发展发挥了重要作用，强化了维吾尔族社会的向心力和凝聚力，在维吾尔族教育史上影响深远，在促进伊斯兰教本土化和民族化进程的同时，不仅向维吾尔族信众普及了伊斯兰教方面的知识，从小培养了他们的宗教信仰和感情，而且造就了一代代宗教职业者、经师和学者，使伊斯兰教在维吾尔族中的传播经久不衰，后继有人。新中国成立之前，且末县城乡共有 12 所宗教学校，均为宗教人士私人办学。

新中国成立后，禁止宗教人士私人开办经文学堂，1986—1990 年，且末县先后关闭了 5 所宗教人士私办的经文学堂。1993 年，由州宗教局批准开办经文学堂 1 所，招收塔里甫 10 名，由 3 名职业人士执教，并按规定给

---

① 阿拉伯语音译，意为“高级经堂”。

② 意为“皇家教经堂”。

教员和学员颁发聘用证和学员证。经文学堂的具体事务由县宗教局和伊斯兰教协会负责管理①。

克村的每一个村民都面临两种教育体制的关怀，一是国民教育，一是宗教教育。克村存在宗教文化传承断裂的问题。原本是社会与家庭共同承担宗教传承的任务，现在完全退缩到家庭领域，而且这种家庭传承也面临着巨大的挑战，因为随着懂经老人的相继过世，懂经的人越来越少，宗教传承在家庭领域也面临着困境。

克村的尼沙汗医生对我说，她 1987 年来村卫生所工作，从那时起至今，本村大约有 140 人去世，其中绝大多数是老人。

村民艾尼康其也说到这个问题，他说："我们这里的老人太少，很多都已去世，没有人教经。于田的老人很多，所以孩子们都会做乃玛孜。"

个案 1：村民买买提吐尔逊阿洪说："我们的父母经文知道得很多，我们知道得少，慢慢地做乃玛孜的人会更少。这种情况一定会发生。科学知识不学不行，宗教不学也不行。两个都学的话，头脑才能丰富。学宗教以后知道什么事可以做，什么事不可以做，这样才有道德。《古兰经》说当别人问路时，好好回答带路，有很多的善功。"

个案 2：村民白希罕这样说："有时我们也在想，我们生下了孩子，养大了孩子，但我们没有教他们做乃玛孜，到了来世，我们是有罪的。胡达保佑我们吧。好在我收养了 3 个孩子，胡达说收养孩子是有善功的。我死后每周四，他们能去我坟头做都阿吧，他们不会把我扔到麻扎不管的。来世是胡达给的。"

当与村民们谈及宗教的发展时，常常可以感受到其中流淌着一股忧郁的暗流，但主调是对自己民族和文化的热爱。他们的生活虽然平淡、枯燥和为贫穷所困，但对自己生长于其中的民族与文化有着真诚的热爱。

4. 越来越多的人认识到科学文化知识在生产生活中的重要性

国家九年义务教育的实行，使村民的文化水平普遍提高，越来越多的人清楚地认识到科学教育的重要性，他们将学习科学知识、学汉语视为圣行，

---

① 参阅且末县地方志编纂委员会编：《且末县志》，乌鲁木齐：新疆人民出版社 1996 年版，第 461 页。

自愿地将孩子送到学校接受教育，国民教育冲淡了宗教教育。孩子们接受完九年义务教育之后，也有部分家庭继续送子女接受高中教育。这样子女在毕业之后，在世俗生活中更多的人运用科学知识养殖、种田，获得高的回报。

个案1：吾拉木力是这样说的："我现在没办法叫孩子念经，她读汉语班，每天回家写一两个小时的作业，如果我非要让她学经，她也会学，但是如果学习没有学好，将来找不到工作，她会怨我为什么在她小时不让她好好学习文化知识，而整天让她学经。"

个案2：买买提吐尔逊阿洪说："学知识、学语言也是圣行。因为学了知识增长了能力后，可以按自然规律和法律办事。没有知识，不知道对错，可能会一直盲目犯错。不学汉语，在现代社会无法与外界交流。"

第九章　结　论

伊斯兰教于10世纪传入新疆，起初只限于喀什地区，经过六七百年的岁月，逐渐扩展到其他地区，到1513年，维吾尔族人完全放弃佛教改信了伊斯兰教。这个过程乃是伊斯兰教与该民族的传统，包括政治、经济、文化各方面不断协调的过程，也就是说伊斯兰教在其传播的过程中，不可避免地带有浓厚的民族和地方特色。

通过对克村维吾尔族人宗教生活的考察，我们得出以下结论：

一、当代维吾尔族人的宗教生活以伊斯兰教信仰为核心，以伊斯兰教五功为主要宗教行为，其他宗教遗存并现于生活之中

克村人通过相伴终身的念功、每日的五时拜、每周的聚礼、每年1个月的斋功、每年1次的肉孜节和古尔邦节会礼以及终身1次的朝功表达和强化着他们对安拉独一的信仰。以伊玛目为中心、围绕神圣宗教空间——清真寺而形成的加玛艾特对这个社会的正常运转和传统文化的传延起着积极的作用。但是作为外来宗教的伊斯兰教在传播和发展过程中必然吸收和融合所到地区和民族的传统文化，经历本土化的过程。正如麻扎朝拜一样，虽产生于伊斯兰教，但传入新疆之后更多地成为古代动植物崇拜、祖先崇拜和多神崇拜的继续和发展，其主要原因在于维吾尔族是带着旧有的宗教影响和传统文化接受伊斯兰教的，伊斯兰教根植于维吾尔族人中，不得不对原有的宗教观念采取宽容的态度。融汇于维吾尔族人当代生活中的自然崇拜、动植物崇拜、图腾崇拜以及萨满教和巫术的存在都是与安拉独一的伊斯兰教信仰相悖的原有宗教的遗存。这些原始信仰或原始宗教与伊斯兰教共存于当代维吾尔族人的生活中，丰富着维吾尔族人的精神生活，彰显着维吾尔族人自古流传的传统文化的生命力。但是随着村民对伊斯兰教的理性探究的深入，这些原始信仰或原始宗教面临着伊斯兰教安拉独一信仰的威胁。而且随着伊斯兰教

这一主流宗教的持续传播，原始信仰和原始宗教在人们的思想意识中会更加淡漠，对人精神世界的影响愈益弱化。随着时间的推移，这些非主流的宗教信仰可能会更加难以觅其踪迹，从而最终消失于维吾尔族人的宗教生活中。

伊斯兰教作为一种社会化的客观存在具有一些基本的要素。这些要素可以分为两类：一是内在要素，包括宗教观念、宗教体验；一是外在要素，包括宗教行为或活动和宗教组织或制度。这些要素在伊斯兰教体系中有一定的关系和结构，通过对这些要素进行结构性分析，我们知道伊斯兰教的宗教观念和宗教体验是统一的宗教意识相互依存的两个方面，六大信仰处于伊斯兰教宗教体系的基础层或核心层；伊斯兰教的宗教意识必然形之于外，体现为宗教信仰和崇拜的行为，即五功；而这一切又逐渐规范化为伊斯兰教的宗教组织和制度，它使得伊斯兰教的宗教观念信条化、宗教信徒组织化、宗教行为仪式化、宗教生活规范化和制度化，对穆斯林及其宗教观念、宗教行为起到了凝聚和固结作用，保证了伊斯兰教这种社会现象作为社会结构的一部分而存在于社会之中。

二、伊斯兰教在维吾尔族人中发挥着重要的心理功能和社会功能

宗教是对超自然力量的有组织的信仰，它作为一种人类社会普遍存在的社会设置，引导人们理解世界，帮助信仰者处理那些他们认为重要、但运用现有组织技术和技巧无法解决的问题，给信仰它的人们带来了实际的效用。它满足人们各种各样的社会和心理需求，给人们提供借以超越劳苦的世俗生活并达到精神自我的途径。伊斯兰教也不例外。它“原本就是一种功能性很强的宗教，尤其是其政治功能、社会功能和文化功能。”①

伊斯兰教作为一种客观化的社会存在，在信徒的精神和世俗生活中发挥着如下的功能：

第一，伊斯兰教为信徒提供了精神上的支持和慰藉，对人们克服未知的恐惧和对未来的焦虑提供了帮助。因为生活的难以预料，人们常常感到焦虑和恐惧。安拉的存在解释了许多未知的东西，并成为人们求助的对象。伊斯兰教帮助信徒面对生活的不确定性，通过对来世的承诺，特别是为死亡这一最终的未知领域提供了安宁和希望。

---

① 刘月琴：《伊斯兰文化与社会现实问题的考察》，北京：中国社会科学出版社2012年版，第122页。

第二，伊斯兰教为信徒提供了人类存在的意义和目的。无论何时何地，宗教始终在为个体和集体的生活提供意义。人们在对生命意义的探求中，也追求绝对的道德内涵和标准。伊斯兰教强化了群体规范，为个体提供道德约束，同时为信仰群体福祉的共同目标和价值提供基础。它通过对与错、善与恶的观念，约束范围广泛的行为，达到社会控制的目的，并通过安拉和安拉所提倡的道德，为可接受的行为设定标准，使社会秩序正当化和永久化。

第三，宗教帮助人们发展出一种认同感。统一的信仰和共同参与的仪式，为信徒提供了更强的认同纽带，帮助人们团结起来并强化对自己群体的认同。

“所谓认同，是指特定个体或群体认为某一文化系统（价值观念、生活方式等）内在于自身心理和人格结构中，并自觉循之以评价事物、规范行为。文化认同的意义在于构筑人类精神与心理安全和稳定的基础。因此，人类的文化认同是自发的，与生存密切相关的。”① 伊斯兰教信仰为维吾尔族人维持群体的团结提供了帮助，统一的信仰、共同参与的仪式使他们团结起来并强化他们对自己群体的认同。宗教成为维吾尔族人认同的标志，成为区分“我群”与“他群”的符号，这反过来又强化了人们对伊斯兰教的信仰。

第四，伊斯兰教帮助处于生命转折阶段的人们平稳地度过这些特殊时期。伊斯兰教对维吾尔人生命周期中的主要事件，如命名、割礼、结婚以及死亡等都进行了注释，并且围绕这些事件发展出一整套仪式体系。人生中的这些转折总是给当事人及其家人和朋友带来紧张，而伊斯兰教提供的“通过仪式”有助于消除人们的紧张，特别是在与丧礼和临终告别相关的一些仪式中，它能给人以安慰；在割礼和婚礼这样的通过仪式中，能为人们适应新的角色提供指导。

伊斯兰教不仅对个人的精神和生活发挥着作用，同时也在促进社会稳定方面发挥着重要的作用，它既“为个体提供道德约束，”也“为那些共同体福祉仰赖的共同目标和价值提供基础”②，成为社会控制的强有力的武器。

第一，伊斯兰教通过神圣的仪式，把社会成员联合团结在一起。

社会秩序与社会结构密切相关，集中表现为集体行为的社会力量。信仰

① 丁宏、敏俊卿：《伊斯兰教与中国穆斯林社会现代化进程》，中央民族大学出版社 2012 年版，第 56 页。

② ［美］威廉·A. 哈维兰：《文化人类学》（第十版），瞿铁鹏、张钰译，上海：上海社会科学院出版社 2006 年版，第 391 页。

是群体意识的体现，“它的基本社会功能是维持群体的团结和保护群体的生存与延续”。[①] 仪式是一种组织信徒的手段，在特定的文化氛围中成为一种公认的社会惯例，保持了民族文化意识和传统习惯，为信众的宗教实践和人生方式制定出具体的行为准则；它将信徒整合为一个群体，在共同信仰的旗帜下，规范了人们的行为，维护了合理的秩序。重复的仪式有助于恢复人们的整合感、认同感和安全感，发挥着团结社会群体的价值和功能。杜尔凯姆认为宗教崇拜的神实质上是社会自身的神圣化，社会通过对它的信仰和崇拜活动而结成一个道德共同体。所有宗教仪式的基本目的在于使社会共同体继续维持下去，重新加强社会成员个人从属于社会共同体的观念。所以说“宗教仪式是把个体连接起来，组织到一定的社会关系之中的凝结剂，它可以规范个体的行为和情操，形成社会秩序。”[②]

第二，伊斯兰教强化了社会的基本规范和价值观念。安拉在伊斯兰教中被赋予了道德属性，成为穆斯林道德规范的立法者和人们行为的审判者，穆斯林把自己的一言一行和安拉的惩罚联系起来，产生了相应的宗教感受和宗教反应。伊斯兰教通过被赋予了道德含义的规范和价值观念，并通过将这些价值的某些部分神圣化，使得信徒在个人愿望和社会期待发生矛盾时，毅然选择社会期待而牺牲个人愿望。如禁止婚外性行为在《古兰经》中就有明确的规定：“你们不要接近私通，因为私通确是下流的事，这行径真恶劣！”（17：32）伊斯兰教禁止所有可能导致性骚扰、性侵犯、强奸罪以及其他令人厌恶的事情和行为，通过强化贞洁规范以及对合法婚姻之外的性行为的谴责，增强了婚姻的神圣性，这对世俗生活中禁止婚外性行为给予了强大的道德支持。伊斯兰教就是通过它所树立的榜样和它所提倡的道德，起到使维吾尔族人的社会秩序正当化和永久化的作用。

对越轨行为的控制，并为越轨者提供赎罪和重新加入社会的方法是伊斯兰教强化社会规范和价值观念这一功能的另一种表达方式。世俗社会中通过人为的奖励和惩罚来鼓励人们遵纪守法，而伊斯兰教则通过超自然力规范人们的行为：服从宗教戒律、遵从社会规范的人将被许诺得到人力所不能及的回报；而那些背离了戒律和规范的人，则会受到超自然惩罚的威胁，如备受折磨、时运不济等。伊斯兰教也为越轨者提供了赎罪和重新加入社会的方法，穆斯林相信胡达的仁爱，相信通过更加严格的宗教功修，可以洗去已犯

---

① 孙克强：《东方信仰论》，沈阳：辽宁出版社1989年版，第3页。
② 吕大吉主编：《宗教学纲要》，北京：高等教育出版社2003年版，第144页。

的罪过，取得胡达的宽恕。在我们的调查中不乏这样的事例：一些男性穆斯林在年轻时抽烟、喝酒、打架，有的还偷窃、赌博，不做乃玛孜，不封斋，随着年龄的增长，尤其是对来世的考虑，使这部分人越来越敬畏胡达，他们开始赎罪，以更严格的宗教功修赎买自己的罪过，他们找到了将个人内心紧张和社会紧张转化为安定宁静的途径，从而使社会控制得以维持。

第三，伊斯兰教有助于信徒妥协于艰苦的生活和社会中的不平等，穷人和遭遇不幸的人们往往更加坚守宗教信仰。底层和遭遇不幸的人们需要一个遵从于将他们置于社会底层或不幸境遇的理由，而他们从日常参与的社会中不能得到很好的补偿，而宗教给予了他们回报——因为宗教信仰包含了对获得救赎和来世的许诺以及严格的道德戒律，并为他们提供了达到较高道德地位的机会，这有助于弥补他们社会地位的低下。

第四，仪式性的庆典增进对传统知识的学习，确保传统文化的延续，宗教的教育功能显现于此。

伊斯兰教是两世并重的宗教，它不仅建立在信仰的基础上，还建立在行为的基础上，作为一个穆斯林就要相信安拉、穆罕默德的预言和末日审判，要按规定的方式生活。除在灵魂上服从安拉的至高无上的权威，还必须在世俗生活中服从安拉的行为规范。伊斯兰教的教义、教条与世俗生活紧密相连，它要求教民共同遵守关于日常生活、经商、家庭和社会的规定。对伊斯兰教的信仰和实践成为维吾尔人的生活方式。凡事开始必念“台斯米”，饭后要做都阿，由伊玛目主持和加玛艾特集体参加的各种庄严的生命通过仪式以及体现于日常生活中的宗教禁忌，这些行为都表征和强化着人们对伊斯兰教的信仰。伊斯兰教对村民日常生活的介入和渗透，一方面加强了伊斯兰教的统治地位，另一方面发挥着宗教传延传统文化的作用。克村维吾尔族人生命通过仪式中命名礼、割礼的强大生命力与摇篮礼、少妇礼的消失也强有力地证明了伊斯兰教的这一功能。

尽管宗教具有稳定社会、团结信徒、强化社会规范和价值观念的积极作用，我们也不得不承认宗教具有反功能。首先，宗教会阻挠必要的社会变革。正如马克思所说，宗教是“人民的鸦片”，就像鸦片使人对身体的伤痛感觉迟钝一样，宗教使处于弱势地位的人们接受社会中的不平等，从而降低人们追求必要社会变革的意志力。其次，宗教使政治冲突变得错综复杂，从而更加难以解决。新疆发生的多起民族分裂事件多以民族和宗教为旗帜，其中宗教因素发挥着重要的作用。本书希望通过对当今维吾尔族人宗教的整体分析和思考，为解决新疆的民族和宗教问题提供一个思路和突破口。人类学对人类处境的思考，对人类问题的关怀，改进了人类学的理论与方法的有效性，同时也为解决现实问题提供了参考和指导。

人类学家爱德华·格林做的一个应用人类学研究为我们处理宗教问题提供了参考。当今世界大多数社会的人们已经普遍接受了生物医学的病菌理论，但在非洲南部的斯威士兰，所有类型的疾病都被认为是由巫师或者失去祖先保护造成的。因此，治疗这些疾病，那里的人们传统上一直依靠草药师、灵媒（据说祖先之灵通过他们才起作用）以及基督教中推行信仰疗法的人。尽管传统的疗法在某些方面是有效的，也为患者和其家庭提供了安慰，从而在患者的康复过程中起到了重要作用，但医疗机构却把这些人视为江湖骗子和庸医。这个国家中，每 110 人中就有 1 名传统医师，但每 10000 人中才有 1 名内科医生。直到爱德华·格林提出现代内科医生和传统医师之间开展合作的潜在益处是不言而喻的这一建议，人们才意识到这一点。格林用传统的人类学调查技术与传统医师、患者和从各个社区选出来，并在地区诊所接受了为期 8 个星期预防性健康护理培训的农村卫生推进人进行开放式访谈，并进行参与性的观察，了解到斯威士兰人有关疾病及其治疗理论的许多情况。他一开始就倾向于承认许多传统治疗方法的积极价值，也能看到传统医师与现代内科医生是如何合作的，他们便向卫生部部长建议展开一个合作性项目——婴儿腹泻类疾病的防治。在这个项目中他们将非传统的药物按照传统的方式使用，收到了显著的效果。这使健康专家们相信合作的益处，同时本地的医师也对卫生部予以信任和合作。①

这是人类学的研究为解决现代医学和传统信仰的调和提供的一个成功的个案，这个个案的价值在于对解决现实问题具有方向性的指导意义："发现如何采用与现有信仰系统相容的方式展开工作是很重要的。直接挑战传统的信仰——正如经常发生的那样——基本上只会在人们中间制造紧张、混乱和仇恨。"②

伊斯兰教的生存和发展与外部社会环境有着密切的联系。伊斯兰教在中国的本土化即与中国的社会发展相适应是伊斯兰教生存的前提。"伊斯兰教在中国不是保持传入时的'原型'一成不变，而是采取了在中国生根，并

---

① ［美］威廉·A. 哈维兰：《文化人类学》（第十版），瞿铁鹏、张钰译，上海：上海社会科学院出版社 2006 年版，第 411～412 页。

② 同上，第 412 页。

逐步从一个外来宗教转化为中国本土化宗教的发展方向。”① 从伊斯兰教在中国所发挥的主要社会功能看，伊斯兰教不是要改变中国社会，而应是发挥与中国社会及其历史发展方面相协调、相趋同的正面功能。因此只有把国家的命运与民族、宗教的命运联系起来，加强穆斯林与非穆斯林的团结，相互尊重信仰的自由，伊斯兰教才能适应历史的潮流，显现其自身的魅力。

当今世界大部分的国家和人民一致渴求和平、发展与现代化，我们想通过对当代维吾尔族人宗教生活的全面描写和分析，以期人们能以平和的态度、平等的目光，去接触和我们完全不同的生活方式，相信不同族群的人们的生活方式的意义以及他们信仰的真诚，理解自身的世界，也欣赏他人的生活。在理解和尊重的基础上，借鉴人类学解决现实问题的成功个案，正确处理我们社会中存在的问题，不同信仰的人们和睦共处，让矛盾和冲突更少发生。

三、伊斯兰教在当代维吾尔族的农村社区存在着两种生存和发展状况

文化传递主要是通过家庭内的文化濡化来完成。穆斯林家庭承担着世俗和宗教的双重职责，夫妻双方不仅共同承担着生活和社会道德的责任，而且共同履行伊斯兰教宗教义务，因此，一个穆斯林家庭就微缩成了一个传承伊斯兰教的课堂。当代新疆穆斯林的宗教教育主要依靠以家传口授的方式进行的家庭教育，这种宗教教育缺乏组织性和系统性，因此，伊斯兰教在当代维吾尔族农村的生存和发展面临着两种境遇：一是神圣性的宗教生活在部分村民中日趋淡化，宗教仅体现在村民日常生活中部分宗教元素的保存。这部分村民的特点在于，父辈不重视对子辈的宗教教育，子辈也更热衷于追求世俗生活中的享乐而轻视神圣的宗教生活。因代际下传的宗教教育的缺失，神圣的宗教生活淡出部分村民的日常生活，伊斯兰教的信仰在部分村民中只体现于日常生活中的宗教禁忌和各种生命仪式中宗教职业人士的参与和主持。而这种行为表现已经很难将其与民族的传统习俗进行严格的区分。二是神圣性的宗教生活依然保存和发展，这主要集中于对伊斯兰教有着理性探究、对宗教传承有着深深责任感的普通村民家庭和宗教职业人士家庭。这两种家庭因

---

① 李兴华：《关于历史上伊斯兰教与中国相适应问题的思考》，载《世界宗教研究》，1995 年第 4 期，第 108 页。

为父辈对伊斯兰教的理解与身体力行而将宗教文化传承于后代，使得伊斯兰教源远流长。伊斯兰教在克村的生存状态和发展前景表现了伊斯兰教由社会化到社区化再到家庭化的特点。

宗教生活在部分村民中淡化的原因在于：第一，现代世俗生活和流行文化对宗教生活的冲击。年轻的村民迫于成婚、生子、养家等世俗事务，将全部精力投向生计劳作而不重视宗教功修。现代传媒的发达与便利也吸引了部分年轻人的注意力，劳作之余看电视、看影碟等成为他们的精神追求。第二，社会性宗教教育的缺失。宗教传承的责任全部由家庭承担，这使上辈的宗教学识和功修对宗教的传承起着决定性的作用。父辈如果宗教学识低或宗教功修不严格，子辈就更加缺乏宗教学识和宗教功修。第三，国民义务教育的普及对宗教信仰的冲击。越来越多的年轻人接受了国民义务教育，接受了更多的科学知识，更加注重今世的生活并为之努力，从事宗教活动的人日益减少。科学知识虽然与宗教有着不同的功能，不能代替宗教，但科学知识的普及显然对宗教信仰有重要影响，这是伊斯兰教在克村的部分村民中断流的一个主要原因。第四，社会分工的不同对宗教生活的影响。在宗教和世俗社会中人们因分工的不同，使得一部分人有条件、有精力从事宗教活动，而另一部分人没有条件从事宗教活动。这导致宗教信仰程度在维吾尔族人中既有社会分工的差异又有性别上的差异。第五，社会大环境的影响，也在客观上影响着伊斯兰教的传承。

四、伊斯兰教对构建和谐社会发挥着积极的作用

每个民族都有自己特定的文化。“宗教是属于深入内心、惯性极强的一种精神文化，往往处在民族文化的核心位置，并与民俗紧密相连，关系着亿万人民的精神世界和日常生活。民族与宗教会引发出推进民族团结、社会和谐发展的强大动能”。[①] 宗教对人们的行为具有精神引导、道德约束和文化影响的作用，从这个意义上说，没有宗教的和谐发展，社会的和谐就无从谈起。我们必须有尊重多样性存在的眼光和胸怀，以积极的态度保护和延续民族文化，在重视发展民族经济的同时更重视对民族文化的保护，让他们有自己的自主性生存和发展空间，在一个多民族的统一的国家，每个民族都能充分利用自己的资源实现发展，每个民族文化资源都能得到充分的尊重和

① 牟钟鉴：《民族宗教与和谐发展》，载《中国宗教》，2005 年第 4 期，第 7 页。

利用。

伊斯兰教对社会和谐发展具有重要的现实意义。近年来我国大力提倡构建和谐社会的执政理念，号召全党全体人民共同建设一个公平和正义得到切实维护和实现，全社会互帮互助、诚实守信，全体人民平等友爱、融洽相处，使一切有利于社会进步的创造愿望得到尊重、创造活动得到支持、创造才能得到发挥、创造成果得到肯定，社会组织机制健全、社会管理完善、社会秩序良好、人民群众安居乐业、社会保持安定团结的社会主义国家。这充分体现了文化多元、文化多样性共存的思想。当前，中国社会总体上是和谐的，但也存在一些影响社会和谐的矛盾和问题，其中不乏因不同宗教信仰而引起的冲突。在和谐社会的构建中，保持清醒的头脑，科学分析影响社会和谐的矛盾和问题及其产生的原因，积极主动地正视矛盾，发现如何采用与现有信仰系统相容的方式展开工作，最大限度地减少不和谐因素，是实现中国长远发展目标的重要保证。如果直接挑战传统的信仰“基本上只会在人们中间制造紧张、混乱和仇恨。”① 追求现代化和社会发展是维吾尔族乃至其他少数民族共同面临的重要课题和挑战。新疆伊斯兰教是在传入新疆后逐渐适应当地的社会发展的过程中形成的，它以灵活性、变通性和实用性主动调试自己的文化角色适应不同的文化生态，保持了与本土文化的共存，其本地化的过程为维吾尔族人走向现代化提供了可资借鉴的经验，伊斯兰教对“两世吉庆”的强调使得维吾尔族人在多元文化交流互动中处于一种天然的优势，实现了个体、互动群体、地方和国家的共赢，对维吾尔族社会经济、文化的发展起着积极的推动作用。民族之间的和睦相处，国家的稳定与发展是社会健康发展的前提。和平、公正、平等、和谐是伊斯兰教恒久的现实和理想追求，它所张扬的团结互助、乐善好施、“两世吉庆”的精神为穆斯林提高自身生活质量，促进民族、地区、国家的发展提供了用之不竭的精神动力。伊斯兰教作为一种生活方式深深地融入穆斯林的社会生活之中，神圣与世俗难解难分，在和谐社会的构建中政府应该充分发挥宗教对其信仰群体的精神文化和社会生活等方面的内在规定性作用，利用其以神圣方式建立的秩序和潜在的文化动力，为现代化和社会发展提供文化资源。建立终极关怀，促进社会的可持续发展是所有追求发展的人们的共同心愿。

在现代化发展过程中，我们面临着许多挑战，环境危机、民族冲突等问

---

① ［美］威廉·A. 哈维兰：《文化人类学》（第十版），瞿铁鹏、张钰译，上海：上海社会科学院出版社 2006 年版，第 412 页。

题日益严重。“人类学知识使我们在面对现代文明所面临的问题时有更大的自由[①]。”资源枯竭、生物多样性丧失和生态系统功能的退化等环境危机，都是过度消费、干扰自然循环和简化生态系统的直接结果。维吾尔族人的自然崇拜、伊斯兰教倡导的简约生活对保护环境有着积极的意义。尊重和理解维吾尔族文化并合理地利用它为我们的现代化建设和和谐社会构建服务，是每个研究者共同追求的目标。

人类学对维吾尔族宗教的研究是宗教学与人类学的跨学科研究，需要研究者掌握多学科的知识，特别是伊斯兰教教义学、教法学的基础知识，维吾尔历史、维吾尔宗教史、人类学基本理论和方法等学科知识。对维吾尔宗教生活的研究是一个充满挑战和魅力的课题，本书只是在短短8个月的实地调查的基础上对克村维吾尔族人宗教生活的全貌进行了较为详细的描述和粗浅的分析，有关深层的理论研究还有待于对此课题感兴趣的各位同仁的共同努力。

---

① ［美］弗朗兹·博厄斯：《人类学与现代生活》，刘莎等译，北京：华夏出版社1999年版，第1页。

参考文献

一、中文类

（一）专著

［1］［唐］令狐德棻撰：《周书》，北京：中华书局，1974 年重印。

［2］［元］虞集：《道园学古录》，影印本，19？年（不详）。

［3］萧雄撰：《听园西疆杂述诗》，北京：商务印书馆，1935 年版。

［4］《（钦定皇舆）西域图志》四八卷，傅恒（清）清光绪年间，铅印。

［5］《西域闻见录》8 卷，七十一［清］撰，1801（日本寛政 13）京都书林等，刻木。

［6］《西域图志》（六函三十册），天津：天津古籍出版社，1986 年版。

［7］［清］永贵撰：《回疆志》四卷。

［8］道安撰，陈连溶（清）辑：《西域志》。

［9］陈诚（清）：《西域行程记・西域番国志》，北京：中华书局，1991 年版。

［10］《新疆乡土志稿二十九种》四册，［清］新疆知府、知县呈本，湖北省图书馆，955 年，油印本。

［11］玄奘，季羡林校注本：《大唐西域记》卷十二，北京：中华书局，1985 年版。

［12］班固撰，颜师古注：《汉书》（第十二卷），北京：中华书局，1975 年版。

［13］［唐］魏徵，令狐德棻撰：《隋书・食货志》（卷二十四），北京：中华书局，1973 年版。

［14］［瑞典］多桑：《多桑蒙古史》（上册），冯承钧译，北京：商务印书馆 1936 年版。

［15］刘义棠：《中国边疆民族史》，台北：台湾中华书局，1969 年版。

［16］新疆人民出版社编：《新疆历史论文集》，乌鲁木齐：新疆人民出版社 1977 年版。

［17］刘义棠编著：《维吾尔语文研究》，台北：正中书局 1978 年版。

［18］冯家升编：《维吾尔史料简编》（上、下册），北京：民族出版社 1981 年版。

［19］新疆人民出版社编：《新疆历史论文续集》，乌鲁木齐：新疆人民出版社 1982 年版。

［20］［日］佐口透：《十八—十九世纪新疆社会史研究》（上、下册），凌颂纯译，乌鲁木齐：新疆人民出版社 1983 年版。

［21］米尔咱·马黑麻·海答尔：《中亚蒙兀儿史——拉失德史》，新疆社会科学院民族研究所译，乌鲁木齐：新疆人民出版社 1983 年版。

［22］詹森：《战斗的伊斯兰》，高晓译，北京：商务印书馆 1983 年版。

［23］李泰玉主编：《新疆宗教》，乌鲁木齐：新疆人民出版社 1983 年版。

［24］中央民族学院民族研究所编：《民族研究论文集》（第二集），中央民族学院民族研究所发行，1983 年。

［25］林惠祥：《中国民族史》（上、下），台北：台湾商务印书馆 1983 年版。

［26］［英］A. J. 汤因比、［日］池田大作：《展望二十一世纪》，荀春生、朱继征、陈国樑译，北京：国际文化出版公司 1985 年版。

［27］费孝通：《乡土中国》，北京：三联书店 1985 年版。

［28］［苏］谢·亚·托列卡夫：《世界各民族历史上的宗教》，魏庆征译，北京：中国社会科学出版社 1985 年版。

［29］玛格丽特·米德：《萨摩亚人的成年——为西方文明所作的原始人类的青年心理研究》，周晓虹、李姚军译，杭州：浙江教育出版社 1986 年版。

［30］［英］马林诺夫斯基：《巫术科学宗教与神话》，李安宅译，北京：中国民间文艺出版社 1986 年版。

［31］［日］山田信夫：《维吾尔王国的佛教文化》（敦煌资料），张桐生译，台北：丝路与佛教文化大鸿图书有限公司 1987 年版。

［32］新疆社会科学院历史研究所编：《新疆地方历史资料选辑》，北京：人民出版社 1987 年版。

［33］戈特沙尔克：《震撼世界的伊斯兰教》，阎瑞松译，西安：陕西人民出版社 1987 年版。

［34］玛格丽特·米德：《三个原始部落的性别与气质》，宋践等译，杭州：浙江人民出版社 1988 年版。

［35］林耀华：《金翼》，北京：生活·读书·新知三联书店 1989 年版。

［36］［美］邓尼斯·卡莫迪：《妇女与世界宗教》，成都：四川人民出版社 1989 年版。

［37］［美］奥戴：《宗教社会学》，银川：宁夏人民出版社 1989 年版。

［38］孙克强：《东方信仰论》，沈阳：辽宁出版社 1989 年版。

［39］德里克·弗里曼：《米德与萨摩亚人的青春期》，李传家、蔡曙光译，北京：光明日报出版社 1990 年版。

［40］《中国各民族宗教与神话大辞典》编审委员会编：《中国各民族宗教与神话大辞典》，北京：学苑出版社 1990 年版。

［41］许海生主编：《新疆古代民族文化论集》，乌鲁木齐：新疆大学出版社 1990 年版。

［42］［日］吉田祯吾：《宗教人类学》，王子今等译，西安：陕西人民教育出版社 1991 年版。

［43］杨策主编：《新疆纵横》，北京：中央民族学院出版社 1991 年版。

［44］谷苞：《民族研究文选》，乌鲁木齐：新疆人民出版社 1991 年版。

［45］马通：《中国西北伊斯兰教的基本特征》，兰州：兰州大学出版社 1991 年版。

［46］莫里斯：《宗教人类学》，周国黎译，北京：今日中国出版社 1992 年版。

［47］玉兰、于振生编著：《中国伊斯兰教建筑》，北京：中国建筑工业出版社 1992 年版。

［48］项英杰等：《中亚：马背上的文化》，杭州：浙江人民出版社 1993 年版。

［49］潘梦阳：《伊斯兰与穆斯林》，银川：宁夏人民出版社 1993 年版。

［50］中央民族学院民族学系、民族研究所编：《民族·宗教·历史·文化》，北京：中央民族学院出版社 1993 年版。

［51］［日］佐口透，章莹译：《新疆民族史研究》，乌鲁木齐：新疆人

民出版社 1993 年版。

［52］《圣训经》，陈克礼译，内部印刷，1994 年。

［53］理查德·G. 福克斯主编：《重新把握人类学》，和少英、何昌邑等译，昆明：云南大学出版社 1994 年版。

［54］史宗主编：《20 世纪西方宗教人类学文选》，金泽等译，上海：上海三联书店上海分店 1995 年版。

［55］拓和提：《维吾尔历史文化研究》，北京：民族出版社 1995 年版。

［56］田卫疆：《蒙古时代维吾尔人的社会生活》，乌鲁木齐：新疆美术摄影出版社 1995 年版。

［57］迪木拉提·奥玛尔：《阿尔泰语系诸民族萨满教研究》，乌鲁木齐：新疆人民出版社 1995 年版。

［58］秦惠彬：《中国伊斯兰教与传统文化》，北京：中国社会科学出版社 1995 年版。

［59］《古兰经》，马坚译，北京：中国社会科学出版社 1996 年版。

［60］金宜久主编：《伊斯兰教与世界政治》，北京：社会科学文献出版社 1996 年版。

［61］金宜久主编：《当代伊斯兰教》，北京：东方出版社 1996 年版。

［62］齐清顺、巴哈尔古丽编：《维吾尔族》，乌鲁木齐：新疆美术摄影出版社 1996 年版。

［63］楼望皓编：《新疆民俗》，乌鲁木齐：新疆人民出版社 1996 年版。

［64］高鸿钧：《伊斯兰法：传统与现代化》，北京：社会科学文献出版社 1996 年版。

［65］［阿拉伯］叶哈雅·脑威选编：《穆斯林的修养——脑威圣训精华》，穆萨、伊布拉欣、伊利雅斯合译，《伊斯兰教典名著译丛》编委会 1996 年版。

［66］且末县地方志编纂委员会编：《且末县志》，乌鲁木齐：新疆人民出版社 1996 年版。

［67］薛宗正主编：《中国新疆古代社会生活史》，乌鲁木齐：新疆人民出版社 1997 年版。

［68］刘义棠编：《中国西域研究》，台北：正中书局 1997 年版。

［69］金宜久主编：《伊斯兰教》，北京：宗教文化出版社 1997 年版。

［70］王铭铭：《社会人类学与中国研究》，北京：生活·读书·三联书店 1997 年版。

［71］王铭铭：《社区的历程——溪村汉人家族的个案研究》，天津：天津人民出版社 1997 年版。

［72］贝格曼：《新疆考古记》，王安洪译，乌鲁木齐：新疆人民出版社 1997 年版。

［73］纪大椿主编：《新疆历史百问》，乌鲁木齐：新疆美术摄影出版社 1997 年版。

［74］何光沪：《有心无题》，北京：生活·读书·新知三联书店 1997 年版。

［75］王铭铭、潘忠党主编：《象征与社会》，天津：天津人民出版社 1997 年版。

［76］高永久：《西域古代民族宗教综论》，北京：高等教育出版社 1997 年版。

［77］黄淑娉、龚佩华：《文化人类学理论方法研究》，广州：广东高等教育出版社 1998 年版。

［78］乔治·E. 马尔库斯、米开尔·M. J. 费彻尔：《作为文化批评的人类学》，王铭铭等译，北京：生活·读书·新知三联书店 1998 年版。

［79］邓正来、〔英〕亚历山大主编：《国家与市民社会：一种社会理论的研究路径》，北京：中央编译出版社 1998 年版。

［80］［英］约翰·希克：《宗教之解释》，王志成译，成都：四川人民出版社 1998 年版。

［81］任继愈主编：《宗教大词典》，上海：上海辞书出版社 1998 年版。

［82］杨富学：《西域敦煌宗教论稿》，兰州：甘肃文化出版社 1998 年版。

［83］周菁葆、邱陵：《丝绸之路宗教文化》，乌鲁木齐：新疆人民出版社 1998 年版。

［84］刘志霄主编：《中国维吾尔历史文化研究论丛》（1），乌鲁木齐：新疆人民出版社 1998 年版。

［85］江海波主编：《最美的还是我们新疆·且末县》，乌鲁木齐：新疆人民出版社 1998 年版。

［86］何星亮撰：《维吾尔、柯尔克孜、哈萨克、乌孜别克、塔吉克、塔塔尔、俄罗斯、裕固、撒拉族文化志》，上海：上海人民出版社 1998 年版。

［87］塞缪尔·亨廷顿：《文明的冲突与世界秩序的重建》，周琪等译，

北京：新华出版社 1999 年版。

［88］马启成、丁宏：《中国伊斯兰文化类型与民族特色》，北京：中央民族大学出版社 1999 年版。

［89］曹红：《维吾尔族生活方式——由传统到现代的转型》，北京：中央民族大学出版社 1999 年版。

［90］李进新：《新疆伊斯兰汗朝史略》，北京：宗教文化出版社 1999 年版。

［91］卓新平：《宗教理解》，北京：社会科学文献出版社 1999 年版。

［92］［法］爱弥尔·涂尔干：《宗教生活的基本形式》，渠东、汲喆译，上海：上海人民出版社 1999 年版。

［93］A. J. H. Charignon 注释本：《马可波罗行纪》，党宝海新注，冯承钧译，石家庄：河北人民出版社 1999 年版。

［94］克利福德·格尔茨：《文化的解释》，纳日碧力戈译，上海：上海人民出版社 1999 年版。

［95］［美］弗朗兹·博厄斯：《人类学与现代生活》，刘莎等译，北京：华夏出版社 1999 年版。

［96］［美］斯皮罗：《文化与人性》，徐俊等译，北京：社会科学文献出版社 1999 年版。

［97］社会科学杂志社编：《人类学的趋势》，北京：中国社会科学文献出版社 1999 年版。

［98］［美］戴维·波普诺：《社会学》（第十版），李强等译，北京：中国人民大学出版社 1999 年版。

［99］中国人民政治协商会议新疆且末县委员会编：《且末文史资料》（第一辑）（内部资料），1999 年版。

［100］林耀华：《义序的宗族研究》，北京：生活·读书·新知三联书店 2000 年版。

［101］克利福德·格尔茨：《地方性知识》，王海龙、张家瑄译，北京：中央编译出版社 2000 年版。

［102］阎云翔：《礼物的流动》，李放春、刘瑜等译，上海：上海人民出版社 2000 年版。

［103］庄孔韶：《银翅——中国的地方社会与文化变迁》，北京：生活·读书·新知三联书店 2000 年版。

［104］皮埃尔·布迪厄、华康德：《实践与反思：反思社会学导引》，

李孟、李康译，北京：中央编译出版社 2000 年版。

［105］王俊荣、冯金源：《伊斯兰教学》，北京：当代世界出版社 2000 年版。

［106］吴英、陈好林主编：《维吾尔历史文化研究文献题录》，北京：民族出版社 2000 年版。

［107］《中国新疆地区伊斯兰教史》编写组编著：《中国新疆地区伊斯兰教史》，乌鲁木齐：新疆人民出版社 2000 年版。

［108］刘志霄主编：《中国维吾尔历史文化研究论丛》（2），乌鲁木齐：新疆人民出版社 2000 年版。

［109］金宜久主编：《伊斯兰教小辞典》，上海：上海辞书出版社 2001 年版。

［110］热依拉·达吾提：《维吾尔族麻扎文化研究》，乌鲁木齐：新疆大学出版社 2001 年版。

［111］马品彦：《新疆宗教》，北京：五洲传播出版社 2001 年版。

［112］马品彦、赵荣织：《新疆宗教史略》，乌鲁木齐：新疆大学出版社 2001 年版。

［113］田卫疆、陈超、马品彦：《正确阐明新疆历史、新疆民族史、新疆伊斯兰教史》，乌鲁木齐：新疆人民出版社 2001 年版。

［114］高永久：《西域古代伊斯兰教综论》，北京：民族出版社 2001 年版。

［115］金泽：《宗教人类学》，北京：宗教文化出版社 2001 年版。

［116］［英］E. E. 埃文斯－普理查德：《原始宗教理论》，北京：商务印书馆 2001 年版。

［117］汪宁生：《文化人类学调查——正确认识社会的方法》，北京：文物出版社 2002 年版。

［118］水镜君，玛利亚·雅绍克：《中国清真女寺史》，北京：生活·读书·新知三联书店 2002 年版。

［119］尤尔根·哈贝马斯：《包容他者》，曹卫东译，上海：上海人民出版社 2002 年版。

［120］马歇尔·萨林斯：《文化与实践理性》，赵丙祥译，上海：上海人民出版社 2002 年版。

［121］黄树民：《林村的故事》，素兰、纳日碧力戈译，北京：生活·读书·新知三联书店 2002 年版。

［122］埃文思－普里查德：《努尔人》，褚建芳、阎书昌、赵旭东译，北京：华夏出版社2002年版。

［123］张志刚：《宗教学是什么》，北京：北京大学出版社2002年版。

［124］杨捷生：《伊斯兰伦理研究》，北京：宗教文化出版社2002年版。

［125］［埃及］穆·福·阿卜杜勒·巴基编：《圣训珠玑》，努尔曼·马贤译，北京：宗教文化出版社2002年版。

［126］［德］马克斯·韦伯：《新教伦理与资本主义精神》，彭强、黄晓京译，西安：陕西师范大学出版社2002年版。

［127］李亦园：《李亦园自选集》，上海：上海教育出版社2002年版。

［128］［罗马尼亚］米尔恰·伊利亚德：《神圣与世俗》，王建光译，北京：华夏出版社2002年版。

［129］马大正：《国家利益高于一切——新疆稳定问题的观察与思考》，乌鲁木齐：新疆人民出版社2002版。

［130］［美］萨林斯（Sahlins，M）：《历史之岛》，蓝达居等译，上海：上海人民出版社2003年版。

［131］马塞尔·莫斯：《社会学与人类学》，佘碧平译，上海：上海译文出版社2003年版。

［132］［美］约瑟夫·拉彼德、［德］弗里德里希·克拉托赫维尔主编：《文化和认同：国际关系回归理论》，金烨译，杭州：浙江人民出版社2003年版。

［133］［日］大沼保昭：《人权、国家与文明：从普遍主义的人权观到文明相容的人权观》，王志安译，北京：生活·读书·新知三联书店2003年版。

［134］［美］弗里德曼：《文化认同与全球性过程》，郭建如译，北京：商务印书馆2003年版。

［135］［英］鲍曼：《共同体》，欧阳景根译，南京：江苏人民出版社2003年版。

［136］［德］卡尔·曼海姆：《文化社会学论集》，艾彦、郑也夫、冯克利译，沈阳：辽宁教育出版社2003年版。

［137］［瑞典］斯文·赫定：《西极探险》，王鸣野译，乌鲁木齐：新疆人民出版社2003年版。

［138］陶东风、金元浦、高丙中主编：《文化研究》（第4辑），北京：

中央编译出版社 2003 年版。

[139] 郎樱主编:《中国维吾尔历史文化研究论丛》(3),北京:民族出版社 2003 年版。

[140] 高宣扬:《当代法国思想五十年》,台北:五南图书出版公司 2003 年版。

[141] 皮埃尔·布迪厄:《实践感》,蒋梓骅译,北京:译林出版社 2003 年版。

[142] [英] 阿诺德·汤因比:《一个历史学家的宗教观》,晏可佳、张龙华译,成都:四川人民出版社 2003 年版。

[143] [美] 罗德尼·斯达克(Rodney Stark)、罗杰尔·芬克(Roger Finke):《信仰的法则:解释宗教之人的方面》,杨凤岗译,北京:中国人民大学出版社 2003 年版。

[144] [德] 卢克曼:《无形的宗教:现代社会中的宗教问题》,覃方明译,北京:中国人民大学出版社 2003 年版。

[145] [德] 西美尔:《现代人与宗教》,曹卫东等译,北京:中国人民大学出版社 2003 年版。

[146] [美] 尼特:《一个地球多种宗教:多信仰对话与全球责任》,王志成、思竹、王红梅译,北京:宗教文化出版社 2003 年版。

[147] [美] 保罗·尼特(Paul Knitter):《宗教对话模式》,王志成译,北京:中国人民大学出版社 2003 年版。

[148] 筛海·瓦利丁·穆罕默德汇编:《圣训明灯》,赵连合译,临夏市穆斯林文化服务中心印,2003 年版。

[149] [埃及] 穆斯塔发·本·穆罕默德艾玛热编:《圣训》,穆萨·宝文安哈吉、买买提·赛来哈吉译,北京:中国社会科学出版社 2003 年版。

[150] 杨圣敏主编:《中国民族志》,北京:中央民族大学出版社 2003 年版。

[151] 李进新:《新疆宗教演变史》,乌鲁木齐:新疆人民出版社 2003 年版。

[152] 厉声主编:《中国新疆历史与现状》,乌鲁木齐:新疆人民出版社 2003 年版。

[153] 王拴乾主编:《辉煌新疆》,乌鲁木齐:新疆人民出版社 2003 年版。

[154] 蔡佳禾:《当代伊斯兰原教旨主义运动》,银川:宁夏人民出版

社 2003 年版。

[155] 达浦生:《伊斯兰六书》, 北京: 宗教文化出版社 2003 年版。

[156] 李保群、张妙弟、马中璞主编:《北京清真寺文化: 画册》, 北京: 中央民族大学出版社 2003 年版。

[157] 佟洵编:《伊斯兰教与北京清真寺文化》, 北京: 中央民族大学出版社 2003 年版。

[158] 吕大吉主编:《宗教学纲要》, 北京: 高等教育出版社 2003 年版。

[159] [德] 韦伯:《中国的宗教: 宗教与世界》, 康乐、简惠美译, 桂林: 广西师范大学出版社 2004 年版。

[160] [英] 菲奥纳·鲍伊:《宗教人类学导论》, 金泽、何其敏译, 北京: 中国人民大学出版社 2004 年版。

[161] 米寿江、尤佳:《中国伊斯兰教》, 北京: 五洲传播出版社 2004 年版。

[162] 王建民编:《20 世纪中国人类学民族学研究方法与方法论》, 北京: 民族出版社 2004 年版。

[163] [美] 罗伯特·F. 墨菲:《文化与社会人类学引论》, 王卓君、吕迺基译, 北京: 商务印书馆 2004 年版。

[164] [英] 霍布斯鲍姆 (Hobsbawm, E.)、[英] 兰格 (Ranger, T.) 编:《传统的发明》, 顾杭、庞冠群译, 南京: 译林出版社 2004 年版。

[165] [德] 哈贝马斯 (Habermas, J.):《交往行为理论: 行为合理性与社会合理化》, 曹卫东译, 上海: 上海人民出版社 2004 年版。

[166] 李亦园:《宗教与神话》, 桂林: 广西师范大学出版社 2004 年版。

[167] 曹卫东:《权利的他者》, 上海: 上海教育出版社 2004 年版。

[168] 孙岿:《中国突厥语族诸民族文化发展研究》, 银川: 宁夏人民出版社 2004 年版。

[169] 安尼瓦尔·赛买提:《禁忌与维吾尔传统文化》, 乌鲁木齐: 新疆人民出版社 2004 年版。

[170] 会利平、会立群、刘振勇捐印:《穆斯林手册》, 中华回教博爱社编辑组出版, 2005 年版。

[171] [美] 包尔丹:《宗教的七种理论》, 陶亚飞、刘义、钮圣妮译, 上海: 上海古籍出版社 2005 年版。

［172］［德］韦伯：《宗教社会学》，康乐、简惠美译，桂林：广西师范大学出版社 2005 年版。

［173］［美］威廉·A. 哈维兰：《文化人类学》（第十版），瞿铁鹏、张钰译，上海：上海社会科学院出版社 2006 年版。

［174］塔瓦库力·提力瓦尔地主编：《中国维吾尔历史文化研究论丛》（4），北京：民族出版社 2006 年版。

［175］王霄冰、迪木拉提·奥迈尔主编：《文字、仪式与文化记忆》，北京：民族出版社 2007 年版。

［176］罗惠翾：《伊斯兰教社会功能研究——以几个穆斯林社区的对比调查为例》，北京：中央民族大学出版社 2008 年版。

［177］王霄冰主编：《仪式与信仰：当代文化人类学新视野》，北京：民族出版社 2008 年版。

［178］侯世新主编：《西域历史文化宝藏探研——新疆维吾尔自治区博物馆论文集》（第二辑），乌鲁木齐：新疆人民出版社 2009 年版。

［179］《中国少数民族社会历史调查资料丛刊》修订编辑委员会编：《维吾尔社会历史调查》（修订本），北京：民族出版社 2009 年版。

［180］《中国少数民族社会历史调查资料丛刊》修订编辑委员会编：《南疆农村社会》（修订本），北京：民族出版社 2009 年版。

［181］《维吾尔族简史》编写组、《维吾尔族简史》修订本编写组编：《维吾尔族简史》，北京：民族出版社 2009 年版。

［182］吴福环主编：《1949—2009 新疆少数民族发展报告》，乌鲁木齐：新疆人民出版社 2009 年版。

［183］吴福环主编：《新疆的历史及民族与宗教》，北京：民族出版社 2009 年版。

［184］丁士仁主编：《伊斯兰文化》（第 3 辑），兰州：甘肃人民出版社 2010 年版。

［185］迪木拉提·奥迈尔主编：《无萨满时代的萨满》，北京：民族出版社 2010 年版。

［186］晏可佳主编：《中国宗教与宗教学》，上海：世纪出版集团、上海人民出版社 2010 年版。

［187］王钟健主编：《维吾尔族》，乌鲁木齐：新疆美术摄影出版社、新疆电子音像出版社 2010 年版。

［188］齐清顺：《1759—1949 年新疆多民族分布格局的形成》，乌鲁木

齐：新疆人民出版社 2010 年版。

［189］新疆巴音郭楞蒙古自治州统计局编：《巴音郭楞统计年鉴——2011》，新疆维吾尔自治区内部资料准印（2011 年）第 51 号，2011 年版。

［190］郭泰山、李进新主编：《新疆宗教问题研究论文选编》，乌鲁木齐：新疆人民出版社 2011 年版。

［191］阿不都克里木·热合满、马德元主编：《维吾尔族文化简史》，乌鲁木齐：新疆人民出版社 2011 年版。

［192］佟春霞：《客观文化、主观认同与民族意识：对湖南维吾尔族的调查与分析》，北京：中央民族大学出版社 2011 年版。

［193］［日］佐口透：《新疆穆斯林研究》，章莹译，乌鲁木齐：新疆人民出版社 2012 年版。

［194］［日］西村惠信：《禅学教你无悔的活法》，白立文译，哈尔滨：北方文艺出版社 2012 年版。

［195］丁宏、敏俊卿：《伊斯兰教与中国穆斯林社会现代化进程》，北京：中央民族大学出版社 2012 年版。

［196］丁宏主编：《宗教·社会与发展》，北京：中央民族大学出版社 2012 年版。

［197］新疆维吾尔自治区人民政府人口普查领导小组办公室编：《新疆维吾尔自治区 2010 年人口普查资料》（上、中、下册），北京：中国统计出版社 2012 年版。

［198］刘月琴：《伊斯兰文化与社会现实问题的考察》，北京：中国社会科学出版社 2012 年版。

［199］张志湘主编：《广东伊斯兰学术论坛论文选集》，广州：广东经济出版社 2012 年版。

［200］陈声柏主编：《宗教对话与和谐社会》（第三辑），北京：宗教文化出版社 2012 年版。

［201］王柯：《东突厥斯坦独立运动：1930 年代至 1940 年代》，香港：香港中文大学 2013 年版。

（二）中文期刊论文

［1］谷苞：《维吾尔族与伊斯兰教》，载《新疆科学研究动态》，1979 年第 9 期。

［2］新疆社会科学院宗教研究所调查组：《新疆喀什、和田地区伊斯兰

教情况调查》，载《新疆社会科学研究》，1983 年第 3 期。

［3］阿不都许库尔·吐尔地：《论维吾尔民间艺术麦西莱甫》，张宏超译，载《新疆社会科学》，1983 年第 1 期。

［4］居乃德·拜克里：《古代维吾尔人信奉的萨满教》，宝文安译，载《新疆社会科学研究》，1984 年第 3 期。

［5］杨德生、岳家明：《喀什市的伊斯兰教活动和穆斯林的活动》，载《中国穆斯林》，1984 年第 2 期。

［6］洪涛：《新疆清真寺建筑艺术》，载《新疆艺术》，1984 年第 4 期。

［7］洪涛：《再谈新疆清真寺建筑艺术》，载《新疆艺术》，1985 年第 5 期。

［8］韩康信：《新疆古代居民种族人类学的初步研究》，载《新疆社会科学》，1985 年第 6 期。

［9］杨圣敏：《试论回纥宗教思想的演变与改宗摩尼教》，载《西北史地》，1985 年第 3 期。

［10］王叔凯：《维吾尔伊斯兰教依禅派中的萨满教影响初探》，载《中央民族学院学报》，1987 年第 4 期。

［11］苏北海：《伊斯兰教在维吾尔族中发展的特点》，载《世界宗教研究》，1987 年第 3 期。

［12］杨圣敏：《回纥人的种族特征试析》，载《甘肃民族研究》，1988 年第 1 期。

［13］杨富学：《维吾尔族的萨满教及其演变》，载《伊犁师范学院学报》，1988 年第 1 期。

［14］朗樱：《西北突厥民族的萨满教遗俗》，载《北方民族》，1988 年第 1 期。

［15］王延星：《略论伊斯兰对维吾尔文明的影响》，载《宁夏社会科学》，1988 年第 3 期。

［16］邵兴周、王博：《关于扎衮鲁克 M2 出土男女古尸的初步研究》，载《新疆文物》，1989 年第 4 期。

［17］热伊拉·达吾提：《维吾尔族对图腾狼的崇拜》，载《新疆大学学报》，1991 年第 1 期。

［18］韩康信：《塞、乌孙、匈奴和突厥之种族人类学特征》，载《西域研究》，1992 年第 2 期。

［19］杨圣敏：《回纥人的社会发展与宗教演变》，载《民族研究》，

1993 年第 4 期。

［20］田卫疆：《试论古代回鹘人的“树木”崇拜》，载《新疆大学学报》，1994 年第 2 期。

［21］王建新：《试论维吾尔族萨满教与日本民族萨满教的异同及国外萨满教研究的几个问题》，载《新疆师范大学学报》，1994 年第 3 期。

［22］李进新：《新疆南部维吾尔族地区的瓦合甫制度问题》，载《西域研究》，1994 年第 2 期。

［23］吴景山：《突厥人的图腾崇拜》，载《西北民族学院学报》，1994 年第 3 期。

［24］热依木：《新疆少数民族宗教建筑——〈可爱的新疆〉之八》，载《西部学坛》，1994 年第 4 期。

［25］马亚萍：《浅析伊斯兰教的婚姻观》，载《西北民族学院学报》，1994 年第 2 期。

［26］陈国光：《伊斯兰教与古代新疆文化》，载《世界宗教研究》，1995 年第 2 期。

［27］李兴华：《关于历史上伊斯兰教与中国相适应问题的思考》，载《世界宗教研究》，1995 年第 4 期。

［28］何星亮：《维吾尔族的早期信仰》，载《民族研究》，1995 年第 6 期。

［29］蒋丽蕴：《当代新疆农村维吾尔族宗教行为分析》，载《西北民族研究》，1999 年第 1 期。

［30］束迪生：《社会变迁中的新疆宗教问题》，载《人大复印资料》（宗教），1999 年第 5 期。

［31］哈德江：《维吾尔族 Jamaat 群体研究》，载《西北民族研究》，2000 年第 2 期。

［32］李安辉：《伊斯兰社会妇女戴盖头习俗及其文化内涵》，载《黑龙江民族丛刊》，2000 年第 2 期。

［33］杨志娟：《族群认同与民族界定》，载《回族研究》，2000 年第 4 期。

［34］桑荣：《百年来新疆伊斯兰教研究》，载《新疆社会经济》，2000 年第 5 期。

［35］杨圣敏：《干旱区文化的两个特点》，载《中国少数民族人口》，2001 年第 1 期。

［36］李进新：《新疆宗教演变的基本特点》，载《新疆社会科学》，2001 年第 1 期。

［37］陈国光：《清代维吾尔族中的伊斯兰教》，载《新疆社会科学》，2001 年第 3 期。

［38］杜力坤·热外都拉：《伊斯兰文化与维吾尔民族》，载《中国穆斯林》，2002 年第 6 期。

［39］韩中义：《新疆苏菲圣徒崇拜初探》，载《西域研究》，2003 年第 2 期。

［40］马品彦：《新疆反对非法宗教活动研究》，载《新疆社会科学》，2003 年第 4 期。

［41］王文衡：《正确认识和处理新疆的宗教问题》，载《新疆师范大学学报》，2003 年第 3 期。

［42］姚维：《新疆维吾尔族群众宗教心态分析》，载《新疆师范大学学报》，2003 年第 3 期。

［43］马品彦：《新疆多种宗教并存格局的形成与演变》，载《新疆师范大学学报》，2005 年第 4 期。

［44］贺萍：《试论新疆地区伊斯兰教的民族特色》，载《新疆大学学报》，2003 年第 4 期。

［45］阿不力米提·乌买尔：《关于操突厥语诸民族原始宗教之我见》，载《新疆师范大学学报》，2005 年第 4 期。

［46］牟钟鉴：《民族宗教与和谐发展》，载《中国宗教》，2005 年第 4 期。

［47］张国云：《不同文化语境下的伊斯兰教建筑——新疆清真寺与内地清真寺之比较》，载《新疆大学学报》，2006 年第 2 期。

［48］刘仲康：《宗教工作与新疆和谐社会的构建》，载《新疆社会科学》，2006 年第 3 期。

［49］艾合买提江·艾山：《关于喀喇汗王朝早期伊斯兰化进程中的若干问题》，载《北京大学学报》，2007 年专刊。

［50］王建民：《用人类学的眼光观察民族问题》，载《中国民族报》，2007 年 4 月 13 日。

［51］钱伯泉：《维吾尔的形成和发展初探》，载《新疆社会科学》，2009 年第 1 期。

［52］王建新：《现代语境中的新疆维吾尔萨满研究——基于人类学的

视角》，载《北方民族大学学报》，2010 年第 2 期。

［53］马丽蓉：《清真寺文化场域的资本转换及其对策思考》，载《世界宗教研究》，2012 年第 1 期。

（三）学位论文

［1］杨圣敏：《干旱地区的文化——吐鲁番维吾尔族社区调查与研究》（博士论文），中央民族大学，1997 年 5 月，国家图书馆藏。

［2］蒋新慧：《维吾尔传统婚俗与传统文化及社会》（硕士论文），兰州大学，2002 年 12 月，国家图书馆藏。

［3］刘萍：《麻扎阿勒迪村维吾尔人的亲属制度》（博士论文），北京大学，2004 年 5 月，国家图书馆藏。

［4］王海霞：《农村维吾尔族女性的行为特征研究——以库车县牙哈镇克日希两村为例》（博士论文），中央民族大学，2006 年，国家图书馆藏。

［5］阿布都哈德：《地域认同与社会交往——乌鲁木齐的阿图什人》（博士论文），中央民族大学，2007 年，国家图书馆藏。

［6］沙吾提·阿布都哈力克：《新疆维吾尔村民的亲属关系与合作（1950—1980）——以克孜勒村为例》（博士论文），新疆大学，2007 年，国家图书馆藏。

［7］朱贺琴：《维吾尔民俗文化生态研究》（博士论文），新疆大学，2009 年，国家图书馆藏。

［8］马艳：《中国清真饮食文化的发展与繁荣》（博士论文），中央民族大学，2011 年，国家图书馆藏。

二、外文类

［1］Marcel Mauss，The Gift. Forms and functions of exchange in archaic societies，London：Cohen，1954.

［2］Erving Goffman，Behaviour in Public places，New York：Free Press，1963.

［3］Clifford Geertz，Islam Observed：Religious Developments in Morocco and Indonesia . Chicago：University of Chicago Press，1968.

［4］Victor Turner，The Ritual Process：Structure and Anti – Structure，Chicago：Aldine Publishing Company，1969.

［5］ Clifford, J. , and Marcus, G. E. （Eds.） Writing culture: The poetics and politics of ethnography. Berkeley: University of California Press. , 1986.

［6］ Michael M. J. Fischer and Mehdi Abedi, Debating Muslin: Cultural Dialogues in Postmodernity and Tradition, The University of Wisconsin Press, 1990.

［7］ Dru. C. Gladney, Muslin Chinese: Ethnic Nationalism in the People's Republic, Published by Council East Studies Harvard University, and Distributed by Harvard University Press 1991 , 1996.

［8］ Jonathan N. Lipman, Familiar Strangers: A History of Muslins in Northwest Chine, Published by University of Washington Press in 1997.

［9］ Bourdieu, Pierre, Outline of a Theory of Practice, Cambridge: Cambridge University Press, 1997.

［10］ Dru C. Gladney, Ethnic Identity in China: The Making of a Muslin Minority Nationality, Orlando, Hardcourt brace &Company, 1998.

［11］ P. Boyer, Religion Explained: The Evolutionary Origin of Religious Thought, Basic Book, 2001.

三、维文类

［1］ 麻赫穆德·喀什噶里编著:《突厥语大辞典》(第一卷) (维文版), 乌鲁木齐: 新疆人民出版社 1981 年版。

［2］ 居乃德·拜克里:《历史上维吾尔族信仰过的萨满教》, 载《新疆青年》(维文版), 1983 年第 9 期。

［3］ 吾斯曼·司马义:《论维吾尔人的巫术习俗》, 载《新疆大学学报》(维文版), 1990 年第 3 期。

［4］ 热伊拉·达吾提:《浅谈维吾尔古代先民的树木崇拜》, 载《新疆大学学报》(维文版), 1990 年第 10 期。

［5］ 阿布都热依木·艾比布拉:《维吾尔族风俗志》(维文版), 新疆人民出版社 1993 年版。

［6］ 艾来提江·吾斯曼:《论维吾尔族的鹰崇拜》, 载《新疆大学学报》(维文版), 1994 年第 4 期。

［7］ 海来提江·吾斯曼:《维吾尔族动物崇拜初探》, 载《新疆大学学报》(维文版), 1995 年增刊。

［8］阿布都克里木·热合曼等：《维吾尔族习俗》（维文版），乌鲁木齐：新疆青少年出版社 1996 年版。

［9］［埃及］穆斯塔法·穆·艾玛热编，买买提·赛来译：《布哈里圣训实录精华》（维文版），北京：民族出版社 2001 年版。

［10］王志远编：《伊斯兰教百问》，阿布拉江·克力木译（维文版），乌鲁木齐：新疆人民出版社 2001 年版。

［11］艾塞提·苏来曼：《维吾尔图腾文化》（维文版），乌鲁木齐：新疆人民出版社 2001 年版。

［12］买买提·赛来编：《都阿篇》（维文版），北京：宗教文化出版社 2002 年版。

［13］阿布都热合曼：《维吾尔萨满教文化研究》（维文版），北京：民族出版社 2006 年版。

［14］吐尔逊江·阿巴白克日：《扎衮鲁克古墓群以及古代且末社会的发展状况》，载《新疆社会科学》（维文版），2009 年第 2 期。

附　录

附录一　克乡行政区划图

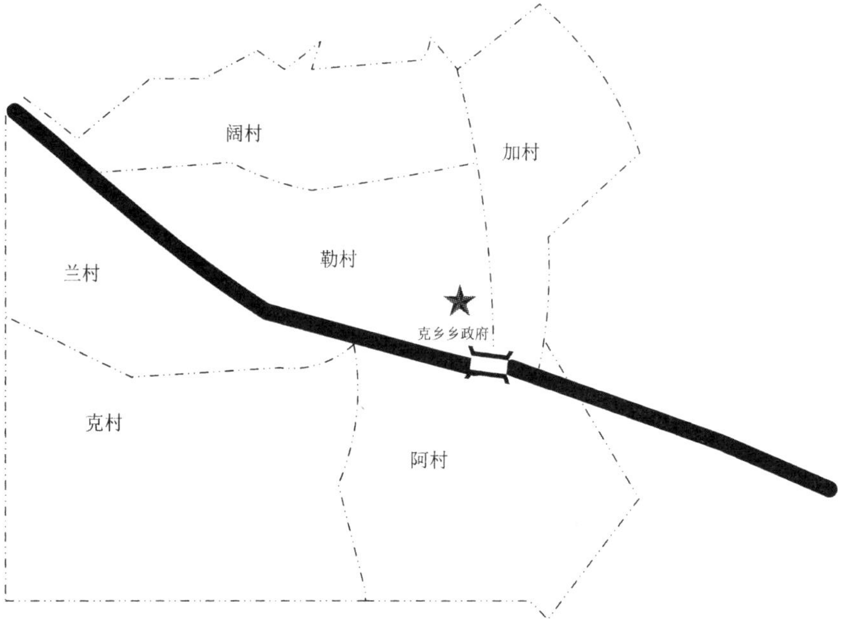

附录二 克村分布图

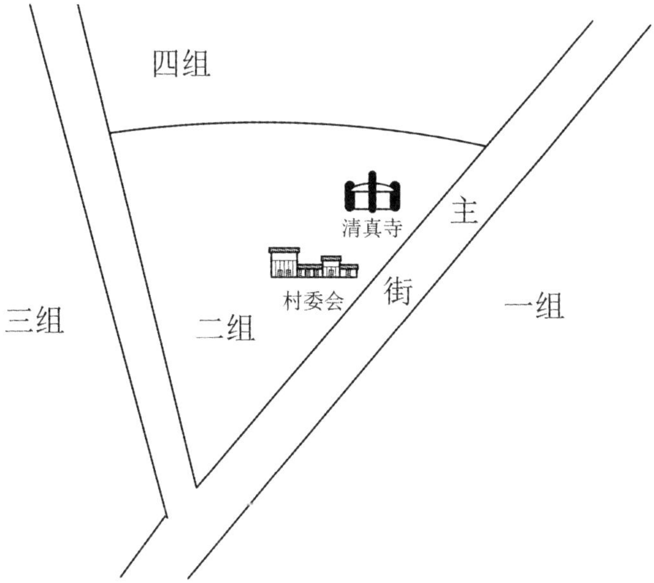

附录三　克村一、二组分布图

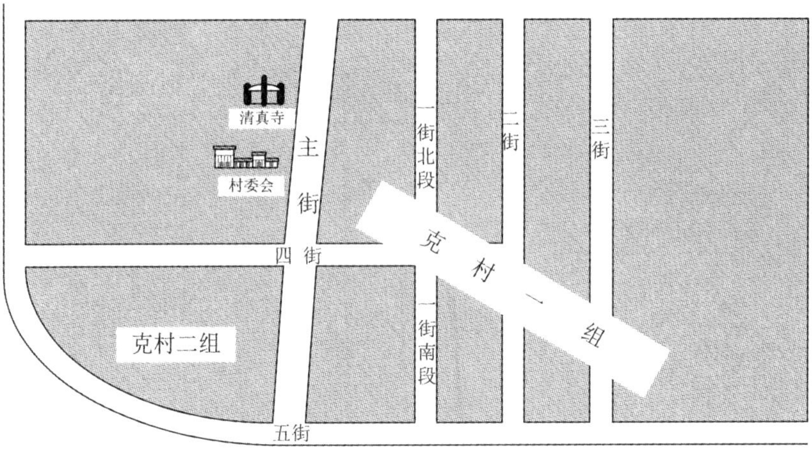

附录四　调查提纲

一、田野点的基本情况

土地面积、人口、户数（每户人数、性别）、职业构成、水利状况、学校、卫生医疗机构、清真寺、麻扎、每户《古兰经》《圣训》拥有情况。

二、清真寺

1. 清真寺面积、建筑形制、建造时间、建造与养护费用的来源。

2. 调查的清真寺属于哪类清真寺？是一般清真寺，聚礼清真寺，还是节日清真寺？

3. 清真寺举行哪些宗教仪式和社会活动？为什么要在清真寺举行？

4. 宗教职业人员的构成、分工（有关宗教职业人士的访谈内容见调查提纲第三部分：宗教职业人士）。

5. 加玛艾特由哪些人构成？他们如何看待清真寺？他们对自己来清真寺礼拜的行为如何解释？

6. 加玛艾特是否参与和决策村民的公共事务？是否集体参与每个家庭的重大的仪式（刘萍的研究是肯定的）？为什么加玛艾特具有如此高的社会地位和社会威望？（可以看到宗教向世俗生活的渗透）

7. 加玛艾特与村民委员会的权利交叠。

8. 有关清真寺的访谈题目：

（1）什么是清真寺？

（2）为什么要去清真寺做礼拜？在家做不行吗？

（3）在清真寺做礼拜与在家做礼拜有什么区别？

（4）清真寺有哪些作用？

（5）您认为对儿童进行宗教教育重要还是进行世俗教育重要？

（6）妇女可以去清真寺做礼拜吗？为什么不可以？内地有清真女寺您知道吗？您如何看待清真女寺？

三、宗教职业人士

1. 伊玛目。

（1）人数、年龄、学习经历、家庭成员、收入来源与数目。

（2）主要事务、参与村民日常事务的情况、如何与乡（村）协调工作。

（3）他们的日常生活情况。（分别、全天跟踪伊玛目一天的生活，包括平常日、聚礼日、为信众提供宗教服务的一天，即参加割礼、命名礼、婚礼、葬礼的日子，如果不能跟踪，请他们叙述过程。）

（4）对宗教职业人士的访谈题目：

A. 您如何看待您的宗教职业？为什么选择宗教职业？您的所作所为是为村民？还是为清真寺？还是为胡达？

B. 人活着是为了什么？如何看待生与死？

C. 您对妇女不能进清真寺做礼拜如何看（是否意味着剥夺了她们的权利）？对内地的清真女寺又如何看？

D. 穆斯林妇女为什么要戴面纱？

E. 您如何解释酗酒、吸烟、偷盗、异族通婚等现象？这些人是否还是穆斯林？（这些都是《古兰经》禁止的，由此可以分析宗教对世俗生活的影响。）

F. 安拉与胡达一样吗？是否出现在不同的语境？胡达是否更生活化？

G. 您如何解释礼拜前的大净、小净？

H. 聚礼与每天的礼拜有何不同？为什么要聚礼？聚礼时，除礼拜外，还做什么？是否除聚礼外当天仍要做五次乃玛孜？聚礼这种群体参与是否更能激发敬畏、激励和喜悦的情感？

2. 了解他们妻子的宗教生活与宗教态度。她们如何看待宗教职业。

3. 他人（教徒、乡村干部、汉族村民等）对宗教职业人士的评价（包括个人素质与宗教素质）。

4. 是否有朝觐回来的阿吉，如有，了解他们个人、家庭的详细情况，请他们讲述自己的生活史，为什么朝觐（与真主交流，净化心灵？）以及朝觐的经历。

四、普通村民调查

（一）访谈

1. 您是如何学经的？

2. 每天做几次礼拜？为什么要做乃玛孜？如果不做会怎么样？生病或特殊情况下没做，会怎么样？

3. 星期五去清真寺聚礼吗？为什么（不）去？去能说明什么？

4. 胡达存在吗？您信胡达吗？请您介绍一下胡达。

5. 穆罕默德是神吗（是先知，是人）？

6. 作为穆斯林都有哪些义务？

7. 您为什么信伊斯兰教？不信会怎么样？不做五功又会如何？

8. 信教有什么用处？

9. 《古兰经》说在审判日，这个世界上的一切财富和权力都救不了罪人。你如何看待现在不做五功的商人和干部（包括共产党员）？

（二）观察

1. 全天观察记录几家的生活，看普通村民的日常生活中宗教生活占有什么样的地位。（说明伊斯兰教是生活方式。注意见面互道“撒拉目”的意义）

2. 观察老年人、中年人、青年人的不同生活方式，主要是他们在时间消费上有什么差别。在维吾尔族人中信仰伊斯兰教生活的方式可能会因年龄、职业、地区而呈现差异。

五、党员干部调查

1. 您是穆斯林吗？（不）是，如何解释？

2. 您信仰伊斯兰教吗？您信胡达吗？

3. 您做礼拜吗？想做吗？不做内疚吗？为什么？

4. 为什么要做礼拜？做礼拜是否具有民族认同和获得声誉的功能？

5. 您会礼时去清真寺吗？如何区分宗教和风俗习惯？

6. 您如何看待党员不能信教的规定？

7. 您是否有退休后再去清真寺、再做礼拜的打算？

六、宗教信仰（访谈对象为宗教职业人士、信众、党员）

1. 对穆斯林的定义和看法（一种分类，不同的人分类不同，原因何在）。

（1）信真主、念清真言、作五功、命名、割礼等孰重孰轻？

（2）公开表白、当众念诵清真言，名义上就是一个穆斯林吗？异族如何入教？入教时是否男女有别？

2. 为什么要念乃玛孜？麻烦吗？影响生产吗？耽误事吗？

3. 真的有胡达吗？胡达是做什么的？你为什么要信他？信他有什么好处？不信有什么坏处？举例说明。

4. 在现实生活中什么样的行为被认为是背弃宗教？

七、仪式

1. 认真仔细观察和访谈每一个仪式（包括命名礼、分娩礼、割礼、摇篮礼、婚礼、少妇礼、葬礼、肉孜节和古尔邦节的会礼）。

2. 访谈内容。

A. 命名礼

（1）都有什么人参加？

（2）解释伊玛目念祈祷词的意义。

（3）解释伊玛目模仿买僧唤礼的举动的意义。

（4）为什么伊玛目要参加命名礼？人名只不过是人的一个外在符号，为什么维吾尔族人看得很重？为什么父母不能给自己的孩子命名？

（维吾尔族人的命名仪式实为宗教身份的确定仪式，并非简单的个人起名的私事。可以从整个过程分析：名字的宗教含意，宗教器物的运用——jaynamaz，宗教人士的整个主导作用，宗教礼拜语言的运用等。）

B. 分娩礼

（1）为什么要回娘家分娩？这对女性家庭地位的确立有什么意义？

（2）如何解释孕妇拿鸡蛋跳磨坊水槽的意义？

（3）如何解释用“阿地力阿斯曼草”熏孕妇准备在其中分娩的房间这一习俗的意义？（“阿地力阿斯曼草”是一种避邪用的草，客观上是否也有消毒的作用。这一习俗与伊斯兰教教规相背离，正可说明维吾尔族文化的多元。)

（4）现在分娩礼还存在吗？如果消失，说明了什么？原因又是什么？是因为磨坊的消失？（生产技术的变迁引起的文化的变迁）

（分娩礼正在逐渐消失，是否说明现代医疗技术已渗入维吾尔族人的生活，引起了文化的变迁；也因分娩礼不带有宗教色彩，在强化族群认同方面没有太明显的作用，所以逐渐消失。）

C. 摇篮礼

（1）摇篮礼蕴含着什么意义？

（2）为什么基本上是妇女和小孩参加？

（3）男士为什么不参加？

（4）宗教人士为什么不参加？

（5）如何解释摇篮礼要选在孩子出生后40天举行？

D. 少妇礼

（1）如何解释少妇礼？

（2）“开脸”的意义是什么？为什么要开脸？如何解释女性在30岁左右、生了小孩、开脸后才可以公开参加社交活动？

（3）少妇礼是否也在逐渐消失？

E. 割礼

（1）请您解释一下割礼？

（2）为什么男孩到五六岁要举行割礼？它有什么意义和功能？

（3）割礼是否需要宗教职业人士参加？是否在仪式上念经？

（4）为什么维吾尔族人的割礼仪式很隆重？

（5）实行割礼术的长者是否是职业化的人士？对实行割礼术的人有什么要求，或具有什么条件的人才能从事此职业？是否与宗教职业有联系？

（6）受割礼的孩子通知亲友时，为什么要在孩子的胳膊上或马头上悬挂各色布条？

（7）布条有什么象征意义？它与麻扎树枝上悬挂布条有无联系？

（8）割礼前父母为孩子准备新衣服、新被褥、新枕头，有什么意义？是否表明新生命阶段的开始？

[思考：（1）割礼是生命过程中的成长仪式，还是宗教身份的确认仪式？（2）割礼再次强化了维吾尔族的宗教身份。（3）考察仪式的变迁，医生代替了民间从事割礼的人，但其他方面没有变化，再次说明维吾尔族对现

代医疗技术的接纳，但同时割礼强化宗教认同的功能没有改变。］

F. 婚礼

（1）结婚第一天，新娘、伴娘及前来祝贺的朋友们为什么要聚集在邻居家里？是女性脱离娘家的过渡吗？

（2）伊玛目诵经证婚的“尼卡”宗教仪式的意义是什么？在现今的生活中重要吗？

（3）为什么新人要吃在盐水中泡过的馕？（吃得多少与将来在家庭中的地位有关吗？注意功能的转变。）

（4）乡里乡亲为什么拦架迎亲队伍？

（5）婆家铺在门前的“帕炎达孜”的象征意义是什么？

（6）婚礼第二天的早餐，为什么要由娘家送来？

（7）婚礼第二天早餐后，新郎为什么要去岳父、岳母家向他们行礼问安？

（8）婚后一周内，双方家庭为什么还要举行“其尔拉克”？

G. 葬礼

［重点考察葬礼的宗教意义：（1）土葬、速葬、简葬；（2）净身后，尸体面向西安放；（3）男性尸体要由买僧和一两位年长男性净身；（4）为亡人净身时，阿訇在净身房门前念经，替亡人祈祷赎罪；（5）做伊斯卡特；（6）行站礼时，阿訇念经；（7）土葬时，亡人面朝西。］

（1）为什么必须土葬？

（2）为什么认为在星期五、肉孜节、古尔邦节去世是死者的幸福？（这些日子都与宗教有关。）

（3）为什么非常重视“落叶归根”？（喜欢静静地在自己家中去世；如在外地去世，尸体要运回家乡埋葬。这与伊斯兰教有关吗？）

（4）为什么要请买僧为死者净身？

（5）阿訇为什么要在净身时的房门前念经为其祈祷赎罪？

（6）清真寺里举行葬礼时，做伊斯卡特的意义何在？为什么要进行最后一次施舍？

（7）行站礼时阿訇念经祈祷的内容是什么？有什么作用？

（8）入葬时，尸体于墓穴中面朝西的原因是什么？

（9）如何解释葬礼中多用白布？

八、图腾崇拜

1. 麻扎坟头上插树枝是树木崇拜遗留？
2. 婴儿脖子上或摇床上挂狼踝骨是狼图腾崇拜的遗留？
3. 现今是否依然存在杀食“呆木待”的习俗？
4. 如何解释维吾尔族忌凶眼的习俗？

九、麻扎

1. 观察麻扎崇拜现象，详细记录崇拜者的行为。在村里访谈，看麻扎崇拜是否普遍。

2. 访谈内容：

（1）麻扎是什么意思？它与普通的陵墓有什么区别？

（2）人们为什么崇拜麻扎？在崇拜麻扎时都做什么？

（3）为什么有的麻扎有人崇拜，有的麻扎没有人崇拜？

（4）您如何解释麻扎崇拜时人们在麻扎的树枝上绑各色布条的行为？布条有什么象征意义？

（5）伊斯兰教是严格的一神教，只能崇拜真主，其他任何以物配主都是不允许的，您如何解释麻扎崇拜？

十、现代生活对传统生活的影响

1. 伊斯兰教没有偶像崇拜，注意观察维吾尔居民家中是否有明星照或婚纱照之类人像、动物像等。

2. 妇女是否戴面纱，注意观察她们的服饰。

附录五 维吾尔族的神话传说

一、女天神创世[①]

很早以前，整个宇宙既没有太阳、月亮、地球和星星，也没有人类，更没有牛、驴、马、羊等家畜和妖魔鬼怪。只有一望无际的灰蒙蒙的天。整个宇宙中只有一个女天神，她和人长得差不多。平时，她都是静静地睡觉。但是醒来后，她总要舒展一下自己的身体，女天神每次舒展身体的时候，就会把整个宇宙都填满。她伸开胳膊，就能把整个宇宙都盖住。睁开眼睛，宇宙一下子就亮堂了；眼睛一闭，宇宙就全黑了；一打呼噜，雷声就响彻整个宇宙。

后来，她觉得太寂寞了，就鼓足力气吸了一口气，把宇宙间所有的尘土和空气都吸进了自己的肚子里。然后，使足力气往外一吐，吐出来一个又大、又圆、又亮的东西，飞起来挂在了东边的天上，这就是太阳。又一吐，吐出来个地球。她不停地吐呀、吐呀，唾沫星子都飞起来了，挂在了天空，变成了天上的星星。

因为吐出来的这些东西，如太阳、月亮等，与女天神自己长得都不一样，又不会说话，女天神就想按照自己的样子再创造一些人。所以，她又使劲一吐，把吸进肚子里的尘土都吐了出来，成了许多小泥巴点点。这些泥巴点点飞起来，有些落在了地球上，就变成了许多又小又矮的人。这些人不会走动，也不会说话。女天神又一吐，吐出来无数个小昆虫。这些小昆虫去推这些小泥巴人，推呀推，小人们全都会走会跑了，但还是不会说话。女天神就给他们吹气，女天神的气一吹进这些小人们的嘴里，他们就会说话了。小人们又说又笑，还会唱歌跳舞。但是女天神太大，他们太小了，女天神就用手一个一个地抚摸他们，拉扯他们，很快，这些小泥巴人就长大长高了。女天神把人分为男、女两种，让他们分散到各地区居住，繁衍后代。这些人就变成了今天的各个民族。

---

① 引自王钟健主编：《维吾尔族》，乌鲁木齐：新疆美术摄影出版社、新疆电子音像出版社2010年版，第146~147页。

后来，女天神又创造了野兽、家畜，创造了河水、湖泊等。由于没有给昆虫创造吃的东西，昆虫就长成了妖魔鬼怪，专门和人作对。女天神又给人类吹进了智慧，人便成了世界上最聪明、最有智慧、能主宰一切的主人。

二、神树母亲[①]

在一片丰茂的草原边缘，一座高耸入云的雪山脚下，住着父女两人。在雪山半腰的山洞里有一个妖怪。一天，妖怪来了，强逼那老父亲把女儿嫁给他。父亲坚决不答应，就被妖怪吃掉了。姑娘悲痛地逃走了。她来到一棵枝繁叶茂的千年老树下，乞求老树救救她。老树就慢慢地敞开了胸怀。树身好像两扇打开的大门，中间有一个很大的空隙，就像房子一样，姑娘忙躲进去。这时，妖怪已拐过前面的山坡，追过来了。大树见妖怪到了，忙将树身合起来，不料，因为合得太急，把姑娘头巾的一角夹在了树缝中，露在了外面。妖怪追到树下，发现了那露出的头巾，知道是树藏起了姑娘，就用魔爪拔下自己一颗牙，往空中一扔，牙就变成了一把锋利的斧子。妖怪抡着它，朝大树砍了起来。妖怪一斧头一斧头地砍着大树，树痛苦极了，流下了乳白色的泪水。姑娘在大树的怀抱里，默默祈求着神灵的保佑。就在这时，天上闪过一道光亮，一只苍狼从空中落到离妖怪不远的地方。苍狼的眼睛狠狠地瞪着妖怪，厉声喝道："罪恶的妖怪，快快离开这里，不然，我就吃掉你!"妖怪一看是只苍狼，吓得扔掉斧头，赶忙逃走了。苍狼见妖怪已经逃走，就化作一道光，不见了。苍狼走后，姑娘不知该如何是好，在树身里悲伤地哭了起来。停留在树上的一只金色鸟听到姑娘的哭声，一振翅膀，飞到雪山顶，来到全身素裹、留着长长的白胡子的雪山之父面前，述说姑娘的不幸遭遇。老人便和小鸟来到大树下。他亲切地摸了一下大树，深深地表示了祝福。他唱道："……我是这皑皑雪山的父亲，听了小鸟的呼唤，愿做姑娘的亲人。您是慈悲的，敞开您的胸怀吧，我要带着姑娘到那太阳升起的地方，去把幸福找寻。"大树听了雪山之父的歌，慢慢地敞开了怀抱。姑娘从树里走出来，扑进雪山之父的怀里，痛哭起来。老人说，那妖怪还会来，这里不能久留。他让姑娘先回到大树母亲的怀抱，等他去打点了行装，第二天早晨来接她，带她到那遥远的地方。姑娘听从了雪山之父的话，又回到了大树母

---

① 引自王钟健主编：《维吾尔族》，乌鲁木齐：新疆美术摄影出版社、新疆电子音像出版社2010年版，第155～156页。

亲的怀抱。雪山之父回到雪山顶，做启程的准备。但那妖怪并未走远。老人对姑娘说的话他全听到了。黄昏时，妖怪变成雪山老人的样子，来到大树下，学着雪山之父的声音，谎称自己就是雪山之父，为了姑娘的幸福，提早赶来，带姑娘到太阳升起的地方去。大树母亲真以为是雪山之父到了，就敞开了自己的怀抱。树上的金色小鸟见姑娘就要落入妖怪的魔爪，便哭泣着向大树揭穿了妖怪的伎俩。可是已经晚了：姑娘的一只胳膊，一条腿已经露出了树身。这时，妖怪也已现了原形，伸出魔爪抓住了姑娘。大树又马上将树身合起来，卡住了妖魔伸出的一只爪和一条腿。姑娘竭力往里抽身，妖魔狠命往外拽，谁也争不过谁。这时，天黑了，月亮出来了，明亮的月亮在妖怪面前投下一个巨大的身影。妖怪抬头一看，只见天空月光里站着一只苍狼，吓坏了，使劲一挣，腿倒是抽出来了，爪却被卡断了。他捂着滴血的断臂逃走了。第二天早晨，雪山之父带着行装到了，姑娘从大树怀抱里走出来。雪山之父要带着她去遥远的东方寻找幸福了。临行前，老人、金色的小鸟、姑娘一起向大树深深地祝福："慈祥的大树啊，我们的母亲，您宽广的怀抱养育着人们，战胜了邪恶，您才永远长青，您的儿女世代传诵着您的恩情!"

三、乌古斯传①

一天，阿依可汗临盆分娩，生了一个男孩。这孩子的脸色是蓝的，嘴像火一样红，眼睛是粉红色的，头发、眉毛是黑色的，比美丽动人的天仙还要漂亮。这孩子只吮吸了母亲的初乳，就再也不吃奶了，只要上好的肉、饭食、酒浆吃，开始会说话了。40 天之后，长大了，会走路，会玩耍了。腿长得像牛腿，腰像狼腰，脊背像黑貂一样，胸脯像熊一样，全身都长着毛。常常放牧马群，骑马，打猎。一天天，一夜夜过去了，他长成小伙子了。

那时候，在那个地方有一片大森林，有许多水道河流，跑来的走兽多得数不清，飞来的飞禽多得数不清。就在那片森林里，有一头独角兽，常常吃掉马匹和人。这是只非常凶猛的野兽，给人们带来了严重的灾难。乌古斯可汗是无畏的英雄，他想猎获这只独角兽。有一天，他出外打猎，带着长矛、弓箭、大刀、盾牌出发了。先猎获了一只鹿，他用柳条把鹿绑在树上，回去了。第二天早上，他走来一看，独角兽把鹿叼走了。又猎获了一只熊，他用

① 引自王钟健主编：《维吾尔族》，乌鲁木齐：新疆美术摄影出版社、新疆电子音像出版社 2010 年版，第 147 ~ 155 页。

金腰带把熊绑在树上，回去了。第二天早上，走来一看，独角兽把熊也叼走了。他待在树下，独角兽跑来用头撞他的盾牌。乌古斯用长矛刺向独角兽的头，刺死了它，用刀割下了它的头，带走了。后来，他走回来一看，一只天鹰在吃独角兽的内脏。他用弓箭射死了天鹰，割下了它的头。然后他说："这就是天鹰的样子！独角兽吃了鹿，吃了熊，我的长矛却刺死了它，因为长矛是铁做的；天鹰吃了独角兽，我的弓箭却射死了它，因为弓箭快如风。这就是独角兽的样子！"于是，他回去了。

有一天，乌古斯可汗正在一个地方祈祷天帝，夜幕降临了，忽然从天上降下一道蓝光，这光比月亮还明亮，比太阳还光灿。乌古斯可汗走进一看，蓝光中有一位少女，独自坐着。这是一位美丽的姑娘，头上有一颗亮晶晶的痣斑，好似北极星一样。这少女如此的美丽，她笑呀，蓝天也笑；她哭呀，蓝天也哭。乌古斯可汗一见到她，就不能自持地爱上了她。于是娶了她，一起居住，满足了心愿。少女怀了孕。一日日，一夜夜过去了，少女分娩了3个男孩。大孩子起名叫昆（太阳），二孩子起名叫阿依（月亮），三孩子起名叫优勒都兹（星星）。

又有一天，乌古斯可汗出外打猎，看到前方湖水中间有一棵树，树身的罅洞中有一位少女，独自坐着。这是一位非常漂亮动人的姑娘，她的眼睛比蓝天还蓝，头发好似流水，牙齿好比珍珠。她长得如此的美丽，人们一见到她，就连声说："哎呀，哎呀，真要了我们的命！"一见到她，连奶子都会变成马奶酒。乌古斯可汗一见到她，就无以自持，情火燎心，爱上了她。于是娶了她，一起居住，满足了心愿。少女怀了孕。一日日，一夜夜过去了，少女分娩生了3个男孩。大儿子起名叫阔克（天），二儿子起名叫塔格（山），三儿子起名叫特额孜（海）。之后，乌古斯可汗举行盛大的喜庆。他向臣民发出诏令，议定此事。臣民们来了。设了40张桌子和4条板凳，吃了各种饭菜和果品，喝了各种美酒和马奶酒。宴会之后，乌古斯可汗向众伯克、属民下了诏令，他说：

"我做了你们的可汗，
让我们拿起盾牌和弓箭。
我们的族标是'吉祥'，
我们的号令是'苍狼'，
我们的铁矛像森林一样。
让野马布满我们的猎场，

让江海在我们土地上流淌。
让太阳做我们的旗纛，
让蓝天做我们的穹庐。”

这之后，乌古斯可汗向四方发了敕令，写好了诏书，派使臣们送去。诏书上写道：“吾乃回鹘大汗，宜做四方君长。愿尔辈俯首归顺于我！顺我者，吾当赏赉优渥，引以为友；逆我者，吾将雷霆怒发，视为仇敌，兴师讨伐，芟夷务尽。”

那时，在右方有一个君主名叫阿尔顿可汗，他向乌古斯可汗派来了使臣，送来了无数金银、宝石、珍珠，作为向乌古斯可汗的贡赋，表示归顺。乌古斯可汗和这位贤明君主友好相待，亲密相处。

在左方有一位君主叫乌鲁木可汗，拥有无数的城堡。乌鲁木可汗对乌古斯可汗的诏书置之不理，不去参加联盟，说什么“此言我断不接受”，表示不服诏令。

乌古斯可汗大为震怒，决心予以征讨。于是率军队，带着旗纛出发了。40 天之后，来到了慕士塔格山麓，建起牙帐，静静地睡了。翌日黎明时候，乌古斯可汗的牙帐里，射进来像日光一样的一道亮光。亮光里走出一只苍毛苍鬃的大公狼。公狼向乌古斯可汗讲话了，他说：

“嗨依，嗨依，乌古斯，
你要去征伐乌鲁木；
嗨依，嗨依，乌古斯，
让我在前面来带路！”

之后，乌古斯可汗起帐上路了。只见队伍前头，跑着一只苍毛苍鬃的大公狼，队伍紧跟在公狼的后面走着。走了好几天，苍毛苍鬃的大公狼停下来了，乌古斯可汗和队伍也停了下来。

那儿有一条大河叫亦得勒河。就在亦得勒河岸上，在一座黑山附近，摆开战场，用长矛、弓矢进行战斗。真是：

两军之间好一场恶战，
人们心头充满了哀怨！
搏斗、厮杀如此猛烈，

亦得勒河水好似流着鲜红的丹砂。

乌古斯可汗得胜了，乌鲁木可汗败北了。乌古斯可汗夺取了乌鲁木可汗的汗位，俘虏了乌鲁木可汗的臣民，向营帐里带回了无数的无生命战利品和有生命战利品。

乌鲁木可汗有一个弟弟叫斡罗斯伯克。斡罗斯伯克把自己的儿子，派到坐落在山顶上湖泊中的一座壁垒森严的城堡里去，他对儿子说："要好生把守这座城堡，一直给我守护到战争结束！"乌古斯可汗向这座城堡进发了。斡罗斯伯克的儿子给他送来不少金银，并且说：

"唉，我的可汗啊！我父亲把这座城堡交给了我，并且嘱咐我：要好生把守这座城堡，一直到战争结束。父亲要是恼怒，能由我的意愿吗？愿您赐予我权利、财富、智慧。我们的幸福，就是您的幸福，我们的种族，是您的大树播下的种子。上天把大地赐给了您，我愿把我的头颅、命运交托给您，愿为您缴纳贡赋，永以为好。"

乌古斯可汗听了青年人此言，高兴得笑了，对他说道："你给我送来不少金子，又为我好生保护了城池。"

于是，给青年人起了个名字叫萨克拉夫，和他友好相处。乌古斯可汗率领军队来到亦得勒河畔。亦得勒河是一条大河，乌古斯可汗看了看说："我们如何渡过亦得勒河？"军队里有一员良将，名叫乌鲁·克·乌尔都伯克，此人心灵手巧，足智多谋。他看到河岸上有许多柳树和其他树木，就砍下树来，坐在上面渡过了河。乌古斯可汗高兴得笑了，对他说：

"喂，你就当这儿的伯克，就叫你钦察伯克。"

于是，继续前进了。以后，乌古斯可汗又看到了苍毛苍鬃的公狼。公狼对乌古斯可汗说："现在，你要带领军队从这里出发。乌古斯！你把属民和伯克们都召集来，让我给你在前面引路。"次日早晨，乌古斯可汗看到公狼在队伍的前头跑着，心头十分喜悦，继续前进。

乌古斯可汗骑着一匹花斑牡马，他非常喜欢这匹马。路上，马突然失踪逃跑了。那儿有一座大山，山上冰封雪盖，山头白雪皑皑的。因此，它的名字叫作冰山。乌古斯可汗的马逃到了冰山里。乌古斯可汗由此而苦恼了许久。队伍里有一个异常英勇的伯克，粉身碎骨，在所不惧，善于行走，耐得寒冷。这位伯克进山去了，过了9天之后，替乌古斯可汗把马找了回来。由于冰山十分寒冷，伯克身上沾满了雪，白花花的。乌古斯可汗愉快地笑道：

“我封你做众伯克之长，你的名字就叫葛逻禄。”

还给他赏赐了许多珠宝。于是，继续前进了。

路上遇到了一座高大的房子，房子的墙全是金子铸的，窗户是银子的，门是铁的。门锁着，没有钥匙。军队里有个能工巧匠，名字叫铁木尔都·卡胡勒。乌古斯可汗命令他说：

“你留下来，打开门，开门之后回行宫！”

因而，给他起了个名字叫卡拉奇。于是，又继续前进了。一天，苍毛苍鬃的公狼止步不前了，乌古斯可汗也停了下来，下了牙帐。这地方是一片未曾耕种过的旷野，人们叫它女真。这儿地广人稠，牛马、金银、珠宝也都很多。女真可汗率领臣民对乌古斯可汗进行抵抗。战争开始了，用弓矢、大刀厮杀搏斗。乌古斯可汗得胜了，把女真可汗降服了，杀死了他，割下了他的头，让女真臣民都归顺了自己。

战争结束后，乌古斯可汗的军队、卫士、民众们得到了无数的无生命战利品，以致为了运载它们，骡、马、牛都不够用了。乌古斯可汗的军队里有个聪明灵巧的工匠，名叫巴尔马克鲁克·觉孙·毕立克，他造了一辆高轮车，车上装载着无生命战利品，让有生命战利品在车前面拉着走。兵丁们、民众们看到了，也都忙着造车。这些高轮车走起来，发出“康居，康居”的声音，因此就起名叫“康居”。乌古斯可汗看到后笑了，他说：

“康居，康居，
让有生命的战利品，
把无生命战利品运输。
你的名字就叫康里，
让人们记得是你造了康居。”

于是，继续前进了。

这之后，又随着苍毛苍鬃的公狼远征到身毒、唐兀惕、夏木等地方去。经过多次的战伐、搏斗，征服了他们，把他们并入了自己的版图。战胜了他们，降服了他们。

还须述及的是，在日午的方向有一个地方叫巴尔噶。这是一个非常富有的国家，异常炎热的地方，飞禽走兽、金银珠宝非常之多。居民们的肤色都是漆黑的。当地的君主名叫马萨尔。乌古斯可汗向他发起征讨，战斗异常激烈。乌古斯可汗得胜了，马萨尔可汗败北了。乌古斯可汗降服了他，征服了他的国家，继续前进了。他的朋友非常高兴，他的敌人满怀忧伤。乌古斯可汗战胜了他，得了数不清的财物和马匹，回到自己故乡去。

还须述及的是，乌古斯可汗身边有一位银须皓发、身材魁梧的老人。这位老人足智多谋，性情温善，是一位占梦的先知，他的名字叫乌鲁克·吐鲁克。一天，他在梦中见一只金弓和三只银箭。金弓从日出之方伸向日落之方，三只银箭向黑夜的方向射去。醒来之后，他把梦中所见，禀报了乌古斯可汗，并且说道：

“哎，我的可汗！
愿您千秋万代永生，
愿您黄稷永享太平！
愿您履行上天在我梦中的启示，
愿您把国土分给您的子孙！”

乌古斯可汗听了乌鲁克·吐鲁克此言，非常喜欢，请他给以教诲，并按他们的教诲去做。第二天，把大大小小的儿子们都传了来，对他们说：“唉，我的心儿又想打猎了，但是，我已经老了，没有勇气了。昆、阿依、优勒都兹，你们3人向日出的方向走去；阔克、塔格、特额孜，你们3人向黑夜的方向走去！”于是，弟兄三人向日出的方向去了；另外3人向黑夜的方向去了。昆、阿依、优勒都兹猎获了不少飞禽走兽之后，在路上捡到了一只金弓，带回来献给了父亲。乌古斯可汗高兴地笑了，他把金弓折为3截，对他们说：

“哎，三弟兄，
金弓归于你们。
愿你们犹如金弓，
把银箭直射苍穹！”

阔克、塔格、特额孜也猎获了不少飞禽走兽，在路上捡到了3只银箭，带回来献给父亲。乌古斯可汗高兴地笑了，把银箭分作三份，对他们说：

“哎，三弟兄，

银箭归于你们，
金弓射出了银箭，
愿你们像银箭飞向苍穹！”

这之后，乌古斯可汗召集全族大会，传来了士兵和属民们，共同议事。乌古斯可汗坐在牙帐里，在牙帐右方立了40庹长的一根木头，木头顶上挂了1只金鸡，鸡腿上绑了1只白羊。在左方也立了40庹长的1根木头，木头顶上挂了1只银鸡，鸡腿上绑了1只黑羊。布祖克部人坐在右方，乌桥克部人坐在左方，大吃大喝了40昼夜，大家都很快活。然后，乌古斯可汗把国土分给了儿子们，对他们说道：

“哎，孩子们！
我活的年岁不小，
我经的战争不少。
我曾用长矛弓矢战斗，
我曾驱策骏马奔跑。
我曾使敌人泪汪汪，
我曾叫朋友开怀欢笑。
在上天面前我履行了职责，
我要把国家向你们移交。”

后　记

且末曾以西域三十六国之一而永载史册，这座“丝绸之路”的南道重镇以莫勒切河谷岩画、扎衮鲁克古墓群、托乎拉克庄园见证着它悠久而丰厚的历史。

这本书是在博士论文的基础上经过修改补充而成。当我给这篇关于生活于这块古老土地上的人们的研究画上最后一个句号时，掩卷回想当年充满艰辛和快乐的3年博士生活和在北京邮电大学工作的7年光阴，有恩于我的人们历历浮现在眼前，使我激动不已，心中充盈着感激之情。

感谢导师杨圣敏教授。从我进入人类学专业学习的第一天起，导师的教导和鼓励就伴随着我求学的整个过程。我能从一个没有任何人类学教育背景的初学者到今天能完成这部书稿，其中倾注了导师太多的心血。令我感动和终生难忘的是导师从未因学生的愚钝和专业知识的匮乏而埋怨和责备，相反却是不断地鼓励和敦促。从专业阅读书目的确定到读书笔记的批阅，从博士论文的选题、开题到最后的撰写乃至今天书稿的完成，点点滴滴都凝结着老师的心血。感谢师母田立女士，她在生活中对学生的关爱让远离家乡的我常常得到心灵的慰藉，2005年春节，在导师家度过的除夕之夜成为我和儿子美好的回忆。

感谢程世良教授及其家人。先生是我读大学时的系主任和良师，在我30年的成长过程中不断地给予我关爱和教诲。可以毫不夸张地说，如果没有先生指点迷津，就没有学生的今天。先生及其家人多年来不仅关心我的学习和工作，而且在生活上也给予了无微不至的关怀，使孤身在京求学的我享受着父亲般的爱护和家庭的温暖。先生虽已仙逝，但先生的爱和教导将伴随我终身。

感谢读书期间传授知识于我的各位老师。他们是中央民族大学的丁宏教授、张海洋教授、潘蛟教授、张国杰教授、王建民教授、陈长平教授、向红笳教授等，北京大学的马戎教授、王铭铭教授、蔡华教授等。他们精彩的讲授令我回味无穷。

感谢在中央民族大学读书期间结识的同学和朋友们。三年的读书生涯结下的深厚友谊是我今生一笔极大的精神财富。正是有了你们，寒窗苦读的生活有了欢笑，有了愉悦，有了精神安慰。特别是在博士论文写作过程中以下学友给予了具体而无私的帮助，他们是李华明、刘亚丽、乌仁、全信子、孟航、李洁、祈进玉、徐英、王海霞等，衷心地感谢你们。

感谢北京邮电大学民族教育学院的领导和同事们。能和一群善良平和、博学多才、团结协作的同人一起工作是可遇而不可求的幸事。他们的活力和追求使我对工作和治学不敢马虎片刻。在书稿的修改过程中严梦春学友提出了中肯的意见，托娅教授提供了英文帮助，樊玲老师在文字的排版和附录一、二、三图表的制作上给予了具体的帮助，薛凤燕老师对全文进行了认真的校对，感谢你们！

感谢养育我成长的那块土地上的人们。读书和在京工作期间常常得到家乡的领导和朋友的关爱。他们是我的硕士生导师李祥瑞教授，新疆警官高等专科学校的张玉萍教授，新疆农业厅纪检书记张亮同志，新疆大学前任妇研中心主任刘云教授，新疆广播电视局纪检组长西林女士，乌鲁木齐晚报社党委书记李永胜同志，前自治区民宗委书记刘振强，自治区统战部副部长刘新友，巴音郭楞蒙古自治州畜牧局副局长殷永忠，自治区语委汉语处处长牛小莉，《新疆大学学报》编辑王振良，新疆大学人文学院张洋教授，新疆大学的同事靳炎、彭嫣、赵平、廖冬梅、周殿生等，好朋友杨菊梅、王景荣、董翔、孔梅、苗东霞夫妇以及高中和大学的学友们，你们让我感念人间真情。

感谢生活和工作于且末的各位领导和朋友以及克村的乡亲们。在长达8个月的田野工作中，且末县政协副主席吐尔逊、副县长库尔班、统战部前任部长吴新勇、民宗委前任书记曾鸣、县公安局党委副书记牛建功、县司法局副局长高岩、克乡副书记吾斯曼、统战部副部长杨建梅、克乡派出所所长沙依木、克村书记阿布来提、村长喀迪尔，以及在且末结识的好友萨拉麦特、吾布力、何江川等都为我提供了极大的帮助。正是在他们的支持和帮助下，我才顺利完成了8个月的田野调查工作，为博士论文的撰写获得了真正的第一手田野资料。特别要感谢我的房东阿依穆汗大婶和布尼亚孜汗一家，他们为我提供了尽可能多的便利条件，和他们8个月的共同生活使我对维吾尔族宗教有了新的认识，对维吾尔民族也有了新的理解。

最后感谢我的家人。读博期间70岁高龄的母亲远在新疆帮我照顾着工作繁忙的丈夫和体弱多病的儿子，深深的母爱永远是最打动人的情愫；丈夫